Kevin Basconi

Mit den Engeln tanzen 1

W0252838

KEVIN BASCONI

Mit den Engeln tanzen, Band 1

Die Grundlagen: Gottes Engel erkennen, einladen und beauftragen

GLORYWORLD-MEDIEN

2. Auflage 2017

Copyright © 2010 by Kevi Basconi

Originally published in English under the title „Dancing with Angels I" by Destiny Image, 167 Walnut Bottom Rd., Shippensburg PA 17257-0310, USA.

All rights reserved.

© der deutschen Ausgabe 2015 GloryWorld-Medien, Xanten, Germany

Alle Rechte vorbehalten

Bibelzitate sind, falls nicht anders gekennzeichnet, der Elberfelder Bibel, Revidierte Fassung von 1985, entnommen. Weitere Bibelübersetzungen:
NGÜ: Neue Genfer Übersetzung, 2009
SLT: Schlachter 2000
LUT: Lutherbibel, Revidierte Fassung von 1984.

Das Buch folgt den Regeln der Deutschen Rechtschreibreform. Die Bibelzitate wurden diesen Rechtschreibregeln angepasst.

Übersetzung: Regina Frohms
Lektorat: Thilo Niepel / Elisabeth Mühlberger / Manfred Mayer
Satz: Manfred Mayer
Umschlaggestaltung: Kerstin & Karl Gerd Striepecke, www.vision-c.de
Foto: Photocase
Druck: CPI books GmbH, Leck

Printed in Germany

ISBN: 978-3-95578-302-0

Bestellnummer: 356302

Erhältlich beim Verlag:

GloryWorld-Medien
Beit-Sahour-Str. 4
D-46509 Xanten
Tel.: 02801-9854003
Fax: 02801-9854004
info@gloryworld.de
www.gloryworld.de

oder in jeder Buchhandlung

Stimmen zum Buch

Kevins Erkenntnisse sind nicht nur fesselnd, sondern auch bibeltreu und zutreffend.

Engel haben nicht nur in der biblischen Geschichte eine wichtige Rolle gespielt, sondern greifen auch heute noch ins Leben von Menschen ein. Gottes Wort betont, dass es in den letzten Tagen im geistlichen Bereich eine erhöhte Aktivität geben wird; Jesus selbst hat gesagt: „Am Ende des Zeitalters kommt die Ernte", und hat versprochen, Scharen von Engeln zu senden, die zusammen mit uns den Auftrag erfüllen sollen, ihm das volle Maß seiner Belohnung zukommen zu lassen. Kevin liefert biblische Antworten auf Fragen, die in Bezug auf Engel sehr häufig gestellt werden.

Dieses Buch kann Ihr Leben, Ihre Familie und Ihren Dienst revolutionieren, wenn Sie praktisch umsetzen, was Jesus gelehrt hat – so wie es durch das unglaubliche Leben und den großartigen Dienst von Kevin und Kathy ausgelegt und veranschaulicht wird. *Mit den Engeln tanzen 1* gebührt meine unbedingte Empfehlung.

Brian Lake
Brian Lake Ministries

Wie nie zuvor erleben wir derzeit weltweit einen Hunger nach der übernatürlichen Welt und dem Dienst von Engeln.

In *Mit den Engeln tanzen 1* nimmt Kevin Basconi den Begegnungen mit Engeln das Mysteriöse und zeigt deutlich auf, dass diese übernatürlichen Erfahrungen für jeden sind – auch für Sie!

Ich weiß nur von wenigen Menschen, die in einer solchen Häufigkeit und einem solchen Ausmaß Besuche von Engeln erleben wie Kevin. Er ist hervorragend dazu qualifiziert, dieses Buch zu schreiben. Die eindrucksvollen Geschichten machen einen hungrig nach eigenen Begegnungen mit Engeln.

Engel haben in unserem Leben schon immer eine Rolle gespielt, nur waren wir uns dessen nicht bewusst. Heute ändert sich das. Viele Menschen nehmen ihre Gegenwart stärker wahr. Sie sehen, fühlen und spüren Engel um sich herum. Auch Sie können das!

In Apostelgeschichte 12 wurde Petrus aus dem Gefängnis befreit und das von einem Engel! Daraufhin ging Petrus zu dem Haus, in dem die Leute für seine Befreiung beteten. Rhode war so begeistert, Petrus' Stimme zu hören, dass sie es versäumte, ihm die Tür zu öffnen. Sie unterbrach die Gebetsversammlung und rief: „Petrus ist hier!" Die Leute sagten ihr, sie sei von Sinnen: „... das ist der Engel von Petrus!" Es fiel ihnen leichter zu glauben, es sei Petrus' Engel, als, Gott habe Petrus aus dem Gefängnis befreit!

Der springende Punkt dabei ist, dass Besuche von Engeln zu jener Zeit alltäglich waren. Der Tag wird kommen, an dem Erscheinungen von Engeln und Begegnungen mit ihnen wieder so alltäglich sein werden wie in der Apostelgeschichte.

Was mich an diesem Buch besonders begeistert, ist die Erkenntnis, dass wir nicht alleine sind. Engel sind dazu da, uns dabei zu helfen, den Ruf Gottes auf unserem Leben zu erfüllen und in der Bestimmung zu wandeln, die Gott für uns vorgesehen hat. Engel werden mit uns zusammenarbeiten, wenn wir uns aufmachen und die Werke Jesu tun.

Mit den Engeln tanzen 1 wird mit falschen Vorstellungen aufräumen, die Sie möglicherweise in Bezug darauf haben, was der Dienst und die Funktion der Engel auf der Erde heutzutage ist. Dieses Buch enthält auch viele praktische Informationen, die Ihnen dabei helfen werden, die Dimension der Engel zu erfahren.

Gary Oates
Autor von *Öffne mir die Augen, Herr*
Internationaler Konferenzsprecher

Im Buch *Mit den Engeln tanzen 1* liefert Kevin Basconi eine inspirierende, glaubensstärkende und praktische Erklärung dazu, wie ganz normale Gläubige mit Engeln zusammenarbeiten und ihren Dienst sogar „freisetzen" oder „lösen" können, um den Willen Gottes zu erfüllen. Er zeigt deutlich auf, dass ein Leben im Bewusstsein des Übernatürlichen ein Teil des ganz normalen Christseins sein sollte und keine übersinnliche Angelegenheit. Auf der Grundlage von Bibelstellen, die während des ganzen Buches angeführt werden, hilft Kevin den Gläubigen, den Dienst und das Wirken der Engel in rechter Weise zu erkennen und zu verstehen.

Darüber hinaus ist sein Buch voller persönlicher Zeugnisse darüber, wie er darin gewachsen ist zu verstehen, wie Engel wirken und wie unsere Fähigkeit, Gottes Willen zu erfüllen dramatisch zunimmt, wenn wir mit ihnen zusammenarbeiten. Kevins persönliche Erfahrungen und seine Zeugnisse über Engelbesuche dienen dazu, unseren Glauben aufzubauen und treiben den Leser dazu an, Gott mehr im Hinblick auf die Unterscheidung zu suchen, die notwendig ist, damit wir in der Wirklichkeit des Bewusstseins und der Kooperation der Engel leben können.

Das Buch ist ebenfalls eine großartige Hilfe und Anleitung, um die Gemeinde darauf vorzubereiten, in der Zeit der Ernte zu leben, und sie für die Heilungserweckungen zuzurüsten, die bald kommen werden. Außerdem betont der Autor die Notwendigkeit, dass jede übernatürliche Erfahrung anhand der Wahrheiten der Bibel geprüft wird. Auf diese Weise hilft Kevin dem Leser, auf der Grundlage des Wortes zu bleiben. Das Buch verherrlicht den Dienst der Engel nicht, erklärt aber ihr Wirken auf der Erde und wie sie zusammen mit den Gläubigen Jesus als König erheben und sein Königreich vorantreiben können. Ich kann dieses Buch nur wärmstens empfehlen!

David White
Hauptpastor der *MorningStar Fellowship Church*
Moravian Falls (North Carolina, USA)

Toll! Gerade habe ich *Mit den Engeln tanzen 1* von Kevin Basconi gelesen und ich kann es nur wärmstens empfehlen. Kevin und seine Frau Kathy haben dem Herrn erlaubt, sie zu Gefäßen zu formen, die er wirklich gebrauchen kann. Während den neun Jahren, in denen ich mit *King of Glory Ministries International* hier in Afrika zusammengearbeitet habe, haben meine Augen die überwältigende Herrlichkeit Gottes und die vielen, vielen Heilungen und Wunder, die Gott durch Kevins Dienst gewirkt hat, gesehen. Kevin ist ein Mann, dessen innere Ausrichtung allein auf den Herrn Jesus Christus selbst gerichtet ist. Er hat kein anderes Verlangen, als das Wort Gottes an hungrige Menschen auf der ganzen Welt weiterzugeben. Sein Buch verleiht eine tiefe Einsicht in die Absichten des Herrn im Leben vieler Menschen auf der ganzen Welt. Das Buch ist voller Weisheit, Erkenntnis und Offenbarung und enthält viele Informationen darüber, wie jeder Einzelne in seinem Dienst und in allen Bereichen seines Lebens mit Gottes Engeln zusammenarbeiten kann. Wenn Sie erst einmal angefangen haben, *Mit den Engeln tanzen 1* zu lesen, können Sie das Buch nicht mehr weglegen. Ich habe persönlich sehr von diesem Buch profitiert, da es mein Verständnis über die Bereiche und Arten der Zusammenarbeit mit Engeln erweitert hat. Was Kevin über den Kontakt mit Engeln weitergibt, hat er ganz praktisch erfahren. Im Jahr 2006 war ich mit ihm hier in Uganda und wir beide erlebten in derselben Nacht im Imperial Botanical Beach Hotel in Kampala einen mächtigen Engelbesuch. Mir wurde bewusst, dass Gott Kevin eine besondere Art von Gnade und Glauben geschenkt hat, mit Engeln zusammenzuarbeiten. Wenn Sie das Buch *Mit Engeln tanzen 1* lesen, lassen auch Sie es zu, dass Sie durch dessen Botschaft vom Feuer Gottes auf eine neue Ebene geführt werden, was die Zusammenarbeit mit den Engeln Gottes betrifft.

Zenobius Isaya, Bischof, Viktoriasee-Gebiet
und Hauptpastor der *Philadelphia Gospel Assembly*
Mwanza (Tansania)

Inhalt

Einführung: Engel und Sie 13

1 Jesus, unser Vorbild 25

2 Die Realität des Engeldienstes heute 35

3 Jesus und die Engel 47

4 Mit den Engeln in der Kühle des Tages wandeln 59

5 Engel und das Lamm Gottes 69

6 Mit Engeln im Gebet zusammenarbeiten 79

7 Lobpreis und Anbetung mit Engeln 93

8 Engel überbringen Offenbarung, Führung und Wegweisung 99

9 Heilungsengel erscheinen 111

10 Mit Heilungsengeln zusammenarbeiten 119

11 Heilungsengel in Redding/Kalifornien 127

12 Heilungsengel und der Mantel für schöpferische Wunder 135

13 Wie Sie Begegnungen mit Engeln in Ihrem Leben aktivieren können 147

14 Engel und die Gabe der Unterscheidung der Geister .. 155

15 Begegnungen mit Engeln bewerten 165

16 Schutzengel 177

17 Weitere wichtige Aufgaben der Engel 185

18 Der Adler ist gelandet 195

19 Die Zeit der Goldadler 203

20 Die Wiederherstellung der Gaben und die
bevorstehenden weltweiten Erweckungen 209

21 Aktivierung und Gabenfreisetzung 221

Nachwort 231

Dieses Buch ist Gott dem Vater,

Gott dem Sohn

und Gott dem Heiligen Geist gewidmet.

Ohne sie wäre nichts von dem möglich gewesen.

Einführung

Engel und Sie

Gibt es Engel wirklich?

Greifen Engel heute tatsächlich in das Leben von ganz gewöhnlichen Menschen ein? Oder sind sie nur eine Hollywoodidee, wie sie sich etwa Frank Capra in dem Filmklassiker *Ist das Leben nicht schön?* von 1946 ausgedacht hat? Sind Engel – wie etwa Clarence oder Dudley aus dem Film *Engel sind überall* von 1947 – wirklich vom Himmel her gesandt worden, um unsere Gebete zu beantworten, um Gunst, Offenbarung, übernatürliche Versorgung und geistliche Erfahrungen im Leben der Menschen in der heutigen Zeit zu bewirken? Die Antwort lautet auf jeden Fall: ja! Tatsächlich können diese beiden Filmklassiker als gelungene prophetische Bilder im Hinblick darauf verstanden werden, wie der Dienst der Engel in dieser Stunde im Leben von Menschen zunehmen wird. Die Bibel sagt, dass Engel unsere Partner im Dienst sind. Sie werden ausgesandt, um Menschen zu helfen (vgl. Offb 19,10; Hebr 1,14).

Schon ganz am Anfang meines Lebens mit Jesus waren die übernatürlichen Aspekte des Herrn in meinem Leben sichtbar. Der Dienst der Engel ist im Leben von mir und meiner Frau regelmäßig wirksam. Der Herr hat Engel dazu beauftragt, bei der übernatürlichen Freisetzung unserer Berufung und unseres Dienstes mitzuhelfen. Engel sind in viele Bereiche unseres Lebens involviert. Wir sind jeden Tag offen für das Wirken der Engel in unserem Leben, und das ist auch Ihnen möglich!

Da ich schon seit Beginn meines Lebens mit Christus übernatürliche Begegnungen erlebe, habe ich die mystischen

Aspekte des himmlischen Königreichs nie in Frage gestellt. Ich wurde nicht kirchlich „erzogen" und so war mir diese Lehre, dass übernatürliche Erfahrungen kein Teil des normalen heutigen Lebens mit Jesus sein sollten, nie eingetrichtert worden. Kurze Zeit, nachdem ich errettet worden war, betete ich einmal und fragte den Herrn, was ich tun solle. Der Herr erklärte mir, wie ich Engel „aktivieren" oder „freisetzen" konnte, damit sie zu meinem Nutzen und zum Wohle anderer wirken konnten. Durch das unergründliche Wirken des Heiligen Geistes „wusste" ich einfach, dass Gott einen Plan für mich hatte. Ich fing an, Jesus diesbezüglich täglich zu bitten.

Bald hatte ich Visionen oder Begegnungen im „dritten Himmel", wie es einige nennen. Selbst als ein „Baby in Christus" habe ich mich für diese Phänomene geöffnet; ich glaubte einfach, dass diese Arten von Erfahrungen für einen Christen ganz normal seien. In einer solchen Vision „sah" ich Jesus deutlich im Geist. Er rief mich auf, näher zu ihm zu kommen. Er streckte mir seine Arme entgegen und lud mich ein, in seine Gegenwart zu kommen. Ich musste in meinem Kopf eine Entscheidung treffen. Entweder würde ich zu Jesus hingehen oder die Vision verwerfen und einfach weiter in meinem kleinen Gebetskämmerchen zu ihm beten. Ich entschloss mich, zu ihm zu gehen. Sofort spürte ich, wie ich durch Raum und Zeit katapultiert wurde. Eine Minute später fand ich mich tatsächlich in der Gegenwart Jesu wieder.

Als Jesus seine Arme um mich legte, wurde ich von der Erkenntnis seiner mächtigen Liebe zu mir überwältigt. Jesus sagte mir, er wolle mir mitteilen, wer ich sei. Dies war natürlich eine Antwort auf meine andauernden Gebete. Jesus sagte: „Kevin, ich berufe dich dazu, ein Künstler, ein Schriftsteller und ein Evangelist zu sein." Diese Worte drangen in das tiefste Innere und in jede Faser meines Wesens ein. Der Herr hielt mich lange Zeit fest, und ich weinte hemmungslos in seinen liebenden Armen. Als ich einige Schritte vom Herrn zurücktrat, sah ich vier starke Engel an seiner Seite stehen. Diese hinreißenden Wesen schienen überglücklich darüber zu sein, dass ich in der Gegenwart Jesu war. Die Engel hießen mich willkommen, während sie mich zuversichtlich anlächelten.

Jesus wies mit einer schwungvollen Bewegung seiner rechten Hand auf die vier Engel hin, die anwesend waren. Er sagte: „Heute berufe ich diese Engel für deinen Dienst." Ich war ein neu bekehrter Christ. Diese Aussage verblüffte mich, da ich keinen Dienst hatte. Genauso schnell wie es begonnen hatte, war dieses Erlebnis auch wieder vorbei. Aber das Empfinden von Jesu übernatürlicher Liebe und Gegenwart ruhte nach dieser Begegnung noch mehrere Tage lang auf mir. Als die Vision vorbei war, fand ich mich in meinem Gebetskämmerchen wieder und weinte heftig. Monatelang weinte ich immer wieder, wenn mir dieses Erlebnis in den Sinn kam.

Einige Tage später, als ich betete, „sah" ich Jesus erneut. Er bat mich, noch ein zweites Mal zu ihm zu kommen. Ohne zu zögern war ich bereit dazu. Ich durchlebte dieselbe Empfindung, „hochkatapultiert" zu werden, und spürte, wie mein Geist aus meinem Körper „gesogen" wurde. Ich kam in der Gegenwart Jesu zur Ruhe, und wieder standen dieselben vier Engel an seiner Seite. Ich fiel auf meine Knie und fing wieder an zu weinen, als ich die Kraft seiner bedingungslosen Liebe spürte. Zwei der Engel stellten sich an meine Seite und halfen mir aufzustehen. Dann schaute Jesus tief und voller Liebe in meine Augen. Er legte seine Hände, welche die Nägelmale trugen, auf meine Schultern. Er sagte mir, dass er in diesem Moment den ersten der vier Engel für mich freisetzte. Meine Gedanken begannen zu rasen, als ich mich fragte, was es bedeutete, dass mir ein Engel zur Seite gestellt würde. Der Herr teilte mir den Namen und die Funktion bzw. Salbung des Engels mit. Er erklärte mir auch, wie Menschen Engel aktivieren könnten, damit diese für sie und zum Wohle anderer wirksam werden können. Engel sind vom Herrn dazu bevollmächtigt, Versorgung und Schutz zu geben. Auch Ihnen werden Engel zur Seite gestellt, die ähnliche Fähigkeiten haben.

Seit jenen Begegnungen hatte ich niemals wieder Zweifel daran, dass die Engel des Herrn existieren und dass sie in mein Leben fortwährend eingreifen. Der Herr hat mir in den folgenden Jahren häufig gestattet, die Hilfe dieses bestimmten Engels in Anspruch zu nehmen. Auf den folgenden Seiten werden wir uns Beispiele des Dienstes dieses Engels noch im Detail ansehen. Als junger Christ habe ich die Realität des Dienstes der Engel aus erster Hand erlebt. Ich habe persönlich erfahren, wie Engel unser Leben und das Umfeld um Menschen herum beeinflussen können. Im Laufe der Zeit hat der Herr weitere Engel an Kathys und meine Seite gestellt. Wir gewannen auch mehr Erkenntnis darüber, auf welche Art und Weise Engel im Leben von Menschen wirken. Einige von diesen verborgenen Geheimnissen werde ich in diesem Buch mitteilen.

Gott hat es Kathy und mir ermöglicht, durch die ganze Welt zu reisen und das Evangelium des Herrn Jesus Christus zu verkünden. Dies wurde durch die Hilfe der Engel des Herrn möglich. Bis zu diesem Tag haben wir sechs Kontinente und 22 Nationen besucht und dabei die frohe Botschaft des Königreiches Gottes verkündet. Wir wurden ständig von den Engeln des Herrn begleitet, wenn wir „für das Evangelium" unterwegs waren. Viele Menschen haben diese Engel gesehen und wir haben ihre Zeugnisse in dieses Buch mit aufgenommen. Engel sind in der heutigen Zeit auf der Erde sehr aktiv und am Leben von ganz normalen Menschen unterschiedlichster Herkunft tatkräftig beteiligt.

Übernatürliche Aktivität in der heutigen Zeit

Viele Menschen bewegen sich heute auf einer bemerkenswerten Ebene von übernatürlicher Aktivität. Durch die ganze Bibel hindurch verstreut gibt es Berichte über die Aktivität von Engeln. Wunder, Zeichen und Begegnungen mit Engeln kommen bei vielen Leuten häufig vor. Mit Sicherheit hat die Fülle der Aktivität und der Besuche von Engeln mit dem Buch der Apostelgeschichte nicht aufgehört. So wie Paulus es im ersten Korintherbrief sagt, haben unsere Augen nicht gesehen, und unsere Ohren nicht vernommen, noch sind die außerordentlichen

Dinge in unser Herz gekommen, die Gott denen bereitet hat, die ihn lieben. Die Augen des Herrn sind ständig auf der Suche nach Menschen, die er dazu gebrauchen kann, den Dienst der Engel gerade jetzt „freizusetzen"[1] (vgl. 1 Kor 2,9; 2 Chr 16,9)!

Wir treten in eine von Gott bestimmte Zeit ein, in der wir unsere eigenen Pläne niederlegen müssen. Es ist unbedingt notwendig, dass wir damit anfangen, das Evangelium des Königreiches zu demonstrieren. Ein wichtiger Aspekt dieser Demonstration wird sein, dass wir das Königreich Gottes auf dieselbe Weise offenbar machen, wie Jesus es getan hat. Eines der vielen Werkzeuge, das der Herr uns gegeben hat, um seine Kraft freizusetzen und sein Königreich offenbar zu machen, ist der Dienst der Engel. Der Herr tut heutzutage herrliche Dinge auf der Erde. Jesus lehrte uns zu beten, dass der Wille des Vaters, wie er im Himmel geschieht, so auch auf Erden getan werde (vgl. Mt 6,9-10). Jesus wies die Menschen an, das Reich des Himmels auf die Erde einzuladen, wenn sie beten. Die Bibel lehrt uns klar, dass eine riesige Anzahl von Engeln die himmlischen Sphären bevölkert. Der Vater lädt uns ein, ihn darum zu bitten, dass er diese unvorstellbar große Schar von Engeln einsetzt, damit sie um unseretwillen wirksam werden.

Der Herr hat Armeen von Engeln beauftragt und setzt diese fortwährend frei, damit sie uns in dieser Stunde helfen können. Wir leben in der aufregendsten Zeit der gesamten Geschichte. Es ist für ganz normale Männer, Frauen und Kinder möglich, Begegnungen mit Engeln zu haben, wie sie in der Bibel vorkommen. Auch Sie können lernen, wie Sie in Ihrem Leben und Ihren Umständen die Hilfe von Engeln initiieren und in Bewegung setzen können. Gott sendet *heute* Engel aus, um Menschen zu dienen. Engeln zu begegnen und mit ihnen zusammenzuarbeiten, sollte völlig normal und keine furchteinflößende oder „gespenstische" Angelegenheit sein.

---

[1] Engl.: „to release" bedeutet im speziellen Fall *freisetzen* oder *freistellen abrufen, losgeben* usw. Im Deutschen wird es je nach Verwendung mit *freisetzen, schicken* oder *senden* übersetzt (Anmerk. d. Übers.).

Die Freisetzung von Engeln

Es gibt heute unzählige Wege, wie der Herr Engel freisetzt. Der Schleier zwischen Himmel und Erde ist dünn, brüchig und durchsichtiger als je zuvor in der Geschichte. Während die triumphale Wiederkunft Christi immer näher rückt, wird das Ausmaß des übernatürlichen Wirkens von Elohim, dem Schöpfer des Himmels und der Erde, dramatisch zunehmen – einschließlich dem Dienst und der Besuche von Engeln in unserer Wirklichkeit. Ob Ihnen dies nun gefällt oder nicht – Gott hat die Engel geschaffen, und sie erfüllen immer noch ihre Aufgabe hier auf Erden. Engel wurden von Gott und für seine Absichten geschaffen. Wir sollten seine Absichten *und* seine dienenden Engel vorbehaltlos willkommen heißen. Gott verfügt über Engel, die Ihnen zugeteilt sind und die bereit sind, in Ihrem Leben wirksam zu werden (vgl. Kol 1,16).

Obwohl dieses Buch in sehr kurzer Zeit geschrieben wurde (siehe Nachwort), wurde es über die letzten neun Jahre hinweg sorgfältig vorbereitet. Während dieser Zeit habe ich den Herrn bezüglich der Engelbegegnungen, die ich erlebte, intensiv befragt. Dabei bin ich zu folgendem Schluss gekommen: Während ich gefastet, gebetet und in der Schrift im Hinblick auf Engel geforscht habe, habe ich erkannt: Es ist schon immer Gottes Plan gewesen, seinen Söhnen und Töchtern zu erlauben, Engel zu sehen, mit ihnen in Beziehung zu treten, Erfahrungen mit ihnen zu machen und mit ihnen zusammenzuarbeiten. Der Herr hat jeden dazu berufen, ein Bewusstsein für sein geistliches Reich zu bekommen. Jeder kann den übernatürlichen Bereich, in dem die Engel wohnen, erfahren. Besuche von Engeln und Begegnungen mit ihnen sollten auch in Ihrem Leben eine normale Erfahrung sein. Ich werde einige einfache Wege beschreiben, die Ihnen dabei helfen können, Zugang zu dieser Dimension zu finden und die Engel in Ihrem Leben wirksam werden zu lassen.

Während meine Frau und ich um die Welt gereist sind, habe ich entdeckt, dass viele ganz normale Menschen regelmäßig

Erfahrungen mit Engeln haben. Diese Menschen haben einfach nur kindlichen Glauben und vertrauen darauf, dass sie Engeln begegnen können. Sie laden Engel ein, erwarten, dass sie in Erscheinung treten und Einfluss auf ihr tägliches Leben nehmen. Das können auch Sie tun. Es ist tatsächlich so, dass Engel sich eifrig darum bemühen, mit uns in Beziehung zu treten. Der Herr hat mir bei zahlreichen Gelegenheiten gezeigt, dass Engel nur darauf warten, von uns eingeladen zu werden oder Aufträge von uns zu erhalten und auf „Missionen der Barmherzigkeit" gesandt zu werden.

Ich habe die Begeisterung von Engeln beobachtet, wenn sie eingeladen wurden, nicht nur im geistlichen, sondern auch im natürlichen Bereich zu wirken. Jedes Mal, wenn Engel freigesetzt werden, in diesem Bereich zu wirken und Einfluss zu nehmen, werden sie ganz überschwänglich und voller Enthusiasmus. Dies ist ein geistliches Prinzip, das der Herr für Sie bestimmt hat; der Herr möchte, dass Sie seine geschaffenen Wesen an die Arbeit schicken! Da wir überall auf der Welt Freunde gewonnen haben, konnte ich persönlich beobachten, wie ganz normale Menschen hungrig danach sind, mehr über den Dienst von Engeln zu erfahren. Und als wir diese geistlichen Prinzipien in Bezug auf den Dienst von Engeln an andere Menschen weitergaben, konnten wir sehen, wie sie in diesem Bereich wuchsen und zur Reife kamen. Wir sahen, wie sie vom Herrn befähigt wurden, den Dienst der Engel in ihrem eigenen Leben zu initiieren.

Es sind einfach ganz normale Menschen, mit denen wir diese Erfahrungen teilen, keine weltbekannten „Superstars" des Glaubens. Tatsächlich glaube ich, dass der Herr diese Vorgehensweise bevorzugt. Dem Vater ist es lieber, wenn gewöhnliche Menschen sein Königreich auf außergewöhnliche Weise demonstrieren. Es gibt viele inspirierende Zeugnisse, die mir große Hoffnung machen, dass die Hilfe der Engel uns allen zur Verfügung steht. Gott hat Engel damit beauftragt, ganz normalen Leuten dabei zu helfen, anderen zu dienen und sein Königreich zu demonstrieren. Die Schrift sollte genügen, uns die nötige Hoffnung und den Glauben zu vermitteln, dass wir das Eingreifen von Engeln in unserem Leben tatsächlich erfahren können (vgl. dazu Offb 14,6-7; 22,16; und Mt 13,39).

Engel sollen helfen und beschützen

Die Bibel zeigt uns deutlich, dass Gott Engel dazu eingesetzt hat, um uns zu helfen und zu beschützen. Jedem Gläubigen wird in seinem täglichen Leben die Hilfe von Engeln zugesagt. Immer wieder konnten wir beobachten, wie diese Verheißung in unserem eigenen Leben erfüllt wurde. Wir sind auch Zeugen dessen, wie Gott Engel dazu gebraucht hat, den Nöten anderer Menschen überall auf der Welt zu begegnen. Es entspricht dem Wesen des Herrn, unseren Nöten und Bedürfnissen durch das Eingreifen und den Dienst der Engel zu begegnen (vgl. Ps 91,11-12; Hebr 1,14). Wenn wir unsere Reifeprüfung bestanden haben und dieses „irdene Gewand“ ausziehen (sterben), werden wir alle über das unglaublich hohe Ausmaß der Aktivität von Engeln, die uns fortwährend in unserem Alltag umgeben haben, erstaunt sein.

Wir werden nun viele „normale Begegnungen mit Engeln“ betrachten, die diese Tatsache veranschaulichen. Engel sind überall um uns herum. Sie sind bereit, willens und fähig, unseren einfachsten Bedürfnissen zu begegnen.

Die Begegnung mit Jesus im Jahr 2002

Im Jahr 2002 erlebte ich eine gewaltige Begegnung mit Jesus. Wir werden diese Begebenheit später genauer betrachten, aber während dieser Begegnung fing der Herr an, zu mir über die „Sehersalbung“ zu sprechen. Ich hatte keinerlei Erkenntnis über die „Sehersalbung“ und habe dies dem Herrn auch gesagt. Er wies mich an, 1. Samuel 9 zu lesen, und teilte mir mit, er werde mir in den kommenden Jahren vermehrt Einsicht geben, was diese prophetische Gabe angehe. Er sagte mir, ich solle anfangen zu beten und die Bibel im Hinblick auf die Sehersalbung zu studieren. Mehr als fünf Jahre lang habe ich in meinem Herzen über diese Begegnung und die Anweisungen des Herrn nachgedacht. 2007 erlebte ich eine weitere Vision, in der mir der Herr ein prophetisches Bild über die kurz bevorstehende Freisetzung der „Sehersalbung“ zeigte, die vom himmlischen Bereich her freigegeben und in großem Umfang ausgegossen wird.

Wir sind bereits in dieser Zeit angekommen. Der Herr setzt überall auf der Erde „Seher“ frei. Er wird ganz normale Menschen aufstehen lassen und sie mit der Sehergabe ausrüsten und salben. Eigentlich ist dies eine Wiederherstellung der Gabe der Unterscheidung der Geister, wobei viele Menschen die Fähigkeit erlangen werden, die Engel zu sehen, die schon die ganze Zeit um uns herum am Wirken sind. Es wird uns auch die Salbung des heiligen Gottes gegeben werden, Engel zu aktivieren und freizusetzen, damit sie Aufgaben und Pläne für das Königreich Gottes auf dieser Erde in dieser Stunde erfüllen können. Gott wird gewöhnliche Menschen bevollmächtigen und zurüsten, im Geist zu sehen und mit Engeln zusammenzuarbeiten, um ihre Umgebung zu verändern. Diese Bevollmächtigung wird ausschlaggebend dafür sein, die kommenden weltweiten Heilungserweckungen und Ausgießungen von Gottes Geist einzuleiten, welche die Erde bedecken werden (vgl. 1 Joh 2,20; Mt 16,19).

Jesus Christus, der Eckstein

Jesus Christus muss der absolute Eckstein unseres Glaubens sein. Wir müssen den Herrn anbeten, ihn allein, und nach seinen vollkommenen Plänen für unser Leben trachten. Dennoch sind auch Engel ein wesentlicher Teil von Gottes Königreich. Ziehen Sie die Möglichkeit in Betracht, dass der Herr die feste Absicht hat, seine Engelscharen einzusetzen, um Ihren Bedürfnissen in der Zukunft zu begegnen. Während wir in diese neue Zeit hineinkommen, müssen wir für Gottes vollkommenen Willen offen sein. Dieses Buch vermag ein gutes Hilfsmittel dafür sein, damit Sie sensibler für die Sphäre der Engel des Herrn der Heerscharen werden. Denken Sie daran, dass viele, während sie Fremde zu Gast hatten, unwissend Engel bei sich aufgenommen haben (vgl. Hebr 13,2).

Sie werden ermutigt werden, wenn Sie über die biblischen Prinzipien und die heutigen Berichte über Engel nachdenken. Vergessen Sie nicht, dass dieses Buch der erste Band eines Dreiteilers ist. Im zweiten Band wird es um die Rolle des Heiligen Geistes und offener Himmels bei der Aktivierung von Engelsbegegnungen gehen. Er wird viel tiefgehender und detaillierter auf die Inhalte eingehen, die ich im ersten Band nur umreißen kann. Der dritte Band schließlich handelt um die Erscheinungen von Engeln, die ich im himmlischen Bereich erlebt habe. Darin werde ich auch das Aussehen des Himmels und himmlischer Orte beschreiben. In allen drei Bänden werden wir auf einer festen biblischen Grundlage aufbauen und mehr über die Realität des Dienstes von Engeln in der heutigen Zeit lernen. Sie werden entdecken, wie Erscheinungen und Dienste von Engeln Ihr Leben in diesem Moment beeinflussen können. Wir werden auch in den nächsten beiden Büchern zahlreiche Zeugnisse von Engelbesuchen, die erst kürzlich stattgefunden haben, untersuchen. Denken Sie daran, dass jedes Zeugnis über Engelbesuche, das Sie in einem der drei hochspannenden Bände lesen, ein potenzielles prophetisches Wort an Sie ist.

Vielleicht werden Sie auch dazu angeregt, den Dienst von Engeln für sich in Anspruch zu nehmen. Wenn Sie das tun, wird Ihr Leben nicht mehr dasselbe sein. Entspannen Sie sich, beten Sie und bitten Sie den Heiligen Geist, dass er Sie leitet, während Sie die folgenden Kapitel lesen. Sie können die Engel Gottes, das Königreich der Himmel und seinen König entdecken und zu einem tieferen Verständnis über das gelangen, *„was kein Auge gesehen und kein Ohr gehört hat und in keines Menschen Herz gekommen ist, was Gott denen bereitet hat, die ihn lieben“* (1 Kor 2,9).

Wir vertreten keine neue Lehrmeinung oder Theologie. Jesus Christus muss der unbedingte Eckstein und die Grundlage unseres Glaubens an Gott sein. Dafür besitzen wir das völlig gewisse prophetische Wort (vgl. 2 Petr 1,19 SLT), nämlich die Maßstäbe, die im Kanon der biblischen Bücher dargelegt sind, um uns im Glauben zu leiten. Das Wort Gottes bestätigt eindeutig, dass Jesus den Menschen Gaben geschenkt hat (vgl. Eph 4,8). Diese Gaben werden durch das wunderbare Wirken des kostbaren Heiligen Geistes freigesetzt und sorgfältig abgestimmt.

Daran wollen wir uns erinnern, während wir unser Glaubensabenteuer starten und mehr über den Dienst der Engel in der heutigen Zeit lernen wollen. Mein Ziel ist es, Ihren Glauben zu aktivieren, damit Sie dem Leib Christi dabei helfen können, zur Fülle der Erkenntnis des Sohnes Gottes heranzuwachsen (nach Eph 4,13). Auch Sie können in der Sehersalbung wirksam werden. Sie können in allem hinwachsen zu ihm, der das Haupt ist – Christus (vgl. Eph 4,15). Der Dienst der Engel ist nur ein sehr kleiner Aspekt des Königreiches Jesu.

Wenn man die Tatsachen und geistlichen Prinzipien im Hinblick auf den Dienst der Engel besser versteht, kann dies einem jeden helfen, in der Fülle und in dem vollständigen Sieg, den Jesus für alle am Kreuz errungen hat, zu leben. Diese Einsicht wird Sie in einen Überwinder verwandeln, welcher in Offenbarung, Fülle, Wohlstand, Sieg und Triumph lebt (vgl. dazu Eph 4,15 und Offb 2,7.11.17.26; 3,5; 21,7). Vor allen Dingen aber muss Christus *der Eckstein* Ihres Glaubens sein.

Lassen Sie uns nun unter die Lupe nehmen, wie Jesus Engel und den Dienst von Engeln während seines Lebens und Dienstes auf dieser Erde gesehen hat. Danach werden wir Zeugnisse über Begegnungen mit Engeln in der heutigen Zeit betrachten.

Kapitel 1

Jesus, unser Vorbild

Vorhin habe ich erzählt, wie ich mich als junger Christ auf den übernatürlichen Bereich einließ. Dies hatte zur Folge, dass ich sofort mit der Engelwelt in Berührung kam. Ich war mir der Tatsache bewusst, dass der Herr Engel gebrauchte, um mein Leben zu beeinflussen. Es dämmerte mir, dass Jesus wirklich der Herr der Heerscharen, der Engelscharen im Himmel ist. Engel stehen ihm jederzeit zur Verfügung (vgl. Ps 24,10). Im Laufe der Zeit begegnete ich Engeln immer regelmäßiger. Es begann damit, dass ich Engel *hörte;* später erlebte ich ihre *Berührung*. Ich bemerkte auch: Wenn Engel anwesend waren, beeinflussten sie die natürliche Welt um mich herum. Dies manifestierte sich in Form von Düften und „flüchtigen Einblicken" in die geistliche Welt, indem ich „Lichtblitze" sah oder einfach „wusste", dass Engel in der Nähe waren.

Indem ich mich für die Engel und die damit zusammenhängenden Phänomene öffnete, wurden meine geistlichen Sinne durch Übung geschult (nach Hebr 5,14 SLT). Diese Praxis hat mir geholfen, meine Wahrnehmungsfähigkeit zu verbessern und die Aktivität von Engeln zu erkennen (vgl. Hebr 5,14). Später begann der Herr mich darin zu unterweisen, wie ich mit Engeln in Beziehung treten konnte, und ich entdeckte, dass Engel den irdischen Bereich in vielerlei Hinsicht beeinflussen. Sie arbeiten im Einklang mit dem Heiligen Geist und seinen Gaben. Engel werden manchmal ausgesandt, um ganz normale Menschen zu befähigen, in den Geistesgaben wirksam zu werden. Auf ähnliche Weise haben Engel mit Jesus Christus zusammengearbeitet, als er auf dieser Erde gelebt und gedient hat.

Jesus hat den Dienst von Engeln ganz vom Anfang bis zum allerletzten Moment seines irdischen Lebens in Anspruch genommen. Der Engel Gabriel kündigte sogar die Geburt Jesu an (vgl. Lk 1,19,26). Wir wissen ebenfalls, dass Engel Jesus in der Wüste gedient haben, nachdem er vom Teufel versucht worden war (vgl. Mt 4,11; Mk 1,13). Ebenso dienten Engel Jesus in der Nacht, bevor er gekreuzigt wurde (vgl. Lk 22,43). Engel waren bei der Auferstehung des Herrn anwesend (vgl. Mk 16,5; Lk 24,4) und auch bei seiner Auffahrt zum Himmel (vgl. Apg 1,10-11). In zahlreichen Situationen haben Engel Jesus gedient, während er – der Schrift gemäß – als ein normaler Mensch hier auf der Erde lebte. Außerdem teilt uns die Bibel in Johannes 21,25 mit, dass es *„aber auch viele andere Dinge [gibt], die Jesus getan hat; wenn diese alle einzeln niedergeschrieben würden, so würde, scheint mir, selbst die Welt die geschriebenen Bücher nicht fassen.“* Auch heute noch dienen die Engel Christus.

Engel spielten bei der Auferstehung Christi eine wichtige Rolle. Sie überbrachten den Jüngern eine Botschaft mit einer wichtigen Anweisung. Der Herr sandte einen Engel, um seinen Nachfolgern mitzuteilen, er sei tatsächlich auferstanden und sie würden ihn in Galiläa treffen. Engel überbrachten die großartigste Nachricht, die jemals vernommen wurde: *„Er ist auferstanden.“* Als die Frauen zum Grab gingen, erlebten sie die Erscheinung eines Engels. Der Engel zitierte die Worte Jesu:

> *Der Engel aber wandte sich zu den Frauen und sprach: Fürchtet ihr euch nicht! Ich weiß wohl, dass ihr Jesus, den Gekreuzigten, sucht. Er ist nicht hier, denn er ist auferstanden, wie er gesagt hat. Kommt her, seht den Ort, wo der Herr gelegen hat! Und geht schnell hin und sagt seinen Jüngern, dass er aus den Toten auferstanden ist. Und siehe, er geht euch voran nach Galiläa; dort werdet ihr ihn sehen* ... (Mt 28,5-7 SLT).

Diese Schriftstellen beweisen, dass die Engel über die Dinge Bescheid wussten, die Jesus gepredigt hat. Es kann sein, dass Engel den Dienst und die Worte Jesu Christi aufgezeichnet haben, als er lehrte, redete und über seine Bestimmung am Kreuz von Golgatha prophezeite. Auf dieselbe Art und Weise werden Engel auch heute im Leben von ganz normalen Menschen eingesetzt.

Jesus hat den Dienst der Engel bereitwillig angenommen. Der Herr ist unser Vorbild, das uns als ein Beispiel dient, dem wir nachfolgen sollen. In den letzten Jahren hat es Zeiten gegeben, in denen ich persönlich beobachten konnte, wie Jesus mit Engeln interagierte, und ebenso, wie die Engel mit Jesus interagierten. Engel wirken unter der Befehlsgewalt Christi. Die Beobachtung, wie schnell Engel auf das Verlangen des Herrn hin handeln, hat mein Verständnis für diese geistliche Dynamik geöffnet.

Wir haben die Vollmacht, den Engeln als unseren Freunden und Partnern im Dienst Jesu Aufträge zu geben. Wenn wir vom Geist Gottes entsprechend angewiesen werden, können wir Engel aktivieren, „Aufträge“ auf dieser Erde und auch in den Himmeln zu erfüllen. Viele Menschen haben es zugelassen, dass ihnen die Erkenntnis über ihren rechtmäßigen Platz und die damit verbundene Autorität im Königreich Gottes geraubt wurde. Während Sie nun auf den folgenden Seiten die Zeugnisse lesen, bleiben Sie aufgeschlossen und erinnern Sie sich daran, dass das Zeugnis Jesu der Geist der Prophetie für Ihr Leben sein kann.

Der Dienst der Engel im Leben des Christus

Ich habe zahlreiche Erscheinungen von Jesus Christus erlebt und dabei die Erfahrung gemacht, dass Engel heute jedes Mal den auferstandenen Herrn Jesus begleiten, wenn er in unsere irdische Wirklichkeit kommt. Auch die Schrift offenbart, dass Engel beauftragt wurden, Jesus zu dienen, als er auf Erden wandelte. Ganz gewiss haben sie den Herrn in Zeiten tiefer

Bedürftigkeit mehr als nur einmal gestärkt. Es hat den Anschein, dass Engel dem Herrn als Antwort auf seine Gebete hin dienten. Als Jesus zu seinem Vater betete, reagierte dieser, indem er Engel schickte, welche sich der Bedürfnisse Jesu annahmen (vgl. Lk 22,43).

Engel haben Jesus auch zu Beginn seines Wirkens gedient. Nachdem der Herr mit dem Heiligen Geist erfüllt worden war, wurde er in die Wüste geführt und fastete dort 40 Tage lang (vgl. Mt 4,1-2). Während jener Zeit versuchte der Feind ihn mit dem Hochmut des Lebens, der Begierde des Fleisches und der Begierde der Augen (nach 1 Joh 2,16). Jesus bekämpfte den Verführer mit dem Schwert des Geistes, dem Wort Gottes. Er widerstand dem Teufel erfolgreich. Der Herr fastete 40 Tage und Nächte lang und wurde sehr hungrig. Während dieser Lebensphase erlebte er Begegnungen mit Engeln und diese dienten ihm.

In Markus 1,13 lesen wir: *„Und er war vierzig Tage in der Wüste und wurde von dem Satan versucht; und er war unter den wilden Tieren, und die Engel dienten ihm."* Hat Jesus gebetet und diese Engel freigesetzt? Haben die Engel ihm wirklich in dieser Weise gedient und ihm etwas zu essen gebracht? Die Schrift bringt dies nicht eindeutig zum Ausdruck, aber da Jesus allein in der Wüste war, erscheint es logisch, dass die Engel ihm zu essen gaben und ihm dadurch dienten. Mir ist schon einmal ein Engel begegnet, der mich mit Erdbeermarmelade versorgt hat!

Jesus Christus lehrte und prophezeite, dass er alle Autorität habe, Engel einzusetzen, während er auf der Erde diente (vgl. Mt 26,53; 16,27; 24,31; Lk 9,26). Der Herr hat ebenso gewöhnlichen Menschen alle Macht und übernatürliche Autorität verliehen, den Dienst von Engeln zu beauftragen. Wir haben die Autorität oder Vollmacht, zu unserem Vater im Namen Jesu Christi zu beten und den Herrn zu bitten, eine Vielzahl von Engeln auszusenden. Jesus hat uns geboten, dieselbe Art von Werken zu vollbringen, die er getan hat (vgl. Joh 14,12-14).

Ein Werkzeug, das uns dafür geschenkt wurde, ist der Dienst der Engel (vgl. Mt 18,18-20).

Jesus hatte ziemlich viel Offenbarung über den Dienst der Engel. Er war sich dessen bewusst, dass er den Dienst von Engeln beanspruchen konnte, um sein Werk zu vollbringen. Auch Sie können das tun. Die Bibel ist in Bezug auf diese Thematik sehr klar. Es gibt dutzende Schriftstellen allein schon in den vier Evangelien, in denen Engel im Zusammenhang mit Christi Geburt, Dienst und Leben erwähnt werden. Es sind über zwei Dutzend Beispiele in den Evangelien insgesamt, in welchen sich Jesus auf Engel bezieht, über sie prophezeit oder über ihren Dienst und ihre Pflichten lehrt. Ein großer Teil des Buches der Offenbarung wurde dem Apostel Johannes auf der Insel Patmos durch den Engel von Jesus Christus diktiert.

Es ist eindeutig klar, dass der Messias nicht nur an den Dienst von Engeln glaubte und ihn sich zu eigen machte, sondern auch heute noch Engel einsetzt, um uns seine Wünsche zu vermitteln. Vielleicht sollte dies auch ein Merkmal unseres Lebens sein. Jesus hat seinen Engel gebraucht, um uns seine letzten aufgezeichneten Worte in der Bibel zu übermitteln. Ich glaube, dass die Bibel deutlich zeigt, dass Jesus weiterhin Engel einsetzen wird, um seine Endzeitmandate auf der Erde zu erfüllen. Werfen Sie einen Blick auf Offenbarung 1,1 (LU): *„Dies ist die Offenbarung Jesu Christi, die ihm Gott gegeben hat, seinen Knechten zu zeigen, was in Kürze geschehen soll; und er hat sie durch* ***seinen Engel*** *gesandt und seinem Knecht Johannes kundgetan“.*

In der Nacht, in der er verraten werden sollte und den Weg begann, der schließlich zu seinem Tod am Kreuz von Golgatha führte, spricht Jesus über seine Fähigkeit, den Dienst von Engeln zu initiieren. Jesus sagte: *„Oder meinst du, dass ich nicht meinen Vater bitten könne und er mir jetzt mehr als zwölf Legionen Engel stellen werde?“* (Mt 26,53). In diesem Abschnitt beleuchtet Jesus einen der wichtigsten Schlüssel, wie der Dienst von Engeln freigesetzt wird. Er sagt uns, er habe die Autorität, seinen *„Vater zu bitten"*. Der Herr erklärt ausdrücklich, ihm stünden in dieser notvollen Lage zwölf Legionen, also 72.000, Engel zur Verfügung, die ihm zu Hilfe kämen. Wir treten gerade in eine Zeit ein, in welcher der Herr ganz normale Menschen bevollmächtigen wird, diese Art von Autorität und Kraft zu tragen.

Jesus verweist auch auf seine triumphale Rückkehr, die sich durch die Scharen von Engeln, die ihn begleiten, auszeichnen wird (vgl. Mt 24,30-31). Jesus prophezeit, dass seine Wiederkunft von „seinen Engeln" begleitet sein wird, die dafür eingesetzt werden, seine Auserwählten aus den vier Himmelsrichtungen einzusammeln. Der Apostel Johannes sprach von einer Zahl, die zehntausend mal zehntausend beträgt, und bezieht sich dabei auf die Anzahl der Engel, die er im Himmel gesehen hat. Viele Theologen glauben, dass dies auf eine unzählbare Schar von Engeln hindeutet. Jesus beabsichtigt, mit einer Schar von Engeln wiederzukommen, die zu groß ist, als dass sie unser menschlicher Verstand erfassen könnte. Jesus weiß um den Dienst der Engel.

Jesus lehrte über Engel

Jesus hat über die Fülle des Dienstes von Engeln in unseren Tagen prophezeit. Diese Prophetie wurde vor über 2000 Jahren ausgesprochen. Wir kommen gerade in die Zeit hinein, in der sich dieses prophetische Wort im Leben von ganz normalen Menschen zu offenbaren beginnt. Jesus teilte Nathanael mit: *„Wahrlich, wahrlich, ich sage euch, von nun an werdet ihr den Himmel offen sehen und die Engel Gottes auf- und niedersteigen auf den Sohn des Menschen"* (vgl. Joh 1,51). Dies ist ein klares Bild von Gottes vorherbestimmtem Plan für die Menschheit. Wir sind in diese *Kairos*-Zeit[1] heute bereits

---

[1] Kairos (griechisch Καιρός) ist ein religiös-philosophischer Begriff für den günstigen Zeitpunkt einer Entscheidung, dessen ungenutztes Verstreichen nachteilig sein kann (Wikipedia).

eingetreten. Jesus prophezeite, dass die Himmel sich öffnen würden. Dies war eines der wichtigsten Ziele des irdischen Dienstes Christi. Jesus kam, um die offenen Himmel über der Menschheit wiederherzustellen und gleichzeitig den Schöpfer mit der Schöpfung, der Menschheit, wieder zu vereinen. Heutzutage sind die Himmel offen und die Engel Gottes werden im irdischen Bereich immer aktiver. Gott hat einen geistlichen Bereich bzw. einen ewigen Wohnort geschaffen, aber er hat auch eine zeitliche, irdische Wirklichkeit geschaffen, die dem Wesen der Schöpfung entspricht, über die in 1. Mose 1 eingehender berichtet wird. Der Herr schied die Himmel bzw. den geistlichen Bereich vom irdischen bzw. zeitlichen Bereich. Auch in 1. Mose 2,4 wird die Trennung des irdischen und des geistlichen Bereichs dargestellt. Der Abschnitt in 1. Mose 2 spricht sogar von mehreren Himmeln, aber um dieser Studie willen werden wir uns nur auf die Begriffe *der Himmel und die Erde* beschränken, obwohl einige Theologen glauben, dass es bis zu 21 Himmelsebenen geben könnte, weshalb es die Ausdrücke *dritter Himmel* und *siebter Himmel* gibt.

Die Engel Gottes werden im Leben ganz normaler Menschen, welche Freunde Gottes sind, immer aktiver. In welch einer spannenden Zeit wir heute leben! Jesus hat uns ein sehr klares Beispiel gegeben, dem wir folgen können; er hat es uns vorgemacht, wie wir den Dienst der Engel für uns beanspruchen können. In Johannes 5,19-20 teilt Jesus uns mit, dass der Gehorsam entscheidend ist: *„... Wahrlich, wahrlich, ich sage euch: Der Sohn kann nichts von sich selbst aus tun, sondern nur, was er den Vater tun sieht; denn was dieser tut, das tut gleicherweise auch der Sohn. Denn der Vater liebt den Sohn ...“* (SLT). Jesus wollte nur die Dinge auf der Erde umsetzen, die er seinen Vater tun „sah“. Jesus war ein Seher. Der Herr war gehorsam und lebte sein Leben in bedingungslosem Gehorsam bzw. in der Salbung des Heiligen Geistes. Heute setzt Jesus die Sehersalbung für Menschen überall auf der Welt frei.

Jesus wies uns an, dem Willen seines Vaters gemäß zu beten und im Himmel zu „lösen" und auf Erden zu „binden". Dies wird uns in Matthäus 16,19 verdeutlicht: *„Ich werde dir die Schlüssel des Himmelreichs geben; was du auf der Erde bindest, das wird im Himmel gebunden sein, und was du auf der Erde löst, das wird im Himmel gelöst sein"* (NGÜ). Uns ist die Autorität gegeben worden, „den Dienst der Engel zu lösen". Uns ist auch aufgetragen worden, das Himmelreich auf dieser Erde freizusetzen, wenn wir beten (vgl. Lk 11,2; Mt 6,10).

Indem wir unsere Herzen vorbereiten und nach dem himmlischen Königreich trachten, werden viele von uns, wenn wir den auferstandenen Christus sehen, himmlischen Besuchern begegnen – wie es auch den Frauen passierte, als Christus auferstanden war. Durch den Dienst der Engel werden in dieser Stunde viele Menschen göttliche Wegweisung und Offenbarung für ihr Leben und ihre persönliche Sicherheit bekommen. Besuche von Engeln werden bald viel häufiger vorkommen und weit verbreitet sein. Sicher ist, dass der Herr Jesus selbst an den Dienst der Engel glaubte und um die „Methode" bzw. Vorgehensweise wusste, die nötig war, um ihren Dienst zu aktivieren. Jesus hat den Dienst der Engel gerne in Anspruch genommen, da sie in seinem ganzen Leben und Dienst eine Schlüsselrolle gespielt haben. Der Herr hat Ihnen und mir ein wunderbares Vorbild gegeben, dem wir nachfolgen können. Wir können den Dienst der Engel willkommen heißen und so einsetzen, wie Jesus Christus es getan hat.

Christus hat uns gezeigt, dass er den Dienst der Engel bereits vor seiner Empfängnis und bis hin zu seiner Himmelfahrt in Anspruch genommen hat. Ich kann Ihnen versichern, dass Jesus auch heute noch den Dienst der Engel willkommen heißt. Der Herr hat verheißen, dass er in der Zukunft mit seinen Engeln wiederkehren wird. Schauen Sie sich Matthäus 25,31 an: *„Wenn aber der Sohn des Menschen in seiner Herrlichkeit kommen wird und alle heiligen Engel mit ihm, dann wird er auf dem Thron seiner Herrlichkeit sitzen"* (SLT). Meiner Meinung nach hat Jesus Christus uns ein sehr klares Vorbild gegeben, welches wir in Bezug auf Engel und ihrem Dienst nachahmen sollen (vgl. 1 Petr 2,21)!

Jesus ist der vollkommene Repräsentant unseres himmlischen Vaters. Der Herr repräsentierte auf vollkommene Weise die Bundesnamen Gottes und offenbarte diese Eigenschaften in seinem Leben auf der Erde (vgl. Joh 14,7-12). Jesus lebte mit Würde und Demut, und wir sollten ihn in diesen Eigenschaften nachahmen. Eine Art und Weise, wie der Herr heutzutage seine Bundestreue offenbart, besteht darin, dass Engel in das Leben gewöhnlicher Menschen eingreifen.

Wir haben es zugelassen, dass der Feind unserer Seele uns diesen wundervollen, kraftvollen und so wichtigen Aspekt unseres Erbes stehlen konnte – den Dienst der Engel. Die Begegnungen mit Engeln sollten uns nicht unheimlich sein oder in Angst versetzen. Wir haben zugelassen, dass uns die Angst vor dem Unbekannten lähmt und unsere Fähigkeit einschränkt, im übernatürlichen Bereich zu wirken. Wir kommen nun in eine von Gott bestimmte Zeit hinein, in welcher der Herr uns die Fähigkeit, mit der geistlichen Welt in Beziehung zu treten, zurückgeben wird. Ein Weg, durch den der Geist dies bewerkstelligen wird, ist die Wiederherstellung der Gabe der Unterscheidung der Geister im Leben Einzelner. Gott ist dabei, Menschen zuzurüsten, die in die geistliche Welt „hineinsehen“ können oder in der Sehersalbung wirksam werden.

Auf den folgenden Seiten werde ich viele Zeugnisse weitergeben, wie Engel in der heutigen Zeit Menschen dienen. Durch die vielen Erfahrungen mit dem Dienst der Engel habe ich gelernt, dass auch die Engel Jesu sich demütig und würdevoll verhalten. Die Aktivität von Engeln im Leben des auferstandenen Retters hat im Vergleich zu seinem irdischen Leben drastisch zugenommen. Warum? Weil die Menge der Engel in den Himmeln, die den auferstandenen Retter umgeben, unzählbar ist.

Dennoch hatte Jesus auch in seinem Leben auf Erden einen intensiven Umgang mit Engeln. Da er uns ein Beispiel gegeben hat, dem wir folgen sollen, sollten auch wir einen intensiven

Umgang mit Engeln in unserem Leben genießen. Begegnungen mit Engeln sollten ein normaler Teil unseres Christenlebens sein. Wir wollen nun Berichte über das Wirken von Engeln und Begegnungen mit ihnen aus der heutigen Zeit untersuchen.

KAPITEL 2

Die Realität des Engeldienstes heute

Ein Blick zurück

Zunächst möchte ich einen Blick auf Begegnungen mit Engeln werfen, die meine Frau und ich schon erlebt haben. Damit soll unser Fundament und Ihr Glaube weiter aufgebaut werden. Ich habe mein Möglichstes getan, um all diese Ereignisse so genau wie möglich festzuhalten. Da es sich um die Sphäre des Übernatürlichen handelt, kann es jedoch manchmal schwierig sein, eine übernatürliche Erfahrung im natürlichen Bereich verständlich wiederzugeben. Ich bin dabei auf meine menschlichen Worte und meinen Verstand beschränkt. Darüber hinaus berichte ich über Ereignisse, die mehrere Jahre zurückliegen. Manchmal habe ich Notizen, auf die ich zurückgreifen kann, aber hie und da muss ich mich allein auf mein Gedächtnis und die Hilfe des Heiligen Geistes verlassen. Wenn ich nicht ausdrücklich darum gebeten wurde, die Identitäten anonym zu halten, habe ich mich beim Niederschreiben darum bemüht, so direkt und genau wie möglich zu sein und die tatsächlichen Namen der involvierten Personen und Orte anzugeben.

Durch die nachfolgende Reihe von Zeugnissen werden einige Schlüssel veranschaulicht, die Ihnen helfen werden, Ihre Fähigkeit, Engel in ihrem Leben wahrzunehmen, zu aktivieren. Über die Jahre hinweg habe ich herausgefunden, dass sich – wenn ich diese geistlichen Übungen praktiziere – meine Fähigkeit, Engel zu sehen, stark zunimmt (vgl. Hebr 5,14). Die Kombination von Gebet und Fasten sind zwei der wichtigsten

Schlüssel. Wenn Sie mittels dieser beiden Schlüssel weiter ins Königreich Gottes vordringen, scheinen diese die Fähigkeit zu wecken, Engel wahrzunehmen und zu sehen. Verknüpfen Sie diese beiden Schlüssel noch damit, regelmäßig Zeit mit dem Herrn zu verbringen und die Bibel zu studieren, scheint die Fähigkeit, Engel zu sehen und sie wahrzunehmen, regelrecht aufzublühen.

Gelegentlich wird der Herr Sie dazu auffordern, eine gewisse Aufgabe zu erledigen, was manche als eine „prophetische Handlung" bezeichnen würden. Oftmals werden diese Handlungen Sie auf unbequeme Weise herausfordern und es wird Sie etwas kosten. Dann ist es von entscheidender Bedeutung, dem Heiligen Geist zu gehorchen.

Es ist ebenfalls wichtig, Engel willkommen zu heißen und den Herrn einfach darum zu bitten, Ihre Augen zu öffnen, damit Sie die Engel um sich herum sehen können. Später werden wir uns diese geistlichen Schlüsselfaktoren noch genauer anschauen. Sie können diese jedoch auch schon in den folgenden Zeugnissen beobachten. Denken Sie daran, dass auch Sie diese einfachen Schlüssel und geistlichen Werkzeuge einsetzen können. Diese spielen eine sehr zentrale Rolle, wenn man lernen will, mit den Engeln Gottes zusammenzuarbeiten.

Dein Königreich komme

Siebenundvierzig Tage, nachdem ich wiedergeboren und von einer dreißigjährigen Drogenabhängigkeit befreit worden war, brach die übernatürliche Realität Gottes über mein Leben herein. Ich hatte gerade eine ausgedehnte, mehrwöchige Fasten- und Gebetszeit hinter mir, in der ich Jesus gebeten hatte, sich mir zu offenbaren. Am 13. April 2001 hatte ich dann nachts um 1 Uhr 13 eine Begegnung mit Gott. Ich wurde von einem starken Weihrauchduft geweckt. Plötzlich trat ein Engel ins Zimmer und ich vernahm eine hörbare Stimme, die mir göttliche Anweisungen in Bezug auf Evangelisation gab. Seit jenem Tag haben sich die Eigenschaften unseres übernatürlichen

Gottes in meinem Leben manifestiert. Ich kann den Anfang meiner Fähigkeit, die Aktivität von Engeln wahrzunehmen, deutlich auf jenen Morgen zurückverfolgen. Er war gleichzeitig auch der Beginn meines Dienstes und legte den Grundstein für unseren internationalen Dienst „King of Glory Ministries International". Aufgrund der Begegnung mit diesem Engel fing ich mit Hilfe des Musikfestivals „King of Glory" an, die Verlorenen in meiner Stadt zu erreichen. Dieses Festival mit freiem Eintritt fand im „Sarah Creasy Metcalf Amphitheatre" in Bluefield/Virginia statt und war eine unmittelbare Folge der Worte, die ich den Engel zu mir sprechen gehört hatte.

Diese Begegnung bewirkte einen Hunger nach Gott in meinem Leben und der Herr begann den übernatürlichen Bereich für mich zu öffnen. Aufgrund dieses Hungers nach Gott begann ich auch zu fasten und die Bibel regelrecht zu verschlingen. Als der Wohlgeruch des Herrn in meinen Raum und in meine Zeit eindrang, fing ich an, die Dimension der Engel zu erfahren. Von da an nahm ich regelmäßig die Aktivität der Engel um mich herum wahr. Die Gnade und Gunst des Herrn wurden in meinem Leben sichtbar. Viele Menschen begannen zu erkennen, dass Gott meine Gebete auf übernatürliche Weise beantwortete.

Wunder im Natürlichen

Wunder im Natürlichen wurden ein normaler Teil meines Lebens. Eines dieser Wunder in jener Zeit war die Spende eines großen Banners für das Festival. Auf dem Banner steht in großen roten Buchstaben: „Jesus, König der Herrlichkeit." Am Abend des 22. August 2001 nahm ich das neue Banner mit in die Gemeinde und fragte Tim, den Pastor, ob wir über dem Banner beten und es mit Öl salben könnten.

Ich rollte den Stoff vollständig von rechts nach links vor dem Altar aus und die ganze Gemeinde versammelte sich um das Banner herum und betete. Der Pastor salbte es mit Öl. Ich schloss meine Augen und fing an, im Geist zu beten. Plötzlich hüllte mich der vertraute Duft von Weihrauch ein und ich spürte, wie sich zwei überaus sanfte, warme Hände fast unmerklich auf meine Schultern legten. Sofort wurde ich vom Heiligen Geist berührt.

Dann hatte ich das Gefühl von warmem Öl, das über meinen Kopf ausgegossen wurde. Mir war, als würde das Öl auf meinen Rücken und meine Brust herabfließen. Der Wohlgeruch des Herrn erfüllte meine Nase. Die Salbung des Herrn begann durch meinen erschöpften Körper zu strömen. Ich weiß noch, dass ich mich fragte: *Wer um alles in der Welt betet gerade für mich?* Ich weiß nicht genau, wie lange ich tatsächlich auf meinen Knien war und mit meinen Händen auf dem Banner im Heiligen Geist betete, aber diese himmlischen Hände blieben die gesamte Zeit auf meinen Schultern. Als ich schließlich meine Augen öffnete und nach oben schaute, schien es, als hätten die anderen Leute in der Gemeinde bereits vor längerer Zeit aufgehört zu beten. Es überraschte mich, dass inzwischen jeder wieder auf seinem Platz saß.

Ich dagegen war immer noch auf meinen Knien und hatte meine Hände am linken Ende des neuen Banners. Noch immer konnte ich diese weichen, gesalbten und warmen Hände auf meinem Rücken fühlen. Ich dachte: *Nun ja, wenigstens ist eine Person neben mir geblieben, während ich gebetet habe.* Ich erhob mich, um mich bei dieser „Person“ zu bedanken und drehte mich um. Doch zu meinem Erstaunen war im Umkreis von sechs Metern um mich herum keine Menschenseele zu sehen. Ich war völlig verblüfft! Nur den Bruchteil einer Sekunde zuvor hatte ich Hände auf meinem Rücken gespürt und eine sanfte Stimme gehört, die mit mir zusammen in Zungen gebetet hatte. Die Stimme war sehr real und ganz dicht an meinem linken Ohr. Ich rollte das Banner zusammen und trottete langsam an meinem Platz zurück, stark vom Heiligen Geist berührt. Die wundervolle Salbung und die anhaltende Gegenwart Jesu, die ich an diesem Abend erlebte, verließ mich über mehrere Tage nicht mehr! Und das Banner, das ich hier erwähnt habe, ist inzwischen Zeuge von über 70.000 Errettungen geworden.

Nach dieser Engelbegegnung stieg das Ausmaß von Gnade und Gunst in meinem Leben sprunghaft an. Als ich an jenem Abend nach Hause kam, zog ich mich in mein Gebetskämmerchen zurück und begann zu weinen und dem Herrn für die Begegnung mit dem Engel zu danken. Ich wusste, dass der Vater einen Engel gesandt hatte, der mir während des Gottesdienstes dienen sollte. Ich fragte ihn, was geschehen war und warum, als das Öl meinen Kopf und meinen Körper heruntergelaufen war. Sofort kamen mir die Worte in den Sinn, die ich während der wochenlangen Fastenzeit gebetet hatte: „*... Dass du mich doch segnen ... mögest und deine Hand mit mir sei ...*“ (1 Chr 4,10).

Gott hatte einen Engel gesandt, der seine Hände auf mich legen sollte! Möglicherweise hat dieser Engel eine Salbung und Gnadengabe auf mein Leben übertragen. Seit jener Nacht habe ich ein göttliches „Wissen“, dass Engel eine Realität sind und dass sie tatsächlich dazu beauftragt sind, mir zu dienen und zu helfen. Nicht ein einziges Mal habe ich die Besuche von Engeln als furchteinflößend, unheimlich oder unnatürlich empfunden. Da ich den Dienst von Engeln im Wort Gottes fand, habe ich sie ohne Zögern akzeptiert. Ich habe den Dienst von Engeln einfach mit kindlichem Glauben willkommen geheißen.

Nach diesen anfänglichen Begegnungen mit dem Königreich der Himmel entbrannte in mir ein verzweifelter Hunger nach mehr von Gott. Jesus löste eine regelrechte Metamorphose in meinem Leben aus und ich widmete mich eine Zeit lang dem ausgedehnten Beten und Fasten. Als das *King of Glory*-Festival vorbei war, schienen jedoch die Gnade und die Gunst auf meinem Leben abzunehmen, obwohl ich während meiner Gebetszeiten immer noch die manifeste Gegenwart des Herrn erlebte. Gelegentlich füllten auch der Wohlgeruch und die Salbung Gottes mein Gebetszimmer in meinem kleinen Haus in der Beech Street 121 in Bluefield, West Virginia.

Die Häufigkeit der Manifestationen von Gottes Gegenwart hatte jedoch stark abgenommen. Ich bekam ein verzweifeltes Verlangen nach Gott. Im Nachhinein glaube ich, dass der Herr meinen Durst nach ihm hervorgebracht hat. Ich fing an, den Herrn zu fragen, was er als Nächstes mit mir vorhatte.

Tanzende Engel

Im Oktober 2001 sprach der Herr dann zu mir, ich solle nach Neufundland in Kanada fahren. Ich hatte kein Verlangen, dorthin zu fahren, insbesondere nicht mitten im Winter! Zu dieser Zeit war ich immer noch beunruhigt über meine Unfähigkeit, „den Herrn zu spüren", und streckte mich deshalb noch entschiedener nach Gott aus. Zeitweise schloss ich mich in mein kleines Haus ein und betete und fastete bis zu sieben Tage bzw. bis die Gegenwart Gottes kam. Nach vielen Bestätigungen durch den Geist Gottes legte ich all meine irdischen Rücklagen zusammen und startete meine Reise in den großen weißen Norden. Am Abend vor meiner Abreise gab der Herr mir die Anweisung, auf dem ganzen Weg nach Neufundland in Zungen zu beten. Durch die Gnade Gottes gelang es mir irgendwie, ungefähr 18 Stunden im Geist zu beten, bis ich in Kanada landete.

In der Stadt Springdale in Neufundland wies mich der Herr an, eine Reihe von prophetischen Handlungen auszuführen. Am Mittwoch, den 21. November, besuchte ich ein Gebetstreffen, bei dem wir für eine Reihe von bevorstehenden Heilungsveranstaltungen beteten. Während dieses Treffens begann ich, im Geist „zu sehen". Während der Herr meine geistlichen Augen öffnete, sah ich Stück für Stück, wie sich der Himmel über der Kirche von *Living Waters Ministries* öffnete. Außerdem begann ich, die Stimmen von Engeln zu hören, die zusammen mit dem Anbetungsteam sangen. Einmal während der Versammlung beobachtete ich, wie ein Strom von goldenem Öl aus dem Himmel herabfloss und an einer bestimmten Stelle im Gottesdienstraum auftraf. Der Herr wollte, dass ich mich an dieser Stelle niederkniete. Seine Herrlichkeit und Salbung fingen an, über meinen Körper und in mich hinein zu fließen. Das Gefühl dabei und die Salbung waren ähnlich der Erfahrung mit dem Engel, der in der Nacht vom 22. August 2011 seine Hände auf mich gelegt hatte.

Während ich mich unter der Stelle hinkniete, aus der das goldene Öl auf den Altar herabfloss, betete ich ernstlich. Ich konnte spüren, wie das flüssige Öl auf meinen Körper herabregnete und konnte es auch fühlen und riechen, während es von meinem Kopf herunterrann. Der Heilige Geist begann so deutlich und direkt zu mir zu sprechen, wie ich es zuvor noch nie erlebt hatte. Dann fiel ich auf den Boden mitten in eine Lache von goldenem Öl auf dem Teppich und blieb dort in der Salbung des Heiligen Geistes liegen.

Dann spürte ich, wie Engel um die Öllache und mich herumtanzten. Ich spürte, wie ein Engel mit seinem Flügel über mein Gesicht strich. Ich „wusste" einfach, dass der Engel mich aufforderte, die Hände hochzuheben. Als ich meine Hände ungefähr einen halben Meter hochgehoben hatte, drückte der Engel meine Arme mit seinen starken, warmen Händen mit Nachdruck wieder zurück. Ich versuchte es erneut, und als meine Arme fast ganz oben waren, kitzelte mich der Engel mit den Federn seiner Flügel an der Nase. Ich musste lachen und meine Arme sanken wieder herab. Ungefähr eine Stunde lang ging es zwischen mir und dem Engel auf diese Weise so weiter. Ich sah den Engel zwar nicht, aber die Kraft und Realität seiner Berührung waren deutlich spürbar. Es gab keinerlei Zweifel daran, dass ich mit einem himmlischen Wesen interagierte. Diese Erfahrung war sowohl real als auch erfrischend.

Sehen heißt glauben

Am Donnerstag, dem 22. November, fingen die Heilungsveranstaltungen an, die bis Sonntag, den 25. November, dauern sollten. Während dieser Zusammenkünfte begann Gott, meine geistlichen Augen weit über das hinaus zu öffnen, was ich mir je hätte vorstellen können. Am ersten Abend konnte ich sehen, wie sich ein „offener Himmel“ im Gottesdienstraum ausbreitete. Außerdem konnte ich die Aktivität der Engel hören und spüren, während sich der Himmel in immer größerem Maße öffnete. Am Freitag konnte ich „Lichtblitze“ sehen, die durch die Kirche schossen, und der Strom von goldenem Öl floss in noch stärkerem Maße aus dem offenen Himmel herab.

Am Samstagabend, während des Anbetungsgottesdienstes, sah ich überall in der Kirche Federn herabfallen und konnte im natürlichen Bereich wieder sehr deutliche Engelstimmen hören.

Als die Anbetung an jenem Abend weiterging, nahm ich immer mehr wahr, wie die spürbare und intensive Herrlichkeit Gottes in den Raum floss. Ich befand mich vorne, nahe der ersten Reihe, und betete Jesus von ganzem Herzen an. Plötzlich musste ich meine Augen öffnen und das Anbetungsteam anschauen, denn ich hörte Dutzende von Sängern, die das kleine Anbetungsteam begleiteten, welches aus nur fünf bis sechs Personen bestand. Ich war mir sicher, dass Engel im Einklang mit ihnen sangen. Als ich meine Augen öffnete, sah ich den Grund der zunehmenden Herrlichkeit. Zwei der Leute im Anbetungsteam, Rose und Colleen, hatten jede eine Hand erhoben und hielten mit der anderen das Mikrofon, während sie sangen. Als mein Blick hinter sie fiel, sah ich dort einen Mann stehen, der mit einem weißen Gewand bekleidet war. Sein Gewand war makellos. Es war weißer als jedes andere Gewand, das ich je auf Erden gesehen hatte, und ein durchscheinendes Leuchten schien von ihm auszugehen (vgl. Mt 17,2, Lk 24,4).

Zuerst schüttelte ich meinen Kopf und kniff meine Augen zusammen, weil ich glaubte, meine Augen würden mir einen Streich spielen. Als ich sie wieder öffnete, stand der Engel immer noch da. Ich lehnte mich nach vorne und strengte meine Augen wirklich an, um mehr erkennen zu können. Dieser prachtvolle Engel blickte mich direkt an! Er lächelte mich mit einem breiten Grinsen an, dann blinzelte er mir zu! Mir blieb förmlich der Mund offenstehen und meine Augen weiteten sich, während mir alle meine Haare zu Berge standen. Er lächelte mich weiter an und betrachtete mich. Erneut kniff ich meine Augen zusammen und versuchte diese Vision abzuschütteln, die mir glasklar vor Augen stand. Aber als ich meine Augen öffnete, stand der Engel immer noch da. Er lächelte mich immer noch an und hatte eine Haltung eingenommen, die Wachsamkeit und Bereitschaft zum Ausdruck brachte. Es ging ein Leuchten von seinem Gewand aus, und der Stoff sah phosphoreszierend aus.

Dieser himmlische Besucher war ungefähr 3,60 Meter groß. Der Engel hatte ein wunderschön aussehendes Paar weißer Flügel und goldenes, schulterlanges Haar. Seine Augen waren von einem hellen, durchdringenden Blau. Er trug einen goldenen Gürtel bzw. eine Schärpe um seine Hüfte. Daran hing ein großes zweischneidiges Schwert mit einem schweren goldenen Griff. An seinen Handgelenken befanden sich kunstvolle goldene Bänder und an seinen Füßen trug er goldene Sandalen. Er trug auch ein großes goldenes Schild, das nach feinster Verarbeitung aussah. Ich beobachtete den Engel während des gesamten Anbetungsgottesdienstes. Ab und zu schaute der Engel auch andere Menschen im Raum an. Ich war völlig davon in Beschlag genommen, jede Einzelheit an ihm genau zu betrachten. Ich war wie gebannt von dem, was ich sah. Von Zeit zu Zeit schaute er mich an und lächelte erneut.

Ach, dass du den Himmel zerrissest und herabstiegest! Der Himmel öffne sich![1]

Die Dynamik dieser Versammlungen nahm weiterhin zu. Voller Sehnsucht richtete ich mein Herz danach aus, Gott zu begegnen. Ich konnte weiterhin beobachten, wie der offene Himmel über dem Gottesdienstraum von *Living Waters Ministries* herumwirbelte. Noch immer konnte ich Federn und Blitze

[1] nach Jesaja 63,19.

sehen und Dutzende von Engeln zusammen mit dem Anbetungsteam singen hören. Am Samstagabend hatte der offene Himmel einen Durchmesser von fast acht Metern erreicht. All das konnte ich mit meinen natürlichen Augen gut sehen und ich beobachtete, wie er sich über der Kirche drehte. Ich betete und versuchte alles im Blickfeld zu behalten. Ich lag ausgestreckt auf dem Boden und konnte meinen Körper nicht bewegen. Ich konnte sehen und hören, war jedoch völlig unfähig, mich zu bewegen. Es war, als klebte ich am Boden fest. Dennoch richtete ich mein Augenmerk auf den sich drehenden offenen Himmel.

Am Sonntagmorgen fand ich mich in derselben Position wieder, als ein junger Mann namens Dean aufstand und darüber berichtete, wie er während des Samstagabendgottesdienstes Jesus gesehen hatte. Als er mit Erzählen anfing, nahm ich am Rand des offenen Himmels, den ich von meiner horizontalen Position am Boden vor Augen hatte, hektische Aktivität wahr. Dean war völlig aufgelöst und nicht mehr in der Lage, über seine Erfahrung zu sprechen. Mehrere Engel eilten an den Rand der Öffnung und begannen aufgeregt miteinander zu sprechen und auf Dean zu zeigen. Zuerst versammelten sich dort etwa sechs Engel, die sehr darauf aus waren, zu hören und zu sehen, was sich im Gottesdienstraum abspielte. Doch bald darauf umlagerte eine Unmenge von Engeln den Rand des Portals.

Es schienen Engel jeden Alters, jeder Form und Größe zu sein. Ich sah mehrere kleine Engel, die wie kleine Kinder aussahen. (Jesus selbst verwies auf sie; vgl. Mt 18,10.) Ebenso sah ich Engel, die wie Erwachsene aussahen. Dann gab es noch andere, kleinere Engel, die Musikinstrumente in ihren Händen hielten, welche vom Aussehen her Hörnern und Trompeten glichen; andere der Instrumente sahen wie Flöten oder Rohrblattinstrumente aus. Die Unterschiedlichkeit innerhalb dieser kleinen Gruppe von ungefähr 45 himmlischen Wesen war beträchtlich, und für den Rest des Gottesdienstes beobachtete ich diese Engel. Bald merkte ich, dass die Engel sich der Tatsache bewusst waren, dass ich sie sehen konnte. Viele von ihnen begannen, in meine Richtung zu zeigen und sich angeregt miteinander zu unterhalten. Das war faszinierend.

Gott gebrauchte die Zeit in Neufundland, um meinen Geist und meine geistlichen Augen für eine neue Dimension zu öffnen. Die Reise nach Neufundland hatte für mich prophetisch die Bedeutung eines „neu gefundenen Landes“ im geistlichen Raum. Ich bin mir sicher, dass es Gottes Gnade war, die mir erlaubte, Engel zu sehen. Allerdings entdeckte ich später, dass der Herr mehr als bereit dazu war, meine Augen und noch weitere Sinne „zu öffnen“, damit ich die Aktivität von Engeln wahrnehmen konnte, wenn ich ihn darum bat. Die Fähigkeit, Engel zu sehen und wahrzunehmen scheint sich besonders zu entfalten, wenn man regelmäßig fastet und betet (insbesondere im Heiligen Geist) und dies mit Andachtszeiten, dem Lesen und Meditieren der Bibel kombiniert. Es ist ebenfalls wichtig, dem Geist Gottes in diesen Zeiten des Suchens gehorsam zu sein.

Und dennoch war ich völlig unvorbereitet für das, was in der nächsten Versammlung geschah!

KAPITEL 3

Jesus und die Engel

Als am 25. November der Abendgottesdienst begann, sah ich mich nach dem sich drehenden Wirbel in der Kirche um, den ich zuvor immer gesehen hatte. Er rotierte langsam über dem Altar; sein Durchmesser betrug nur etwas über einen Meter. Als die Anbetung begann, fing das „Portal" an, sich schneller zu drehen und an Größe zuzunehmen. In kurzer Zeit hatte die Öffnung einen Durchmesser von etwa 14 Metern erreicht. Engelstimmen kamen vom Himmel in die Kirche herab. Ich schloss meine Augen und begab mich in die Herrlichkeit und die Anbetung Jesu hinein. Als ich noch einmal einen Blick auf das Portal warf, hatten sich Engel am Rand aufgestellt und sprachen miteinander. Das begeisterte mich!

Pastor Dave Mercer bat den jungen Mann Dean erneut, sein Zeugnis, wie er Jesus gesehen hatte, der Versammlung weiterzugeben. Als Dean zu sprechen anfing, gab es ein weiteres aufgeregtes Treiben um das Portal herum. Viele Engel blickten auf den Gottesdienst herab und schienen ganz gespannt darauf, Deans Worte zu hören. Da waren Dutzende von Engeln am Rande der Öffnung; sie zeigten auf Dean und unterhielten sich angeregt miteinander.

Plötzlich stieg der große Engel, den ich hinter dem Anbetungsteam gesehen hatte, zur Öffnung hinauf und schaute Dean an. Die Herrlichkeit Gottes nahm stark zu, während er etwas über seine Schulter rief. Dann machte er eine Geste mit dem rechten Arm. Sofort gingen die Engel, die sich um das Portal herum aufhielten, aus dem Weg, um Platz zu schaffen. Meine Augen wurden von der leeren Stelle angezogen, während die Herrlichkeit Gottes abermals deutlich zunahm. Die Salbung und die Kraft Gottes, die in diesem Augenblick auf mir lagen, waren unglaublich. Während Dean mit Freudentränen in den Augen darüber sprach, wie er Jesus gesehen hatte, erschien der Herr. Jesus trat an den Rand des Portals. Wie gebannt schaute ich den Messias an. Ich war völlig ergriffen von seiner Gegenwart und diesem übernatürlichen Schauspiel, das sich vor meinen Augen entfaltete. Der Herr hielt seine Arme ausgestreckt, und ich beobachtete voller Erstaunen, wie Jesus Edelsteine in die Versammlung herabregnen ließ. Ich sah, wie etwas wie Diamanten, Rubine und Perlen aus den Händen des Herrn fiel und auf dem Fußboden der Kirche landete.

Jesus kam in die Kirche herab

Jesus machte einen Schritt mit seinem linken Fuß und kam in die Kirche herab. Während der Herr den Gottesdienstraum betrat, wurden die Herrlichkeit, die Salbung und die Liebe Gottes so stark, dass es fast nicht mehr auszuhalten war. Jesus ging zu Dean hinüber und legte, während er sprach, seine Hände auf dessen Schultern. Dann schaute er sich im Raum um. Er nahm sich einen Moment Zeit, um tief in die Herzen der einzelnen Menschen zu blicken. Von rechts nach links musterte der Herr jeden Einzelnen im Gottesdienstraum (vgl. Ps 44,22; Jer 17,10; 1 Chr 28,9).

Ich dachte nur: *Besser kann's nicht mehr werden.* In diesem Moment drehte sich der Herr Jesus um und sah mir tief in die Augen. Wellen der Liebe Gottes überfluteten mich. Ich war völlig hin und weg. Dann kam er zu mir herüber und stellte sich neben meinen ausgestreckten Körper. Ich schaute tief in die Augen Gottes. Es sind die wunderschönsten Augen des gesamten Universums. Für einen flüchtigen Moment hatte ich eine winzige Offenbarung seiner grenzenlosen Liebe zu mir. Christus schaute mich mit einem breiten Lächeln an, während er minutenlang in meine Augen und mein Herz sah. Ich war zu nichts anderem fähig, als seine Herrlichkeit zu bestaunen. Ich war verzehrt von seiner vollkommenen Liebe und der Leidenschaft, die er für mich und die gesamte Menschheit empfindet.

Dann sprach Jesus zu mir: „Mir ist alle Macht gegeben im Himmel und auf Erden. Geh nun hin und mach Jünger aus allen Nationen und taufe sie auf den Namen des Vaters und des Sohnes und des Heiligen Geistes und lehre sie alles zu bewahren, was ich dir geboten habe! Ich werde immer mit dir sein, wohin du auch gehst; ich werde zu dir kommen und mein gutes Wort an dir erfüllen. Ich werde dich an diesen Ort zurückbringen. Meine Gedanken über dich sind Gedanken des Friedens und nicht des Unheils, um dir Zukunft und Hoffnung zu geben. Du wirst mich anrufen und mich bitten und ich werde auf dich hören. Und du wirst mich suchen und mich finden, wenn du mit deinem ganzen Herzen nach mir suchst“ (vgl. Mt 28,18-20 und Jer 29,10-14).

Gott lächelte mich weiterhin an und schaute erneut einige Minuten lang tief in meine Augen. Ich war unfähig, etwas zu denken. Das einzige, was ich tun konnte, war, seine Gegenwart einzuatmen und seine reine Liebe mir gegenüber zu genießen. Zudem fiel mir auf, dass der Duft, den ich wahrgenommen hatte, als die Engel mich zum ersten Mal besucht hatten, auch wieder da war – nur war er diesmal viel intensiver. Das himmlische Aroma war viel köstlicher, als ich es je zuvor wahrgenommen hatte. Ich konnte den Wohlgeruch des Herrn sogar schmecken. Er schmeckte wie flüssige Rosen und Honig. Die Engel um das Portal herum richteten ihr Augenmerk auf den Herrn, während er mir diente.

Plötzlich bemerkte ich, dass Jesus wollte, dass ich meine linke Hand nach oben streckte. Ich schaffte es, meinen linken Arm und meine linke Hand zu bewegen. Später dachte ich, dass der Engel vielleicht deshalb vorher mit meinen Händen gespielt hatte. Während ich den Arm hochhob, nahm Jesus Christus meine linke Hand und legte sie in seine Hände mit den Nägelmalen. Ich konnte die Wunden an seinen Händen sowohl sehen als auch fühlen. Sanft blies der Herr auf meine Hand. Es fühlte sich an, als würde warmes Öl meinen Arm herunterlaufen. Einen Moment lang hielt der Herr meine linke Hand in seinen Händen und schaute liebevoll in meine Augen. Dann legte er meine linke Hand zärtlich wieder auf mein Herz und stand auf. Jesus lächelte und bleib noch eine Zeitlang in meiner Nähe. Dann ging er wieder zu Dean zurück. Er legte seine Hände ein zweites Mal auf dessen Schultern, bevor er sich umwandte und durch den geöffneten Himmel wieder in den himmlischen Bereich auffuhr (vgl. Apg 1,11).

Ich war unfähig, mich zu bewegen und war von der Gegenwart und der Herrlichkeit Gottes völlig überwältigt. Als Jesus das Portal erreichte, trat er einfach in den offenen Bereich und verschwand gen Himmel. Meine Augen waren vor Faszination immer noch auf den Punkt fixiert. Ströme heilender Tränen flossen aus meinen Augen. Mir schien es, als hätte ich eine Reinigung meines Geistes und meiner Seele erlebt.

Ich beobachtete die Engelscharen weiter, während sie lachten, herumtollten und nach unten auf die Gemeinde zeigten. Sie amüsierten sich blendend. Allerdings erstaunte mich ihre Anwesenheit nicht mehr so sehr. Das Einzige, an was ich denken konnte, war der Herr und wozu er mich beauftragt hatte. Die übernatürliche, unvergleichbare Liebe, die Jesus tief in seinem Herzen für jeden Einzelnen von uns trägt, ist mit unserem irdischen Sinn unmöglich zu begreifen. Es gibt einfach keine Worte, um die unermessliche Liebe des Sohnes Gottes zu beschreiben, die er für Sie hat. In den folgenden sechs Monaten war die Gegenwart des Heiligen Geistes mein ständiger Begleiter. Der Heilige Geist wurde für mich so real, dass ich scheinbar ununterbrochen mit ihm kommunizierte.

Engel und die Feuertaufe

Ich nahm mir in meinem Herzen vor, in die Stadt St. John zu fahren, wo die nächsten Versammlungen in Neufundland stattfanden. Die Gegenwart des Heiligen Geistes in meinem Leben war so stark geworden, dass es mir vorkam, als sei sein Schatten die ganze Zeit bei mir. Der Herr leitete mich an, tiefer in sein Königreich vorzudringen und weiterhin Erweckungsveranstaltungen zu besuchen. Dies war weit außerhalb meiner Komfortzone, aber ich wusste, dass es der Geist Gottes war, der mich darum bat zu gehen. Mein Freund und ich kamen gerade in der Kirche in St. John an, als die Versammlung begann. Ich konnte die Gegenwart von Engeln wahrnehmen, doch konnte ich sie in diesem Gottesdienst nicht sehen.

Erst am frühen Montagmorgen nach 2 Uhr begegnete ich den Engeln tatsächlich. Die Art und Weise, wie sich diese Begegnung ereignete, war wiederum eine Lernerfahrung für mich. Ein wundervolles Ehepaar namens Ron und Wenda hatten meinen Freund und mich eingeladen, in ihrem Haus in der Nähe von St. John bei ihnen zu wohnen. Mein Zimmer war gut ausgestattet, mit einem breiten Doppelbett darin. Obwohl ich natürlicherweise hätte erschöpft sein müssen, war dies nicht der Fall. Vielmehr war ich im Geist sehr beschwingt und begann den Herrn anzubeten. Es war gut, wieder allein in der Gegenwart des Heiligen Geistes zu sein. Es war kurz nach 2 Uhr nachts. Bald war ich im Gebet und der Herr wies mich an, laut aus Offenbarung 4 zu lesen. Ich hatte das Kapitel einmal durchgelesen, als der Heilige Geist sagte: „Lies es noch einmal." Also tat ich es. Dann wies der Heilige Geist mich an, es nochmals laut zu lesen, und ich befolgte es. Wieder und wieder las ich den Abschnitt laut vor.

Plötzlich spürte ich, wie die Salbung und die Herrlichkeit, die ich in der Nacht des 25. Novembers schon einmal erlebt hatte, den Raum erfüllte, und ich hörte einen lauten Pfeifton. Ich sah nach oben und beobachtete, wie ein Feuerball vom Himmel herabfiel! Dieser übernatürliche Feuerball stürzte vom Himmel herab und kam genau auf mich zu! Er hatte einen Durchmesser von einem knappen halben Meter und bewegte sich mit Schallgeschwindigkeit! Bevor ich überhaupt eine Gelegenheit hatte, mich zu wappnen oder zu denken, knallte der Feuerball in meinen Bauch.

Sofort fing ich an, laut in Zungen zu beten. Ich hatte keine Kontrolle mehr über meinen Mund. Es war, als würde aus dem tiefsten Inneren meines Geistes ein Strom herausfließen. Mein Körper zuckte heftig, als der Feuerball in mir explodierte. Meine Arme und Beine flogen in die Luft! Als der Feuerball mich in die Magengrube traf, flog meine altbewährte King-James-Bibel quer durchs Zimmer! Vielleicht war dies ja die Taufe mit dem Heiligen Geist und mit Feuer? Der Feuerball wurde von meinem Geist, meiner Seele und meinem Körper aufgenommen (vgl. Mt 3,11; Lk 3,16).

Augenblicklich brannte mein ganzer Körper und ich sah mich durch den Raum sausen. Ich schaute von oben herab und beobachtete, wie mein Körper auf dem Bett zuckte, und ich hörte mich in Zungen beten, während mein Geist aus meinem Körper durch das Dach des Hauses herausgesaugt wurde. Ich wurde aus der Erdatmosphäre hinausgeschossen. In der Ferne konnte ich die Insel Neufundland unter mir erkennen, die fortwährend kleiner wurde. Als ich nach links schaute, sah ich einen Engel, der mich an der linken Hand gefasst hatte und mich in den geistlichen Bereich hineinbeförderte. Ich spürte keine Angst, sondern war nur erstaunt. Der Engel sprach zwar nicht mit mir, schaute mich aber beruhigend an. Während wir höher hinaufstiegen, konnte ich unter mir die Krümmung der Erde sehen. Ich sah die Sonne, wie sie im Osten gerade über Europa aufging. Irgendwie empfing ich Offenbarung darüber, dass ich in der nahen Zukunft dort predigen würde. Die Aussicht war absolut atemberaubend. Bald setzte mich der Engel sanft an einem weiten Ort ab.

Dort befanden sich vier weitere Engel, die mich anscheinend erwarteten. Es waren dieselben vier Engel, von denen Jesus gesprochen hatte, dass er sie mir zuteilen würde. Dieser Ort war voller Licht und der Fußboden schien aus einer goldenen Substanz gefertigt zu sein. Die wundervollen Klänge von Harfen und Violinen füllten die unvorstellbar reine Luft um Christus herum. Bei der „Landung“ war ich auf meine Knie gesunken. Als ich aufstand, sah ich Jesus. Er kam direkt auf mich zu und nahm mich an der Hand. Daraufhin sprach er mit mir über meine Bestimmung. Bald darauf ging ich mit Jesus am Ufer eines kristallklaren Meeres entlang. Jesus nahm mich von einem Ort zum anderen und zeigte mir Ereignisse, die noch geschehen würden. Nachdem wir viele Orte besucht hatten, kehrten wir zu dem Ort zurück, an dem mich der erste Engel „abgesetzt" hatte. Die anderen vier Engel waren immer noch da und schienen auf die Rückkehr von Christus zu warten.

Als wir ankamen, begann der Herr, mit mir über diese Engel zu sprechen. Jesus sagte mir, er werde mir nun einen zweiten Engel zuteilen. Er teilte mir auch den Namen des Engels mit und was sein Dienst sein würde. Die übrigen beiden Engel würden in der Zukunft für mich zum Einsatz kommen. Dieser zweite Engel hatte den Auftrag, dabei zu helfen, Wunder und Heilungen freizusetzen. Ich erfuhr seinen Namen und mir wurde erklärt, wie ich mit dem Engel zusammenarbeiten sollte, um den Bedürfnissen der Menschen besser zu begegnen.

Der Herr umarmte mich und nahm Abschied von mir. Es gab noch so viele Dinge, die ich ihn gern gefragt hätte, aber es war zu spät. Ich wurde von dem ersten starken Engel durch Zeit und Raum zurückbefördert und sah die Erde unter mir immer größer werden. Ich sah Neufundland und dann Rob und Wendas Haus. Plötzlich schoss ich durchs Dach und wurde zurück in meinen Körper gesaugt. Ich war völlig in Schweiß gebadet. Das Zimmer war hell; es war jetzt 8 Uhr 30. Ich schätzte, dass ich fast sechs Stunden im Geist gewesen war. Als ich meinen Mund öffnete, um ein Dankgebet zu sprechen, war das einzige, was aus mir herauskam, Zungenrede. Ich blieb etwa drei weitere Stunden in dem Zimmer und dachte in meinem Herzen darüber nach, was sich alles ereignet hatte.

Mit Sicherheit war der Herr eifrig dabei, meine Fähigkeit, den Heiligen Geist zu mir sprechen zu hören und ihm voll und ganz zu vertrauen, zu verändern. Ich spürte, dass ich für die letzten beiden Versammlungen nach Botwood reisen sollte. Als ich von Robs und Wendas Haus abreiste, hatte ich weder viel Geld noch hatte ich mich um eine Übernachtungsmöglichkeit gekümmert. Ich wusste, dass der Herr sicher für all unsere Nöte sorgen würde. Wir fuhren durch einen schweren Schneesturm und kamen gerade rechtzeitig zum Gottesdienst in Botwood an. Eine wunderbare gläubige Frau namens Margaret kam auf mich zu und teilte mir mit, der Heilige Geist habe ihr aufgetragen, uns zu fragen, ob wir eine Unterkunft brauchten! Das war eine weitere Gebetserhörung und ich nahm ihr Angebot dankbar an.

Als der Gottesdienst begann, war ich nicht überrascht zu hören, dass die himmlischen Heerscharen sich dem Anbetungsteam anschlossen. Ja, mehrere Menschen in der Gemeinde bezeugten, sie hätten Engel gehört. Nach dem Gottesdienst fuhren wir für ein spätes Abendessen zu *Tim Hortons*. Als wir nach Botwood zurückkehrten, wartete Margaret schon auf uns und zeigte uns freundlich unsere getrennten Zimmer zum Übernachten. Der Heilige Geist war noch immer spürbar nah auf mir, und sobald sich die Tür hinter mir schloss, begann der Herr mit mir zu sprechen. Sofort fing ich an zu beten und den Herrn zu preisen. Noch einmal wollte der Herr, dass ich aus Offenbarung 4 lesen sollte. Es war ungefähr halb 4 Uhr nachts, als ich schließlich in einen ruhigen Schlaf fiel und gleichzeitig im Geist betete.

Ich erwachte vom Klang der Stimme des Herrn, der zu mir sprach: „Kevin, steh auf; es ist Zeit, zur Arbeit zu gehen.“ Ich öffnete meine Augen und schaute mich im Zimmer um. Meine Gedanken begannen zu rasen. Ich schaute auf die Uhr: Es war gerade einmal 5 Uhr morgens. Also hatte ich nur eine kurze Zeit geschlafen.

Schläfrig sagte ich: „Herr, was könntest du um diese Zeit nur von mir wollen?“

„Geh die Treppe hinunter und prophezeie über Margaret“, sagte er.

Ich protestierte: „Herr, ich kenne Margaret noch nicht einmal.“

Er sagte: „Mache dir darüber keine Sorgen, ich kenne sie. Teile ihr einfach mit, was ich dir sage.“

„Aber Herr, es ist erst 5 Uhr morgens, und zu dieser Zeit ist noch keiner wach."

Darauf antwortete er: „Margaret ist wach. Sie ist in der Küche. Dort betet sie, trinkt Tee und isst etwas Gebäck. Geh jetzt zu ihr hinunter."

Für meinen natürlichen Verstand schien dies völlig verrückt! Ich, ich sollte ihr prophezeien?

Plötzlich wurden die Salbung und die Gegenwart des Herrn stärker und ich stellte fest, dass ich bereits angezogen war. Das Nächste, woran ich mich erinnere, war, dass ich den Flur zur Treppe entlangging. Ganz plötzlich sprach eine leise, sanfte Stimme in mein linkes Ohr. Mir wurden viele Dinge über Margaret mitgeteilt. Ich vernahm die Geheimnisse ihres Herzens. Als ich in die Küche ging, war sie da. Sie trank gerade einen Tee und aß etwas Gebäck. Ich fragte sie, was sie gerade machte, und sie antwortete, sie würde gerade beten.

Über Engel prophezeien

Ich sagte: „Margaret, ich denke, Gott möchte, dass ich dir etwas mitteile!"

Ihre Augen wurden so groß wie Untertassen, als ich ihr eine ganze Litanei über Engel erzählte. Ich war genauso geschockt wie sie! Ich war plötzlich fähig, sehr ausführlich mit ihr über Engel zu sprechen.

„Dein Engel ist etwas sehr Wertvolles für dich, und er hat einen Namen; er heißt Liebe. Dein Wesen ist dem deines Engels sehr ähnlich. Du bist voll von der Liebe Gottes. Der Herr wird deine Augen öffnen, damit du deinen Engel wieder sehen kannst. Das wird bald geschehen. Irgendwann, mitten in diesem himmlischen Wortfluss brach Margaret in Tränen aus!

Dann passierte noch etwas anderes, sehr Außergewöhnliches. In der Küche begann es Goldstaub zu regnen! Gold bedeckte den Küchentisch und unsere Gesichter. Nach einigen Minuten gewann Margaret ihre Fassung zurück und ich nahm bei ihr am Tisch Platz. Sie teilte mir ihre Lebensgeschichte mit und dass Gott ihr immer wieder gedient und dabei Engel benutzt hatte. Das war eine Bestätigung für das, was ich ihr gerade mitgeteilt hatte. Wir setzten unsere Unterhaltung die nächsten eineinhalb Stunden bei Tee und Gebäck fort. Margaret schenkte mir das Buch „Guten Morgen, Heiliger Geist!". Später nahm ich dieses Buch von Benny Hinn in die Wildnis von Neufundland mit, wo ich in einer winzigen Hütte eine lebensverändernde Begegnung mit dem Heiligen Geist hatte.

Zum Frühstück gesellten sich Jennifer und Clara, zwei Freunde von Margaret, zu uns und der Herr diente unter uns weiter. Jennifer empfing die Offenbarung, dass sie unserer Gastgeberin eine Engelsfeder, die sie gefunden hatte, schenken sollte. Als sie das tat, kam die Herrlichkeit Gottes in der winzigen Küche herab. Plötzlich war uns allen klar, dass wir beten mussten. Margaret fasste sich an den Kopf und beklagte sich über starke Schmerzen. In derselben Sekunde sagte ich: „Meine Hände brennen!"

Daraufhin bat sie: „Bete für meinen Kopf."

Ich dachte: *Ich habe noch nie für jemanden um Heilung gebetet.* Doch in dem Augenblick, als ich sie berührte, flüsterte die gleiche Stimme wie vorhin in mein linkes Ohr. Ich wiederholte einfach die Worte, die ich hörte – und sie war sofort geheilt.

Dann sagte Jennifer: „Ich habe einen großen Tumor an meiner Wade. Bitte bete auch für mich!"

Wieder leitete mich die gleiche leise, sanfte Stimme in meinem Gebet – und der Tumor verschwand augenblicklich. Clara hatte eine Sehnenverletzung im Schultergelenk. Und wiederum: Während ich der Anleitung der leisen, sanften Stimme im Gebet folgte, wurde auch sie geheilt.

Dann sagte Margaret: „Ich habe ..." Ich unterbrach sie jedoch sogleich und rief: „Halt! Du hast eine Zyste oben an deinem rechten Bein. Sie ist erbsengroß, und wenn du versuchst, deine Gitarre zu spielen, ist da ein stechender Schmerz und es brennt, wenn du deine Gitarre aufs Bein legst. Du hast diese Beschwerden schon seit acht Jahren!"

Sie war genauso erstaunt wie ich und fragte: „Woher weißt du das?"

Ich antwortete: „Keine Ahnung, aber lass mich für dich beten." Die Zyste verschwand sofort!

Fassungslos setze ich mich hin. Die anderen unterhielten sich aufgeregt. Ich war mir sicher, dass der Engel, den Jesus für mich im Himmel beauftragt hatte, an meiner Seite stand, als ich über den Frauen prophezeit und für sie gebetet hatte. Ich hatte gehört, was der Engel in mein Ohr geflüstert hatte, und es einfach nur wiederholt. Dies ist ein Beispiel, wie Menschen im Einklang mit dem Heiligen Geist, den Engeln und den Geistesgaben zusammenarbeiten können, um ihre Umgebung zu beeinflussen. Ich war tief in meinen Gedanken versunken: *Oh, Herr, was machst du gerade mit mir?* Ich war tatsächlich am Beginn eines erstaunlichen Lernprozesses, um mit Engeln zusammenzuarbeiten. Später wies ich auf diese Situation in Margarets Küche als den Zeitpunkt hin, den der Herr erwählt hatte, um einen Heilungsdienst durch mich zu beginnen. Manchmal weiß ich, dass der Heilungsengel anwesend ist, um Kathy und mir zu helfen, wenn wir für Kranke beten. Nur zehn Minuten später überraschte mich der Herr von Neuem.

Als ich weiterhin meine geistlichen Sinne mit all den geistlichen Werkzeugen benutzte, über die wir vorher gesprochen haben, nahm meine Fähigkeit, die Aktivität von Engeln zu erkennen, enorm zu. Zudem zeigte mir der Herr, wie die Engel im Einklang mit dem Heiligen Geist arbeiten, um das Königreich Gottes auf dieser Erde freizusetzen. Es ist entscheidend, dass wir mit dem kostbaren Heiligen Geist in einer innigen Beziehung leben. Von diesem Ort der Intimität aus können wir in unsere Bestimmung hineingeführt werden. Der Heilige Geist ermutigte mich auch, damit anzufangen, „die Engel willkommen zu heißen", die immer um mich – und auch um Sie – herum sind. Die Umwandlung, die Jesus in meinem Leben begonnen hatte, wurde aber durch das, was als Nächstes passierte, noch beschleunigt (vgl. Hebr 13,12).

Kapitel 4

Mit den Engeln in der Kühle des Tages wandeln

Wenig später hatte ich das Gefühl, als würde mich jemand in den linken Arm kneifen. Ich drehte mich um, um zu sehen, wer es war, aber da war niemand. Zu jenem Zeitpunkt achtete ich nicht weiter darauf und richtete meine Aufmerksamkeit erneut auf meine Gedanken. Nach einer Minute wurde ich wieder gekniffen, diesmal aber begleitet von einer hörbaren Stimme! Der Heilige Geist sagte: „Ich möchte mit dir in der Kühle des Tages spazieren gehen." Völlig verblüfft sprang ich auf. Schnell griff ich nach meinem Mantel, teilte den anderen mit, ich würde in der „Kühle des Tages" einen Spaziergang unternehmen, und verließ den Raum. Zufällig hatte es gerade minus 12 Grad Fahrenheit (d. h. minus 24 Grad Celsius)!

In dem Augenblick, als ich aus der Tür kam, fiel die Gegenwart des Heiligen Geistes auf mich und ich fing wieder an zu weinen. Die Tränen gefroren auf meinen Wangen, aber das störte mich nicht. Gott fing an, mit hörbarer Stimme zu mir zu sprechen. In der Gegenwart des Heiligen Geistes lief ich durch die Straßen von Botwood. Ich konnte auch spüren, dass uns viele Engel begleiteten. Die Engel lachten und sangen, während wir die schneebedeckten Straßen entlanggingen. Es war etwa 8 Uhr.

Der Heilige Geist führte mich auf eine Straße, die an der Nordatlantikküste entlangführte. Zum ersten Mal, seit ich das Haus verlassen hatte, fiel mir auf, wie kalt es war. Aber es war es wert, in der Gegenwart des Herrn zu sein. Er lenkte mich zu einem schmalen Weg, der über die sogenannte „Bay of Exploits“ („Bucht der Heldentaten“; dieser Name stellte sich als ziemlich prophetisch heraus) zu der kleinen Insel *Killick Island* führt. Während wir diesen Übergang passierten, peitschte uns der Wind mit etwa 40 Knoten vom Meer her entgegen. Zusammen mit der eisigen Temperatur wurde meine Haut durch den Wind wie taub, und meine Tränen hatten sich auf meinem Gesicht und in meinem Schnurrbart zu Eiskristallen verwandelt.

Die Zufluchtsstadt

Ich sagte: „Heiliger Geist, es ist wirklich kalt hier draußen und mein Gesicht wird ganz taub.“ Der Herr antwortete: „Habe keine Angst; sobald wir auf diese Insel kommen, wird dort eine Zufluchtsstadt sein.“ Ich hatte keine Ahnung, was eine Zufluchtsstadt war, aber ich hoffte, dass es dort warm und sicher war (vgl. 4 Mose 35,25). Der Wintertag war sogar noch grauer und kälter geworden; die Sonne war verschwunden und der dunkle graue Himmel war völlig bedeckt. Es schneite leicht, wobei die Flocken vom frischen Wind hin und her getrieben wurden.

Während wir auf *Killick Island* gingen, wurde es sogar noch kälter und windiger. Der Heilige Geist flüsterte mir zu: „Hab keine Angst; die Zufluchtsstadt befindet sich gleich oberhalb dieser Treppenstufen, versteckt in den Tannen.“ Als ich ein paar Dutzend Stufen hochgegangen war, sah ich auf der linken Seite eine kleine Gruppe von Tannen. Kurz bevor ich in die Mitte der Baumgruppe trat, durchbrach ein glänzend heller Lichtstrahl, ein einzelner Sonnenstrahl, den Himmel und erleuchtete die Zufluchtsstadt. Als ich die kleine Tannengruppe betrat, die der Heilige Geist als „Zufluchtsstadt“ bezeichnet hatte, begegnete ich der offenbarten Herrlichkeit Gottes. Überall waren Engel. Es war 8 Uhr 50. Als wir hineintraten, überschritt ich eine Art unsichtbare Barriere. Überraschenderweise war die Temperatur innerhalb der Zufluchtsstadt sehr angenehm, sogar warm. Der leuchtende Sonnenstrahl durchbrach die kalte, graue Atmosphäre. Als dieses himmlische Licht auf den frischen Schnee traf, erschienen dort Regenbögen, deren Farben von den Bäumen zurückzustrahlen schienen und mich blinzeln ließen.

Plötzlich fing der Heilige Geist an, mir Fragen zu stellen. Der Herr bat mich: „Beschreibe, was du siehst." Jede Farbe des Regenbogens schien aus den winzigen Schneeflocken hervorzutanzen, während diese langsam vom Himmel zur Erde schwebten und sich treiben ließen. Eine unendliche Menge an Farben spiegelte sich in dem kleinen Zufluchtsort.

Dieses Kaleidoskop an Farben bombardierte meine Netzhäute. Das himmlische Farbspektakel war atemberaubend schön. Ich stand völlig überwältigt und fasziniert da, während die Sonnenstrahlen von jeder einzelnen Schneeflocke – jeder Miniaturschöpfung Gottes – zurückgestrahlt wurden. Während sie sich drehte und langsam zur Erde fiel, schien jede Flocke ein neues Farbspektrum auszustrahlen. Ich sah fluoreszierende Schattierungen, die ich noch nie gesehen hatte. Lebendige Farben schillerten durch unsere geheime Zufluchtsstadt. Einen mystischen Augenblick lang schien ich in Gott verborgen zu sein. Mein Verstand begann zu rotieren, als ich versuchte, eine Antwort auf seine Bitte, „zu beschreiben, was ich dort sähe", zu formulieren

Ich fing an, dem Herrn zu erzählen, wie schön seine Schöpfung sei. Natürlich war er sich dessen schon bewusst; also beschrieb ich, wie herrlich die Werke seiner Hände seien und wie über die Maßen fantastisch es sei, dass jede winzige Schneeflocke anders ist. Ich beschrieb, wie wundervoll die Regenbogenfarben seien und dass sie seinen Bund mit den Menschen repräsentierten. Der Herr war geduldig und erlaubte mir, in dieser Weise einige Minuten fortzufahren, aber leider konnte ich seine einfache Frage nicht angemessen beantworten. Dann wandte er sich an mich und gab mir die eigentliche Offenbarung zu dem, was ich sah.

Der Herr sagte: „Mein Sohn, was du hier gerade siehst, sind die Seelen von nicht erretteten Männern und Frauen auf der Erde, die sterben und genau in diesem Augenblick in die Hölle fahren." Diese Worte durchdrangen meinen Geist wie ein scharfes zweischneidiges Schwert. Ich fiel auf meine Knie und fing an zu weinen, während eine mir bis dahin unbekannte Leidenschaft aus einem geheimnisvollen und verborgenen Ort tief in meinem Geist hervorsprudelte. „Oh, Gott, schau dir all diese Seelen an", sagte ich und durchbrach damit die Stille.

Plötzlich war ich von einem eigenartigen Drang überwältigt, für längere Zeit Tausende von winzigen Flocken zu beobachten, wie sie durch den leuchtenden Sonnenstrahl nach unten fielen. Ihr kurzer Fall war geprägt von spektakulären Farben und Herrlichkeit, aber sobald sie den Boden berührten, war alles vorbei. Der Herr offenbarte mir ein prophetisches Bild über die Flüchtigkeit unseres kurzen Lebens im Vergleich zur Ewigkeit. Unsere Tage auf der Erde sind nur ein Dunst (vgl. Ps 39,5 und Jak 4,14)! Diese Worte bohrten sich mitten durch mein Herz.

„Herr!", rief ich bestürzt. „Was kann ich denn überhaupt tun?" Er antwortete: „Tue einfach nur, worum ich dich bitte, und predige das Kreuz Christi."

„Das kann ich tun, Herr. Ich werde das tun, mein Gott, aber ich werde deine Hilfe brauchen."

Ich blieb lange Zeit auf meinen Knien und bestaunte das wundervolle Schauspiel. Während dieser Begegnung entfachte Gott in mir eine heilige Leidenschaft und einen tiefen Hunger danach, dass Menschenseelen errettet und Menschen vollkommen geheilt und befreit würden. Ich war völlig darin vertieft, das Aufgebot an winzigen Farbkaskaden zu beobachten, die sich in der Herrlichkeit Gottes sonnten. Ich sann über die Konsequenzen dessen nach, was mir zuvor mitgeteilt worden war.

Was für ein wunderbarer und herrlicher Gott er doch ist. Wie ist es nur möglich, dass wir als Menschheit ihm und einer so großartigen Errettung den Rücken zukehren, obwohl wir sie so leicht haben können? Ich sinnierte über all die Ereignisse nach, die sich in den letzten Tagen zugetragen hatten, und mir wurde dabei klar, dass ich nie mehr derselbe sein würde. Mir wurde ebenfalls bewusst, dass Gott all die Dinge, die er in meinem Herzen hatte entstehen lassen, auch zur Erfüllung bringen müsste. Ich entschloss mich, mein Leben und meine Bestimmung seinem Willen und ihm selbst auszuliefern. Ich legte meine Bestimmung wie eine Opfergabe in seine Hände.

Während dieser Begegnung teilte der Herr mir auch mit, ich solle als ein „Waffenträger" nach Afrika gehen, um sein Evangelium dort zu predigen und für die Kranken zu beten. Die Vorstellung, nach Afrika zu reisen, bereitete mir schreckliche Angst. Als ich damals meine finanzielle Situation und die mangelnde Ausbildung, was Predigen und das Gebet um Heilung anging, betrachtete, konnte ich mir nicht vorstellen, dass ich dort wirklich hinreisen würde. Doch lernte ich bald, dass mit Gott nichts unmöglich ist. War es vielleicht mein Gehorsam, bei 12 Grad minus mit Gott spazieren zu gehen, der die Tür nach Afrika für mich geöffnet hatte? Es war eine weitere scheinbar eigenartige und seltsame Geste des Gehorsams dem Geist Gottes gegenüber.

Engel in Amerika willkommen heißen

Nach meiner Rückkehr von Kanada in die Vereinigten Staaten war ich grundlegend verwandelt. Ich konnte mich nicht mehr länger mit einem „äußeren Schein von Gottesfurcht" (Vgl. 2 Tim 3,5) abfinden. Ich begann, auf Gott zu warten, und er begann, übernatürliche Versorgung in meinem Leben freizusetzen, damit ich das Evangelium verkünden konnte. Ich schloss mich in mein Haus ein, legte mich auf mein Bett und sann über die Nacht in Botwood nach, in der ich im Geist entrückt und von einem Engel mitten in die Gegenwart Jesu getragen wurde, in der ich sechs Stunden verweilte. Ich bat den Heiligen Geist, mir all die Dinge ins Gedächtnis zu rufen, die Jesus mich in Bezug auf meine Zukunft gelehrt und mir offenbart hatte. Der Herr hatte mich zu den Nationen berufen, um sein

Wort zu predigen und die Verlorenen zu retten, aber ich konnte mir beim besten Willen nicht vorstellen, wie diese Dinge Wirklichkeit werden konnten.

Wenn ich 48, 72 oder 96 Stunden lang im Haus gefastet und gebetet hatte, brach zuweilen die Atmosphäre des Himmels in die Beach Street 121 hinein. Das kleine Haus wurde dann mit der Herrlichkeit und der Gegenwart Gottes erfüllt. Die Aktivität von Engeln schien förmlich zu explodieren. Der Wohlgeruch des Herrn breitete sich auf kraftvolle Weise aus. Ich konnte die Engel spüren, wenn sie ankamen. Ich konnte sie hören und zeitweise sogar auf meiner Couch sitzen sehen. Oftmals betraten Menschen das Haus und wurden sofort „betrunken im Geist“ (vgl. Apg. 2). Sie setzten sich auf die Couch und fragten mich, was ich denn im Haus gemacht hätte. „Nur gebetet“, sagte ich, ohne sie jemals darüber aufzuklären, dass gerade ein Engel neben ihnen saß!

Ich hieß die Engel willkommen, wenn sie ankamen. Manchmal verhielten sie sich etwas „überschwänglich“; dann konnte ich sie mit größerer Klarheit hören und wahrnehmen. Es wurde aufregend, nach Hause zu kommen und in die Atmosphäre des Reiches Gottes einzutreten, die sich dort in dem kleinen Haus manifestierte.

Die Kraft Gottes fiel

Während ich mich noch entschlossener mit Gebet und Fasten nach dem Königreich Gottes ausstreckte, geschah etwas sehr Erstaunliches. Von dem Augenblick an, als ich nach Hause kam, die Tür aufschloss und das Haus betrat, kam die Kraft Gottes auf mich. Mehrmals fiel ich deshalb in der Nähe der Eingangstür einfach flach auf den Boden. Stundenlang lag ich dann dort unter der schweren manifesten Gegenwart von Gottes Herrlichkeit. In diesen Zeiten schwebte der Heilige Geist um meinen Körper herum und ich sonnte mich regelrecht in seiner Gegenwart. Zu anderen Zeiten betrat ich mein Gebetskämmerchen und die Gegenwart Gottes „hielt“ mich gewissermaßen am Boden fest. Während dieser Zeiten wurde ich oft in den himmlischen Bereich „mitgenommen“.

Oftmals war ich während dieser Gebetszeiten „im Geist“ und wurde dann eingeladen, in die Gegenwart Jesu zu kommen. Der Herr nahm mich an Orte in der himmlischen Welt mit und jedes Mal wurde ich von Engeln begleitet. Wir besuchten die stillen Wasser von Psalm 23 oder ich besuchte Jesus im großen Festsaal. Dort aßen wir normalerweise zusammen. Wir besuchten auch die Ställe, den Weinberg, die Bücherei und viele der Himmelsgewölbe. Nach den meisten dieser Begegnungen kehrte ich mit göttlicher Offenbarung nach Hause zurück und hatte eine „göttliche“ Erkenntnis über einen bestimmten Sachverhalt in der Bibel, oder ich bekam eine Wegweisung für mein Leben oder meinen Dienst. (Ich werde viele dieser himmlischen Erfahrungen im dritten Band dieser Trilogie beschreiben. Halten Sie also in der nahen Zukunft Ausschau nach diesem dritten Band, wenn Sie daran interessiert sind, einen Einblick darüber zu gewinnen, wie Ihr Zuhause und andere Orte im Himmel aussehen werden!)

Eine bemerkenswerte Bereicherung, die durch diese himmlischen Begegnungen in mein Leben kam, war die Tatsache, dass sich viel mehr Gnade und Gunst in meinem Leben offenbarte. Ein weiterer Pluspunkt war, dass ich im Umgang und mit der Gegenwart von Engeln im Alltag viel vertrauter wurde. Ich möchte eine der Begegnungen weitergeben, die sich spezifisch auf unser Thema bezieht.

Am Abend des 25. März im Jahr 2002 erlebte ich eine mächtige Begegnung mit der Dimension der Engel. Es war fast auf die Minute genau 120 Tage her, seit ich die Begegnung mit Jesus in Springdale in der Nacht des 25. Novembers im Jahr 2001 hatte. Ich lag am Boden in der Gegenwart des Herrn, als Kolosser 3,1-3 in meinem Leben Wirklichkeit wurde: „*Wenn ihr nun mit dem Christus auferweckt worden seid, so sucht, was droben ist, wo der Christus ist, sitzend zur Rechten Gottes! Sinnt auf das, was droben ist, nicht auf das, was auf der Erde ist. Denn ihr seid gestorben, und euer Leben ist verborgen mit dem Christus in Gott.“*

Eine schwere Herrlichkeit begann den kleinen Raum zu erfüllen. Vor meinem inneren Auge sah ich ein kurzes Bild von Jesus. „Herr, möchtest du, dass ich zu dir komme?“, fragte ich. Er nickte, *ja*. Ich willigte ein.

Augenblicklich wurde ich aus meinem Körper „gesaugt“ und im Geist entrückt. Als ich in die Gegenwart Jesu kam, lächelte er und war glücklich, dass er mich wiedersah, aber mir ging es mindestens genauso. Er fing an, mir die Wege zu zeigen, die er bestätigen würde, und die mich in die Lage versetzen würden, den Engel der Versorgung zu aktivieren, den er mir schon früher zugeteilt hatte. Irgendwie wurde mir klar, dass diese Zeit sehr bald kommen würde, in der ich diesen Engel in größerem Ausmaß einsetzen müsste. Als diese Begegnung vorüber war, kehrte ich mit der inneren Überzeugung in meinen winzigen Gebetsraum zurück, dass sich einige Dinge in meinem Leben bald drastisch verändern würden. Ich erkannte, dass der Engel der Versorgung bei diesen zukünftigen Ereignissen eine sehr wichtige Rolle spielen sollte. Im Nachhinein ist mir klar, dass der Herr mich darauf vorbereitete, den nächsten Schritt auf unserer Reise zu tun und mich weiter in meiner persönlichen Umwandlung voranbringen wollte. Er bereitete mich auf die nächste Stufe in Bezug auf den Dienst der Engel vor und darauf, wie man mit Gottes Engeln praktisch zusammenarbeitet.

Der Herr ist derzeit dabei, viele Engel der Versorgung in den irdischen Bereich hinein freizusetzen. Ich glaube, dass vielen Menschen solche Engel der Versorgung zugeteilt werden. Diese Engel werden mit Ihnen zusammenarbeiten, um Finanzen freizusetzen, die es Ihnen erlauben werden, die Dinge zu vollenden, die Ihnen auf dem Herzen liegen. Für einige wird dies die Evangelisation sein, für andere, Witwen und Waisen zu dienen. Was auch immer Gott Ihnen aufs Herz gelegt hat, er kann durch Engel die Versorgung freisetzen, die Sie für die Erledigung der Aufgaben brauchen.

Sie können Zugang zu diesem Bereich des Dienstes der Engel erlangen. Dazu müssen Sie kein Superstar oder eine Person mit großem Glauben sein. Diese Engel werden für ganz normale Menschen freigesetzt werden. Lassen Sie uns nun unser Augenmerk auf Afrika richten und beobachten, wie Jesus tatsächlich Engel freisetzt und welch gewaltige Auswirkungen dies auf dem afrikanischen Kontinent hat.

KAPITEL 5

Engel und das Lamm Gottes

Nachdem ich in die USA zurückgekehrt war und gelernt hatte, mit Engeln umzugehen, schenkte mir der Herr Gnade, Gunst und die Mittel, um nach Tansania zu reisen. Dies geschah, nachdem Jesus mich angewiesen hatte, den Engel der Versorgung freizusetzen, den er mir zugeteilt hatte. Innerhalb von nur acht Stunden florierte mein Geschäft übernatürlich. Das Geld, das ich für meine Reise nach Afrika brauchte, war innerhalb von 48 Stunden auf meinem Konto. Aus thematischen Gründen werde ich die vielen weiteren Wunder überspringen, die sich außerdem ereigneten, um uns im Jahr 2002 nach Afrika zu bringen. Am Dienstag, den 28. Mai 2002, war ich im Bungalow 4 des Hotels Tilapia in Mwanza (Tansania). Der Herr hatte schon auf der Reise damit angefangen, zu meinem Geist zu reden, weshalb ich unterwegs nicht sehr viel schlafen konnte. Der Heilige Geist hatte mich immer wieder aufgeweckt und mich ins Gebet geführt.

In jener Nacht im Bungalow rief mich der Herr um 2 Uhr ins Gebet. Der Heilige Geist ließ mich die Psalmen beten. Ich betete das Wort Gottes, während ich den Bungalow mit dem Öl salbte, das mir mein Freund und Mentor Omega Dowell für diese Reise gegeben hatte. Auf einmal fing ich an, im Geist zu beten. Es schien mir, als würde nicht ich selbst beten, sondern Gott durch mich. Noch nie zuvor hatte ich eine solch kraftvolle Zeit der Fürbitte erlebt.

Es war eine erstaunliche Nacht. Mir schien es, als wäre ich dabei ein Zuschauer gewesen. Ich hörte mich selbst zwar beten, fühlte mich als Person aber gleichzeitig wie losgelöst von der Fürbitte. Da verstand ich zum ersten Mal, was der Apostel Paulus damit meinte, als er über Geist-geleitete Fürbitte in Römer 8:26-28 schrieb.

Wellen seiner Herrlichkeit

Der Geist des Gebets blieb etwa zwei Stunden lang auf mir. Es war etwa 4.15 Uhr am Morgen, als ich den Eindruck hatte, ich könne nun damit aufhören, durch das Zimmer zu gehen und im Geist zu beten. Ich stellte einen Stuhl in die Mitte des Raumes und kniete mich vor ihm nieder. Meine Ellbogen stützte ich auf die Sitzfläche und meine Knie waren auf dem kalten Fliesenboden. Plötzlich spürte ich, wie Wellen der Herrlichkeit den Raum durchfluteten. Mir kam es vor, als wäre ich am Strand und meine Knie würden von kleinen Wellen umspült. Zuerst waren sie nur drei bis sechs Zentimeter hoch. Im Laufe der Zeit wurden sie jedoch höher und stärker. Schließlich reichten die Wellen der Herrlichkeit bis zu meiner Taille und die Gegenwart Jesu nahm allmählich den Raum ein.

Bald darauf wurde ich im Geist von einer großen Welle getroffen, wobei ich tatsächlich aus der knienden Position auf den Boden geworfen wurde. Jedoch war es nicht mehr der Fliesenboden im Bungalow in Afrika, auf den ich fiel. Vielmehr fiel ich auf die Seite und landete auf einem wunderschönen, warmen, exotischen und gemütlichen Strand. Ich konnte die Reinheit des Wassers riechen und die sanften Strömungen spüren, wie sie meinen auf dem Boden ausgestreckten Körper umspülten. Wiederum stellte ich fest, dass ich mich nicht bewegen konnte. Es war, als wäre ich an diesen himmlischen Strand festgeklebt, ähnlich wie in jenen Nächten in Neufundland und später dann auch in meinem kleinen Gebetskämmerchen. Die Wellen und das Wasser wuschen um meinen Körper herum, reinigten und erfrischten mich. Diese Wellen der Herrlichkeit bewegten mich im Natürlichen tatsächlich auf dem Boden hin und her wie die Strömung an einem irdischen

Strand. Als ich meine Augen öffnete, konnte ich das kristallklare Wasser sehen, das sich vor mir ausbreitete (vgl. Ps 42,8).

Ich lag auf meiner linken Seite und schaute direkt aufs Meer. Mit der Zeit hörte ich die Anbetung der Engel mit himmlischen Klängen von Harfen, Violinen und Gesang. Ich schwelgte in der Gegenwart des Herrn. Das Wasser war sauber und rein und schien kein Ende zu haben. In der Entfernung erschien das klare Wasser sehr ruhig und sah fast wie ein Spiegel aus. Eine lange Zeit entspannte ich mich an diesem wundervollen Ort einfach nur. Am Horizont konnte ich die leuchtende Sonne sehen, wie sie aus dem Wasser aufstieg. Sie war herrlich anzuschauen. Während sie aufging, rückte der Himmel in meinen Blickpunkt. Er schien von jeder Farbe des Regenbogens erleuchtet zu sein. Die sich bewegenden Farben schillerten, während das Meer aus gläsernem Kristall diese erstaunliche visuelle Augenweide widerspiegelte. Ich wurde daran erinnert, wie die Schneeflocken ihr Farbenspiel in der „Bay of Exploits" in der Zufluchtsstadt zur Schau gestellt hatten.

Während die Wellen der Herrlichkeit meinen Körper umspülten, wurde ich von den Wogen langsam auf dem Fußboden hin und her bewegt, und trotzdem befand ich mich an einem übernatürlichen Strand. Ich studierte das Zusammenspiel des bunten Himmels und des kristallenen Meeres; sie waren ganz in Harmonie miteinander. Nie zuvor hatte ich auf der Erde solch eine Schönheit betrachtet. Es gibt wirklich keine Worte, um die herrliche Szenerie zu beschreiben, die sich vor mir ausbreitete. Ich lag dort scheinbar stundenlang, gebannt von dem Anblick, badete und schwelgte in dem Frieden und der Herrlichkeit, die mich umgaben. Es hatte den Anschein, als seien die Farben tatsächlich lebendig.

Plötzlich wurde das glitzernde Sonnenlicht von einer Silhouette unterbrochen. Sofort vervielfältigte sich die Herrlichkeit und meine Augen begannen durch die Strahlen des Lichts, das hinter dem Schatten hervorkam, zu tränen. Ich versuchte, meinen Blick auf die Silhouette gerichtet zu halten. Sie bewegte sich weiter in meine Richtung. Sofort erfasste mein Verstand, was gerade geschah. Der Schatten war jetzt viel näher und ich war in der Lage, seine Umrisse zu erkennen. Es war der Herr Jesus Christus, und er ging auf dem gläsernen Kristallmeer. Gott kam auf mich zu. Im Hintergrund konnte ich eine Symphonie der Anbetung der Engel hören und die rege Betriebsamkeit unter ihnen spüren. Ich konnte ein Zusammenspiel verschiedener Instrumente hören, war aber ganz damit beschäftigt, das Lamm Gottes anschauen (vgl. Offb 4,6; 15,2).

Die Herrlichkeit und die Liebe Gottes nahmen zu, während die Wellen von kristallenem Wasser weiterhin meinen Körper umspülten. Ich war unfähig, mich zu bewegen, konnte aber klar sehen und hören. Der Wohlgeruch des Herrn wurde stärker, während er näherkam. Es schien, als erfüllten die Klänge der wunderschönen Anbetung die Atmosphäre um das Lamm Gottes herum. Das erste Mal, seit ich auf dem Strand „gelandet“ war, begannen Winde um mich herum zu wehen. Mir war nun voll bewusst, dass eine Vielzahl von Engeln Jesus begleiteten.

Die Unterscheidung der Geister

Jesus wandelte zielstrebig über die letzten Meter des kristallklaren Wassers und trat auf den Strand. Dabei überschattete mich seine Silhouette. Jesus Christus stand dann in derselben Weise neben meinem Körper wie damals, am 25. November 2001 in Springdale. Ich konnte dieselbe Herrlichkeit und übernatürliche Liebe spüren, die er für mich in sich trug. Die Sonne befand sich in einer perfekten Position und umrandete seinen Kopf. Jede nur erdenkliche Farbe leuchtete im Himmel hinter seinem Kopf. Ich blickte in die schönen Augen Jesu und er lächelte mich an. Für einen ewigen Moment lang war ich versunken in der völligen Schönheit, Majestät und Erhabenheit des Herrn. Ich wollte nicht mehr weg von dort.

Der Herr begann nun, sanft zu mir zu sprechen, wie ein Vater mit seinem kleinen Kind sprechen würde. Er sagte, er werde mir einige wichtige Dinge mitteilen, die mir helfen würden, wenn ich in Afrika war. Ich war über 15.000 Meilen von dem Ort entfernt, den ich immer als mein Zuhause bezeichnet hatte. Der Herr war zurückgekehrt, um sein Versprechen mir gegenüber zu erfüllen. Er hatte mich zu den Nationen berufen, und ich befand mich tatsächlich in Afrika und lehrte, predigte und diente dort. Natürlich war dies durch den Engel möglich geworden, den Jesus mir als Hilfe zugeteilt hatte, damit finanzielle Versorgung für die Missionsreise freigesetzt worden war.

Während ich weiterhin auf dem Strand lag, fuhr der Herr Jesus fort, zu mir zu sprechen. Er teilte mir mit, wie wichtig die Gabe der Unterscheidung der Geister sei, und warum Unterscheidung besonders wichtig sei, wenn ich den kostbaren afrikanischen Kindern mit den Gaben der Wunder und Heilungen diente. Der Herr hatte bereits lange auf diese sanfte Weise zu mir gesprochen, als er plötzlich aufschaute. Ich war enttäuscht, dass Jesus seinen Blick von mir abwandte und mit seinem beständigen Fluss von Worten und Anweisungen innehielt. Der Herr spürte mein Unbehagen und lächelte mich an; danach schaute er wieder nach rechts. Ich wusste, dass er in Kürze seine Lehre fortsetzen würde, weshalb ich mich entspannte und beobachtete, was als Nächstes passierte.

Eine Gefolgschaft von Engeln

Dann sah ich einen mächtigen Engel auf Jesus zugehen. Der Herr sprach zu diesem Engel, obwohl ich die Worte, die sie miteinander austauschten, nicht verstand. Was ich jedoch verstand, war, dass dieser Engel in Tansania gearbeitet und einen wichtigen Auftrag zu erfüllen hatte. Ich verstehe wirklich nicht, wie ich wissen konnte, was sich da ereignete. Ich hatte einfach eine übernatürliche Offenbarung von dem, was passierte, als der Herr über mir stand und dem Engel Anweisungen gab. Vielleicht war es einfach diese unmittelbare Nähe zum Herrn, die es mir erlaubte, etwas von den Dingen, die sich vor mir im Geist entfalteten, zu erfassen.

Binnen Kurzem sah ich diesen Engel über Jesus hinweg in den Himmel „hinaufsteigen". Ich wusste, dass dieser Engel in die himmlische Dimension zurückkehrte und dass die Aufgabe, die ihm zugeteilt worden war, nun erfüllt war. Ich war erstaunt, den Engel „auf" Jesus in den Himmel aufsteigen zu sehen. Das Ganze ähnelte sehr der Nacht in Springdale, als ich Jesus zurück in den sich drehenden offenen Himmel aufsteigen sah, der sich im Gottesdienstraum der Living Waters Church manifestiert hatte (vgl. Joh 1,51). Der Herr sah mich mit einem breiten Lächeln an. Er begann, erneut zu mir zu sprechen, wie ein liebevoller Freund dies mit einem kleinen Kind tun würde. Nur ein oder zwei Augenblicke später wurde er von einem zweiten starken Engel wieder unterbrochen.

Diesmal kam der Engel aus der himmlischen Dimension auf Jesus nieder und trat auf den Strand. Abermals fingen der Herr und der Engel an, miteinander zu sprechen, obgleich ich wieder nicht in der Lage war, ihre Sprache zu verstehen. Ich konnte sehen, dass dieser zweite Engel mächtig und sehr stark war. Er hatte die Haltung und das Benehmen eines Kriegers und hielt dabei ein großes Schwert in seiner rechten Hand. Außerdem hatte er einen großen, blank polierten, glänzenden goldenen Schild in seiner linken Hand. An seinem Gürtel befanden sich weitere Waffen, darunter ein kunstvoll verzierter Faustschild und ein kleineres Schwert. Während ich zuschaute, sah ich plötzlich, wie Jesus dem Engel auf seine kräftige Schulter klopfte und mit seiner rechten Hand in eine Richtung zeigte. Sofort drehte sich der Engel in militärischer Art und Weise um und rannte in die Richtung, die der Herr ihm angewiesen hatte. Ich war erstaunt, aber ich war mir auch absolut sicher, dass Jesus dem zweiten starken Engel gerade einen wichtigen Auftrag in Tansania übertragen hatte.

Dann richtete Jesus seinen liebevollen Blick wieder auf mich, während ich auf dem Strand lag. Das Wasser wogte noch immer um mich herum. Noch einmal fing der Herr an, zu mir zu sprechen und teilte mir mit, es sei wichtig für mich, die „Sehersalbung" zu studieren und sie zu verstehen. Damals hatte ich noch überhaupt keine Kenntnisse über die Sehersalbung und war ein wenig besorgt wegen meiner Unwissenheit. Als hätte der Herr gespürt, dass ich mich dabei unwohl fühlte, lächelte er und fing an, auf sanfte Art und Weise mit mir über die alten Seherpropheten zu sprechen.

Diese Begegnung mit dem Herrn dauerte im Natürlichen von etwa 4.15 Uhr bis ungefähr 6.30 Uhr. Im Bereich des Geistes schien es jedoch viel länger zu dauern. Der Herr fuhr fort, sehr ausführlich zu mir über die Sehergabe bzw. -salbung zu sprechen. Ich konnte erkennen, dass die Zeit verging, weil die Sonne ihre Position über dem gläsernen Kristallmeer veränderte, während er redete. Der andere Grund, weshalb ich mir bewusst war, dass die Zeit verging, war ein andauernder Strom von Engeln, welche alle über den Herrn Jesus Christus hinauf- und hinabstiegen.

Engel mit einem Auftrag

Dieses Engelsgefolge war ziemlich beeindruckend. Nach den ersten paar Engeln fing ich an, mich zu entspannen. Ich war mir unsicher gewesen, ob der Herr weiterhin zu mir sprechen würde, da jeder Engel, der erschien, seine Worte unterbrach. Jesus begrüßte jeden Engel, und entweder stiegen sie dann wieder auf oder aber sie zogen weiter, um auf dem afrikanischen Kontinent einen übernatürlichen Auftrag zu erfüllen. Ich schätze, dass ich über 100 Engel beobachtete, die sich während dieser Zeit mit dem Herrn Jesus unterhielten. Oftmals schienen diejenigen, die aus den Regionen Afrikas kamen, ein wenig müde zu sein, und ich nahm wahr, dass sie an geistlichen Kämpfen im himmlischen Bereich über den afrikanischen Nationen beteiligt gewesen waren. Dennoch war jeder Engel guten Mutes und mehr als froh, den Herrn Jesus zu sehen. Ich war mir sicher, dass Jesus der Oberbefehlshaber war und somit die Engelheere führte und sie im zeitlichen Raum der Erde einsetzte.

Während Engel auf Jesus niederstiegen, sprach der Herr zu ihnen und gab ihnen Instruktionen und Wegweisungen. Jesus drückte dann seine rechte Hand fest an ihre rechte Schulter, lächelte und schickte sie los, wobei er in eine bestimmte Richtung zeigte. Daraufhin drehte sich der herabgekommene Engel mit militärischer Genauigkeit um und ging in die Richtung los, die der Herr angezeigt hatte. Das Gleiche wiederholte sich immer wieder. Dazwischen fuhr der Herr mit seiner Lehre fort, lächelte wieder und sprach zu mir. Mir schien es, dass es dem Herrn viel Vergnügen bereitete, diese Engel auszusenden und sie in Stellung zu bringen. Ich war wahrhaft fasziniert von dem, was ich mit ansah.

Jedes Mal, nachdem ein Engel auf Einsatz geschickt worden war, schien es, dass ein bis zwei Minuten später ein weiterer Engel ankam und mit dem Herrn in Kontakt trat. Sie sprachen miteinander und Jesus gratulierte dem zurückkehrenden Engel. Dann kehrte der jeweilige Engel wieder in den Himmel zurück. Die Engel sahen sehr unterschiedlich aus. Es schien einige Engel zu geben, die viel größere Autorität als andere hatten, doch waren sie alle auf ihre Art beeindruckend. Sie hatten unterschiedliche Größen. Einige waren sehr groß und schienen dreieinhalb bis viereinhalb Meter groß zu sein, obwohl es schwierig war, dies aus der liegenden Position wahrheitsgemäß zu beurteilen. Andere Engel waren von normaler menschlicher Größe. Alle Engel schienen weiße Gewänder mit Schärpen und passenden Gürteln zu tragen, welche je nach Art der Ausrüstung beschaffen waren, die sie bei sich hatten. Sie alle trugen Waffen und verschiedene Kampfgegenstände.

Viele der aufsteigenden Engel schienen sehr froh darüber zu sein, dass sie vom Herrn aufgefordert wurden, in die himmlische Dimension zurückzukehren. Viele der niedersteigenden Engel schienen ebenso erfreut zu sein, von Jesus zu einem Auftrag und auf die Erde ausgesandt zu werden. Derjenige jedoch, der am meisten Gefallen an diesen Ereignissen zu finden schien, war Jesus selbst. Der Herr beauftragte viele dieser Engel als Antwort auf die Gebete der afrikanischen Gläubigen.

Diese Engel reisten in viele Nationen. Einige der ausgesandten Engel wurden damit betraut, einzelnen Menschen, einzelnen Diensten, einzelnen Dörfern, Städten und Regionen zu dienen. Manche der mächtigeren Engel wurden den himmlischen Herrschaftsbereichen über ganzen Nationen zugeteilt.

Einige Engel hatten die Salbung, Heilung zu bringen. Andere waren dazu gesalbt und unterwiesen, Gebete zu verwirklichen und die Antworten darauf freizusetzen. Andere wieder erhielten die Aufgabe, mit den Mächten und Fürstentümern über bestimmten Gebieten und Regionen zu kämpfen. Viele der Engel wurden dazu beauftragt, Dienern Gottes in Afrika zu helfen, verlorene Seelen für Jesus Christus als den Retter zu gewinnen.

Mehrere Jahre lang habe ich diese Erfahrung niemandem erzählt. Jesus hatte mich angewiesen, diese Dinge in meinem Herzen verborgen zu halten und im Verlauf der Zeit darüber nachzusinnen. Der Herr informierte mich auch darüber, dass er mich zur rechten Zeit freisetzen werde, über die Sehersalbung zu sprechen. Viele Jahre lang sann ich in meinem Herzen über diese Begegnung nach. Erst später wies mich der Herr an, über die Sehersalbung und die Wiederherstellung der Gabe der Unterscheidung der Geister zu predigen und zu lehren. Diese Anweisungen erhielt ich am 29. Mai 2007 nach einer kraftvollen Vision über die bevorstehende Freisetzung weltweiter Erweckungen durch Christus. Wir werden diese Vision später noch eingehender betrachten.

Mir wurde das seltene Vorrecht verliehen, einen Großteil des himmlischen Heeres beim Dienst mitzuerleben. Ich wurde Zeuge, wie der Herr in der Tat täglich Engel für das Königreich der Himmel zum Dienst einsetzt. Ich bin mir gewiss, dass es viele Orte wie diesen auf der ganzen Erde gibt, wo der Himmel geöffnet ist und die Engel sich täglich ungehindert zwischen Himmel und Erde bewegen. Manche Menschen bezeichnen diese Orte als Mahanajim oder Heerlager Gottes (vgl. 1 Mose 32,3). Geografische Orte wie diese werden von manchen Menschen auch als offener Himmel bezeichnet. (Wir werden diese Dynamik vom Königreich Christi im zweiten Band dieser Trilogie im Einzelnen gründlich untersuchen).

Dieser Einblick in den Raum, wo Engel wohnen und mit unserer Welt in Beziehung treten, veränderte meine Denkweise radikal. Ich fing an zu begreifen, dass die Aktivität und der Dienst der Engel immer um uns herum gegenwärtig war. Jesus arbeitet aktiv mit dem Engelsheer zusammen, um Menschenleben auf dieser Erde zu beeinflussen. Einer der Wege, wie ganz normale Menschen mit Engeln zusammenarbeiten können, ist durch Gebet und Fürbitte. Der Herr wird anfangen, unser Verständnis dafür zu öffnen, damit wir auf diese Weise mit Engeln effektiv zusammenarbeiten können. Als Nächstes wollen wir uns einige geistliche Prinzipien ansehen, die Ihnen helfen werden zu verstehen, wie wir im Gebet mit Gottes Engeln zusammenarbeiten können.

KAPITEL 6

Mit Engeln im Gebet zusammenarbeiten

Eine der wohl wichtigsten Pflichten von Engeln ist, Menschen die Antworten auf ihre Gebete zu überbringen oder Gottes Antwort auf Gebete im natürlichen Bereich auszuführen. Gebete zu beantworten ist eine wesentliche Pflicht der Engel. Sie haben Engel, die dazu beauftragt sind, Ihnen auf diese Weise zu dienen. *„Und von den Engeln zwar spricht er: ... Sind sie nicht alle dienstbare Geister, ausgesandt zum Dienst um derer willen, die das Heil erben sollen?“* (Hebr 1,7.14). Engel sind von Gott bevollmächtigt, die Antworten auf die Gebete aller Menschen – ob Christen oder Nichtchristen, ob Juden oder Heiden – im Sichtbaren zu offenbaren. Wir haben manchmal auch beobachtet, dass der Herr Menschen, die im Gebet für andere eintreten, ermächtigen kann, Engel zu beauftragen, so zu wirken.

Das deutsche Wort *Engel* leitet sich vom neutestamentlichen griechischen Wort *ággelos* ab, welches wortwörtlich „Bote“ (oder Gesandter) bedeutet.[1] Viele ganz gewöhnliche Menschen werden in der jetzigen Zeit anfangen, diese Art des Engeldienstes zu erleben. Es erstaunte mich, dass ich Engel dazu beauftragen durfte, Versorgung freizusetzen. Wenn Engel in unserem Auftrag arbeiten, werden Gebete oft sofort und auf erstaunliche Weise erhört. Gleich nachdem Jesus mir den Engel der Versorgung zugeteilt hatte, erlebte ich viele „weltliche“ oder „normale“ Wunder. Alle diese normalen Wunder halfen

[1] Vgl. Mackensen, L., *Ursprung der Wörter, etymologisches Wörterbuch der deutschen Sprache*, Bassermann Verlag, München 2013, S. 121.

mir, das *King-of-Glory*-Musikfestival ins Leben zu rufen, und noch viel wichtiger, meinen Glauben an Gott zu festigen. Wir wollen nun einige dieser normalen Wunder genauer anschauen. Das wird Ihnen helfen zu sehen, wie einfach es ist, mit Engeln im Gebet zusammenzuarbeiten.

„Normale Wunder"

Eines Abends arbeitete ich an einigen Miniaturmalereien, als Sue Burnopp, eine Freundin von mir, mich anrief. Sie teilte mir mit, dass ihr Enkelsohn in einen schweren Autounfall in Florida verwickelt war. Ihre Tochter musste ein Flugticket bekommen, um hinfliegen zu können und bei ihm zu sein. Sue bat mich, gemäß dem Prinzip von Matthäus 18,19, mich im Gebet mit ihr eins zu machen. Während sie mir all dies mitteilte, hörte ich den Herrn in mein Ohr flüstern: „Du kannst ... (Name des Engels) freisetzen, um den Weg frei zu machen, dass ihre Tochter ein Flugticket bekommt." Während sie mir von der Situation erzählte, sprach ich ein kleines Herzensgebet und ging auf die Weise vor, wie mich der Herr angewiesen hatte: Ich setzte den Engel der Versorgung frei, im Namen Jesu loszuziehen. Wir fingen an zu beten und hatten gerade mal 30 Sekunden gebetet, als sie innehielt und sagte: „Mein Handy klingelt – das könnte meine Tochter sein. Lass mich nachsehen, und dann können wir unser Gebet abschließen."

Ich blieb in der Leitung, während sie das andere Gespräch annahm. Dabei betete ich und gab dem Herrn die Ehre für das Flugticket, das er „schon für sie besorgt hatte". Als sich Sue wieder meldete, war sie begeistert!

„Halleluja! Das war meine Tochter! Sie hat das Ticket bekommen! Die Fluggesellschaft hat sie gerade angerufen und ihr ein Ticket gegeben; morgen früh fliegt sie nach Florida!"

Ich war ehrlich gesagt total verblüfft. Erst später wurde mir klar, dass, nachdem der Herr zu mir gesprochen und mich angewiesen hatte, den Engel der Versorgung freizusetzen, unglaubliche Wunder geschehen waren. Ich werde mich immer an diesen Abend erinnern, in der mich meine kostbare Freundin Sue anrief. Es war eine regelrechte Erleuchtung für mich im Hinblick auf die Echtheit des Dienstes der Engel und darauf, wie Jesus Menschen erlaubt, Engel freizusetzen bzw. loszuschicken, um Gebete zu erhören.

Im Juni 2003 wurde ich vom Herrn so geführt, mich für ein Jüngerschaftsprogramm bei einem bekannten christlichen Werk anzumelden. Nur hatte ich ein kleines Problem. Die Schulung sollte 25.000 Dollar kosten und ich hatte nur 25. Dennoch vertraute ich dem Herrn, dass er sich um die nötigen Mittel kümmern würde. Zu jener Zeit diente ich mit meinem Freund Charlie Robinson. Wir waren in der *Extreme Church* in Las Vegas. Charlie predigte und ich half, für die Kranken zu beten. Als ich an jenem Morgen des 6. Juli 2003 meine Hände in der Anbetung erhob, fühlte ich auf einmal „Winde" um meinen Kopf herumwehen und roch den wundervollen Duft von Weihrauch – Engel mussten in Nähe sein.

Meine Konzentration auf die Gegenwart Jesu wurde von seiner Stimme unterbrochen. Jesus sprach: „Kevin, ich möchte dir etwas zeigen." Ohne meine Augen zu öffnen oder meinen Fokus zu verlieren, antwortete ich: "Okay, Herr, was möchtest du mich sehen lassen?" Sogleich sah ich ein Footballfeld. Es war riesengroß, wahrscheinlich mehrere Meilen lang und breit. Es war leuchtend grün und mit Begrenzungslinien gekennzeichnet. Plötzlich fingen diese Linien an, in den „Augen meines Herzens" zu tanzen und sich zu bewegen. Meine inneren Augen wurden geöffnet bzw. erleuchtet, um zu sehen, was Jesus an jenem Morgen als Erbe für mich bereithielt. Dies war die „Sehersalbung", die am Werk war.

Die Linien des Footballfeldes setzten ihre Umwandlung fort und wurden zu einem riesigen 5.000-Dollar-Schein. In dieser Vision sah ich auch den Herrn Jesus, wie er danebenstand und mich anlächelte. Christus sah aus wie ein stolzer Vater, der kurz davor war, am Weihnachtsmorgen einem kleinen Kind ein neues Fahrrad zu schenken. Der Herr strahlte vor Freude. Dieselben vier Engel, die ich zuvor gesehen hatte, standen jetzt hinter Jesus Christus. Die Engel schienen recht glücklich zu sein, das Geschehen mitansehen zu dürfen.

Der Herr zeigte auf den Geldschein, und in der Vision fingen die Linien des Geldscheines an, herumzutanzen. In einem einzigen Augenblick war die übernatürliche Währung erneut verwandelt. Jetzt sah sie auf einmal wie ein 20.000-Dollar-Geldschein aus! Ich sagte: „Herr, ich weiß, dass es so etwas wie einen 5.000-Dollar-Geldschein nicht gibt, und ich weiß auch, dass es keinen 20.000-Dollar-Geldschein gibt. Herr, was sehe ich hier eigentlich?"

Der Herr antwortete: „Kevin, dies sind zwei Schecks. Sie sind das Geld, das du für das Jüngerschaftsprogramm brauchst. Bete jetzt für sie. Löse ... (der Name des Engels), dass er sich jetzt aufmacht und dieses Geld aus der himmlischen Dimension heraus freisetzt."

„Okay, Herr", antwortete ich. Und so sprach ich ein kurzes Gebet wie: „Vater, im Namen Jesu, löse ich ..., sich auf den Weg zu machen und diese beiden Schecks einzuholen. Ich befehle dem Scheck über 5.000 Dollar zu erscheinen. Ich befehle dem Scheck über 20.000 Dollar zu erscheinen, im Namen Jesu Christi, Amen."

Jesus lächelte mich wieder an und ich sah einen der Engel wegflitzen. Genauso schnell wie die Vision begonnen hatte, war sie auch wieder vorbei. Dennoch hatte ich eine „Gewissheit", dass der Herr ganz sicher das Geld für das Jüngerschaftsprogramm beschaffen würde.

Nachdem ich nach Hause zurückgekehrt war, betete ich gerade, als ich einen Anruf von einem Mann von der Westküste bekam. Ich kannte ihn nicht sehr gut. Er erzählte mir, er und seine Frau hätten für mich gebetet und glaubten, dass sie vom Herrn so geführt wurden, für mich „in das Jüngerschaftsprogramm hineinzusäen". Ich war sprachlos, als er mir dies erzählte. Dann fuhr er fort, dass sie mir 5.000 Dollar geben wollten. 72 Stunden später bekam ich einen weiteren Anruf von der Westküste. Der Anrufer teilte mir mit, er habe ebenfalls gebetet und der Herr habe zu ihm über das Jüngerschaftsprogramm gesprochen. In meinem Hals formte sich ein Kloß.

Die Person am anderen Ende sagte: „Der Herr hat mir mitgeteilt, dass ich dir helfen soll. Ehrlich gesagt, bin ich ungehorsam gewesen ... ich sollte dich eigentlich schon vor drei Tagen diesbezüglich anrufen, aber ich wollte mir ganz sicher sein. Wie viel Geld benötigst du für das Jüngerschaftsprogramm?“

Meine Gedanken begannen zu rasen. Wie um alles in der Welt könnte ich dieser Person nur mitteilen, dass ich 20.000 Dollar brauchte? Plötzlich flüsterte der Heilige Geist in mein linkes Ohr: „Sage einfach, wie viel du benötigst.“ Ich nahm einen tiefen Atemzug und antwortete: „Ich brauche noch Zwanzigtausend.“

Ein kurzes Schweigen hing im Raum, und dann sagte der Anrufer: „Das ist genau die Summe, die ich vom Herrn gehört habe. Wohin soll ich das Geld schicken?“

Ich war sprachlos.

„Hallo? Bist du noch da?“

Wir unterhielten uns noch einige Minuten, aber ich weiß nicht mehr, was ich noch gesagt habe. Ich befand mich in einem Schockzustand. Der Herr hatte es vollbracht. Die beiden Schecks, die Jesus mir in der Vision gezeigt hatte, wurden mir tatsächlich innerhalb von 96 Stunden ab Sonntag, dem 6. Juli 2003 geschenkt. Der Engel der Versorgung hatte schnell und effizient gearbeitet.

Gott hat mich angewiesen und mir erlaubt, diesen Engel der Versorgung bei mehr als nur einer Gelegenheit freizusetzen. Am 7. Juli wurde ich in das Jüngerschaftsprogramm aufgenommen. Dies ist ein Bereich des Engeldienstes, der heute jedem von uns zur Verfügung steht. Der Schlüssel dazu ist, eine tiefe und innige Freundschaft mit Jesus zu pflegen.

Der Engel der Versorgung hilft noch einmal

Ich habe ja bereits erzählt, auf welche Weise dieser Engel der Versorgung Finanzen für meine erste Missionsreise freigesetzt hatte. Dieser Engel hat diese Reise für mich auch noch in anderer Hinsicht gerettet. Bevor ich meine erste missionarische Reise nach Afrika antreten konnte, brauchte ich einen Stempel für mein Visum. Dazu musste ich meinen US-Reisepass zur tansanischen Botschaft in Washington, D.C. schicken. Unglücklicherweise ging mein Reisepass im Postverkehr der USA einige Wochen lang verloren. Würde er nicht innerhalb von ein paar Tagen ankommen, hätte ich keine Erlaubnis, international zu reisen.

Am Dienstag sollte ich meinen Flug von Roanoke (Virginia) aus antreten. Es war Freitag und ich hatte immer noch keinen Pass. Ich fing an zu beten und zu fasten. Ich machte mir immer größere Sorgen, dass ich die Reise nicht antreten könnte und all die Segnungen und Finanzen, die damit verknüpft waren, verloren gehen würden. Ich betete den ganzen Freitag, aber es gab keinen Durchbruch. Ich betete den ganzen Samstagmorgen weiter. Nachmittags hörte ich dann den Postboten mit schweren Schritten über die hölzerne Veranda gehen. Ich vernahm das unverwechselbare Geräusch des alten, rostigen, schwarzen Metallbriefkastens – wie er geöffnet wurde und dann wieder mit einem dumpfen Geräusch zuschlug.

Ich dachte: *Endlich ist der Pass da!,* sprang in meinem Gebetsraum auf und ging schnell zur Vordertür, um meinen Reisepass herauszuholen. Doch als ich den Briefkasten öffnete, befand sich dort nur eine Rechnung, aber kein Reisepass. Inzwischen war ich an dem Punkt angelangt, dass ich nicht mehr glaubte, nach Afrika reisen zu können. Da mein Flug für den Dienstag gebucht war, gab es nur noch einen Tag, an dem der Pass mit der Post ausgeliefert werden konnte. Anstatt aufzugeben nahm ich mir vor, noch eifriger zu beten und zu fasten. Mit diesem neuen Elan schrie ich zum Herrn.

Mitten in meinem Gebet – und Jammern – sah ich etwas. Ich hatte eine schnelle kurze Vision von der Zeit, als der Herr zu mir gesprochen hatte, dass er einen Engel freisetzen würde, der mir mit Versorgung und Schutz helfen sollte. Ich sah Jesus mit den vier Engeln. In diesem kurzen Augenblick der Stille, hörte ich den Herrn deutlich sagen: „Kevin, löse einfach ... (Name des Engels), sich auf den Weg zu machen, deinen Reisepass zu finden und ihn zu dir zu bringen."

Ich betete ein einfaches Gebet: „Vater, ich bitte dich jetzt im Namen Jesu Christi; ich brauche diesen Reisepass und ich löse ... (Name des Engels), sich auf den Weg zu machen und meinen Reisepass zu mir zu bringen. ... ziehe los und finde meinen Reisepass und bringe ihn mir jetzt her. Ich bete in Jesu Namen. Amen."

Es war ungefähr 2.30 Uhr am Morgen und ich war erschöpft und frustriert. Ich entschloss mich, das Wort Gottes zu lesen. Also nahm ich meine Bibel zur Hand und fing an, in den Evangelien zu lesen. Um 3.30 Uhr am Sonntagmorgen fiel ich schließlich – mit meiner altbewährten King-James-Bibel geöffnet auf meiner Brust – in einen tiefen Schlaf. Es dauerte aber nicht lange, bis ich durch das vertraute Geräusch des Briefkastens sofort wieder hellwach war. Ich dachte: *Das war das Geräusch des Briefkastens!* Aber es war 5.30 Uhr am Sonntagmorgen, und der Postdienst liefert an Sonntagen ganz gewiss nicht aus!

Das Geräusch und diese Gedanken spielten sich in weniger als drei Sekunden ab. Ich sprang von meinem Bett auf, lief zur Vordertür und riss sie auf. Der Himmel färbte sich gerade in einen sanften Hellblauton und die Morgendämmerung brach an. Da war kein Postbote auf der Veranda. Ich rannte barfuß zum Gehweg und blickte hastig die Beech Street auf und ab. Nichts. Keine Menschenseele war in Sicht. Es war weniger als zehn Sekunden her, seit ich das Geräusch gehört hatte!

Ich konnte die Herrlichkeit Gottes spüren, wie sie auf meiner Veranda am Vordereingang ruhte und sich durch die Straße bewegte. Langsam machte ich mich auf den Weg zum alten, schwarzen Briefkasten. Langsam hob ich mit meiner rechten Hand die obere Klappe hoch. Es war noch zu dunkel, um etwas zu erkennen. Ich streckte vorsichtig meine linke Hand in den alten Briefkasten hinein. Es lag etwas darin. Langsam zog ich meine Hand heraus und war ziemlich überrascht, meinen verlorenen Reisepass darin zu finden.

Es gibt keine andere Erklärung dafür, als dass ein Engel eingegriffen und mir einen Dienst erwiesen hat. Ganz sicher hat keine menschliche Hand diesen verlorengegangenen Reisepass in den Briefkasten geworfen; vielmehr war es Gottes Hand, die sich durch den Dienst von Engeln bewegt hat. Der Reisepass war weder in einem Karton, noch in einem Behälter, noch in irgendeiner Art von Briefumschlag. Er lag einfach auf einmal im Briefkasten! Die Reise nach Tansania war für mich überaus wichtig, da Jesus mir dort in kraftvoller Weise begegnete.

Engel dienen Menschen auch, indem sie ihnen zukommen lassen, was sie brauchen. Oft geschieht dies in der Form, dass verlorene Gegenstände wiedergefunden werden, wie in meinem Fall ein Reisepass oder auch ein Schlüsselbund. Der Feind wird oftmals versuchen, Dinge zu verstecken, die wichtig und notwendig sind. Engel sind dazu bereit, willens und in der Lage, diese Dinge wiederzubeschaffen. Hier folgt ein weiteres, klassisches Zeugnis dieser Art.

Kathy und ich haben einen Freund in Exeter (England). Andrew Pearkes ist möglicherweise der demütigste Mann, den ich je kennengelernt habe. Auch Andrew hatte schon zahlreiche Begegnungen mit Engeln. Oftmals kann er sehen oder wahrnehmen, was Engel unter uns tun. Andrew ist schon oft von Engeln berührt und geheilt worden.

> Ich habe eine ganze Reihe von Situationen erlebt, in denen Engel gekommen sind, um mir Botschaften zu überbringen, mich zu trösten oder mich in einigen sehr langen Versammlungen zu stärken (Die längste dauerte zwölfeinhalb Stunden). Sie [die Engel] heben meine Arme hoch, und viele

können sie sehen. Ich habe viele Wunder erlebt, die von Engeln vollbracht wurden. Oft bin ich auch von Engeln vor Angriffen in Versammlungen beschützt worden. In vielen weiteren Situationen habe ich das Wirken der Engel in Form von Schutz, Heilung, Wundern und vielem mehr erfahren.

Andrew Pearkes
Maranatha Ministries, Exeter (England)

Bei einer dieser Gelegenheiten musste Andrew von Exeter nach Dudley reisen, was ungefähr dreieinhalb Stunden dauert, um an einer Konferenz teilzunehmen. Andrew beschloss, sich gleich um 7 Uhr morgens auf den Weg zu machen, weil er um 10 Uhr 30 da sein musste. Als er losfahren wollte, nahm er seine Autoschlüssel vom Esstisch und startete nach Bristol. In der Nähe von Bristol merkte er, dass der Tank fast leer war, also fuhr er an der nächsten Tankstelle raus.

Als er an der Tanksäule stand und gerade den Tankdeckel abschrauben wollte, entdeckte er, dass kein Schlüssel am Schlüsselbund war, mit dem er den Tankdeckel hätte öffnen können! Ich erinnere mich noch an Andrews Worte, als er mir diese Geschichte erzählte. Er sagte: „Ich steckte in einem ziemlichen Schlamassel", und dann lachte er lauthals los. Er ging zum Tankstellenbesitzer und fragte ihn, ob sie vielleicht ein paar Ersatzschlüssel hätten, die ins Schloss des Tankdeckels passten. Der Mann gab Andrew eine Schachtel, in der sich ungefähr 50 verschiedene Schlüssel für Tankdeckel befanden. Andrew kehrte zum Auto zurück und probierte die verschiedenen Schlüssel aus, aber keiner passte zum Schloss. Ziemlich niedergeschlagen lehnte sich Andrew an sein Auto und stützte sich mit seinen Ellenbogen auf das Autodach. Er rief zum Herrn: „Vater, dein Wort sagt, dass du in schwierigen Zeiten meine immerwährende Hilfe bist. Herr, ich bin in Schwierigkeiten und ich brauche Hilfe ... *Hilfe*", erklärte er und zitierte dabei Psalm 46,2.

Andrew erzählte, er habe sich, gleich nachdem er gebetet hatte, umgedreht und einen Mann hinter einem weißen metallenen Gebäude, in 60 Metern Entfernung, herauskommen sehen. Dieser völlig normal bekleidete Mann kam auf ihn zu und er sah, dass dieser einen Schlüssel in seiner rechten Hand hatte! Andrew beschrieb ihn: „Er hatte das wunderbarste und schönste Lächeln, voller Frieden und Liebe, während er auf mich zukam. Der Mann ging zum Auto und öffnete mit seinem Schlüssel den Tankdeckel. Dann schaute er wieder hoch und lächelte mich an. Er sprach kein Wort, obwohl ich nach seinem Namen fragte, und dann drehte er sich wieder um und kehrte hinter dasselbe Gebäude zurück, wo er hergekommen war. Das Erstaunliche war, dass er genau den richtigen Schlüssel in der Hand hatte!"

Andrew wusste, dass dieser Mann ein Engel war, und er dankte dem Herrn, der wahrhaftig seine immerwährende Hilfe in schwierigen Zeiten war. Als Andrew bei der Konferenz ankam, war er sehr spät dran, weshalb er sich leise hinter die Leute stellte, die gerade anbeteten. Andrew hatte eine sehr schwere Verletzung an seiner linken Schulter. Fast zwei Jahre vorher hatte er einen Unfall erlitten und sich drei Bänderabrisse zugezogen. Er konnte deshalb seinen Arm nicht benutzen, der ihm außerdem starke Schmerzen verursachte. Er hatte schon seit 17 Monaten auf eine Operation gewartet, weil der Herr ihn nicht davon geheilt hatte. Nach der Operation durchlief er fünf Monate Physiotherapie, die seinem Arm zu 30 Prozent Belastbarkeit verhalf, doch mehr als 75 Prozent der Muskeln waren noch nicht wiederhergestellt.

Während Andrew hinten in der Versammlung anbetete, kam jemand von hinten und schlug ihm dreimal heftig auf seine linke Schulter, sodass er es nicht nur fühlte, sondern auch hörte! Andrew schaute sich um, aber es war niemand da! Er sagte, er wusste, dass er geheilt worden war, und hob sofort seinen Arm hoch. Als er dies tat, wuchsen alle Muskeln nach und sein Arm wurde wieder kräftig! Ein Engel hatte Andrew berührt und geheilt. Andrew wurde dann vom Chirurgen untersucht, welcher sagte: „Das ist völlig unmöglich. Sie haben 100 Prozent Belastungsfähigkeit und Beweglichkeit in Ihrer Schulter; Ihre Muskeln sind wiederhergestellt. Dies ist ein Wunder."

Mamas brennender Busch

Ende des Jahres 2003 zog ich aus der Beech Street 121 weg. Ich wollte das kleine Haus eigentlich nicht verlassen, selbst dann noch nicht, als der Herr mir zeigte, dass er etwas Neues mit mir vorhatte. Er hatte mich angewiesen, zurück zu meiner Mutter zu ziehen und eine Zeit lang bei ihr zu wohnen. Damals verstand ich nicht, warum. Aber wenn ich jetzt darauf zurückblicke, erkenne ich, dass es darum ging, meiner Mutter einige Dinge über das Wort Gottes und sein Königreich zu vermitteln. Oft sprachen wir über die Bibel und das Übernatürliche.

Mama hatte angefangen, sich für das Übernatürliche zu öffnen, nachdem ich ihr ein paar Bücher zu diesem Thema gegeben hatte. Sie war von den Abschnitten über Wunder und den Dienst von Engeln regelrecht begeistert. Wir sprachen mehrere Male über diese Dinge, und die Folge war, dass Mama mir mehrere übernatürliche Begegnungen mitteilte, die sie als junge Frau erlebt hatte. Wir schauten uns zusammen die Schriftstellen an, um in Gottes Wort Bestätigung dafür zu finden. Das schien sie ziemlich zu beruhigen.

Nachdem ich etwa sechs Monate bei ihr gewohnt hatte, wurde mir klar, dass mich Gott dort hingeführt hatte, um ihr sein Herz für sie zu offenbaren. Sie hatte viel Bitterkeit und Unversöhnlichkeit in sich. Während dieser Zeit konnte ich ihr im Wort Gottes zeigen, dass es von entscheidender Bedeutung ist, den Menschen, gegen die sie möglicherweise Wut, Groll oder Bitterkeit hegte, zu vergeben und sie loszulassen. Etwa drei Monate lang sprachen wir über diese Dinge. Schließlich verriet sie mir, dass sie nicht glaubte, dass sie einigen der Menschen vergeben könne, die ihr selbst oder ihren Kindern Unrecht getan hätten. Ich sagte ihr, sie solle darüber beten.

Eines Morgens sah ich, dass Mama am Küchentisch saß und weinte. Ich konnte ihr ansehen, dass sie eine Begegnung mit dem Herrn gehabt hatte. Sie hatte die Bibel geöffnet und durchforstete das Wort, genauso wie wir es zusammen getan hatten, als wir übernatürliche Erfahrungen schriftgemäß auslegen wollten. Ich fragte sie, ob sie mit mir reden wolle, aber sie verneinte. Ich wusste, dass es um etwas ging, das sie für sich allein herausfinden musste. Ein paar Tage später bat sie mich endlich um ein Gespräch.

Sie sagte: „Kevin, ich glaube, ich verliere noch meinen Verstand. Ich habe gebetet und Gott wirklich wegen all dem gefragt, was du mir über Vergebung erzählt hast. Ich habe dem Herrn gesagt, dass ich nicht in der Lage bin, bestimmten Menschen zu vergeben, und dass er mir ein Zeichen geben müsse. Also gut, eine Stunde später hatte ich ein starkes Verlangen, aufzustehen und in die Küche zu gehen. Als ich das tat, hörte ich den Herrn zu mir sprechen. Er sagte ‚Helen, Helen, komm mal hierher.' Als ich aus dem Küchenfenster hinausblickte, sah ich den Azaleenbusch brennen. Ich habe ihn lange Zeit angestarrt und könnte schwören, dass der Herr aus diesem Busch zu mir gesprochen hat! Kevin, er brannte wirklich, mit einer schönen blauen Flamme. Ich konnte meinen Blick einfach nicht abwenden.

Eine ganze lange Zeit habe ich den brennenden Busch angesehen und mir war, als würde Gott direkt in mein Herz sprechen. Ich konnte seine Liebe fühlen. Nie zuvor hatte ich so etwas gespürt. Gott sprach zu mir, dass das, was in seinem Wort steht, auch wahr ist. Er sagte mir, was ich zu tun hätte. Ich weinte, wie ich in meinem ganzen Leben noch nie geweint hatte. Ich betete und vergab jedem; dann kam ein wirklich starker Friede auf mich. Die ganze Zeit über sah ich den Azaleenbusch weiterbrennen. Doch jetzt glaube ich, dass ich vielleicht meinen Verstand verliere. Was meinst du denn?"

„Mama, das ist großartig! Lass uns die Bibel hervorholen und nachsehen, was sie dazu sagt", antwortete ich.

Instinktiv schlug ich 2. Mose 3 auf und sagte meiner Mutter, sie solle die Stelle über Mose und den brennenden Busch nachlesen. Dann sagte sie: „Das ist genau das, was mir passiert ist! Ich habe nur im Neuen Testament gesucht. Ich habe nie daran gedacht, auch im Alten Testament nachzuschauen." Mamas Gesicht bekam einen ganz neuen Glanz.

„Glaubst du tatsächlich, dass Gott zu mir auf diese Weise aus einem brennenden Busch heraus sprechen würde?"

Ich lachte. „Natürlich, Mama, er liebt dich wirklich sehr."

Mama war ungefähr 80 Jahre alt, als das passierte, und von jenem Tag an sah ich eine neue Zartheit und Sanftheit in ihr. Ich glaube, dass der Herr zu meiner Mutter auf dieselbe Weise gesprochen hat wie zu Mose und dadurch ihr Herz darauf vorbereitet hat, das himmlische Zuhause zu betreten. Nach jenem Tag sah ich Mama manchmal am Küchenfenster stehen und den Azaleenbusch betrachten, während sie zum Herrn betete. Sie war nach dieser Begegnung wie neu geboren.

Mamas Zeugnis ist ein großartiges Beispiel dafür, wie der Herr Engel gebrauchen kann, um Gebete zu beantworten und ganz normalen Menschen wichtige Botschaften aus der himmlischen Dimension zukommen zu lassen. War in dem Azaleenbusch ein Engel gewesen? Ich bin mir sicher, dass es so war. Kurz bevor meine Mutter starb, war ich bei ihr im Krankenhaus, und auch dort sah sie Engel in ihrem Zimmer. Der Herr hatte die Gabe der Unterscheidung der Geister in Mamas Leben aktiviert, um ihr Hoffnung, Frieden und Trost zu spenden.

Eine weitere allgemeine Aktivität, in die Engel involviert sind, ist Anbetung. Im folgenden Kapitel werde ich einige unglaubliche Zeugnisse über Engel erzählen, die während Anbetungszeiten ihre Gegenwart offenbart haben. Diese Zeugnisse sind hilfreich, um Ihren Glauben zu beleben und Sie darauf vorzubereiten, das Wirken von Engeln zu erkennen, wenn angebetet wird.

KAPITEL 7

Lobpreis und Anbetung mit Engeln

Einer der Haupttätigkeiten der Engel besteht darin, Gott anzubeten. Wir sind in eine Zeit eingetreten, in welcher der Herr anfängt, gewöhnlichen Menschen „die Augen und Ohren zu öffnen", um die Anbetung der Engel zu erleben. Die ganze Bibel hindurch werden Engel als singende Wesen beschrieben (vgl. Offb 4,8). Sie tragen und spielen auch manchmal Musikinstrumente (vgl. Offb 8,2-6; 1 Thess 4,16). Ich habe ja schon mein Zeugnis erzählt, wie die Engel sich in Kanada dem Anbetungsteam angeschlossen haben. In jenen Versammlungen hörten viele Menschen während der Anbetungszeit die Stimmen und Instrumente von Engeln.

Engel haben große Freude daran, dem Herrn Anbetungslieder zu singen, und scheinen während Anbetungszeiten sehr begeistert zu sein. Dies ist in der heutigen Zeit eine sehr weit verbreitete Manifestation des Dienstes von Engeln. Viele Gläubige geben Zeugnis darüber, dass sie zu verschiedenen Zeiten und an unterschiedlichen Orten in Anbetungsgottesdiensten Engel singen hörten. Zeiten der Anbetung sind mit die besten Gelegenheiten, Ihre Fähigkeit, Engel wahrzunehmen, zu verbessern (vgl. Offb 7,11 und Ps 103,20).

Manchmal spielen Engel Instrumente; ich selbst habe gelegentlich beobachtet, wie sie gesungen und auf kleinen Instrumenten gespielt haben. Ich habe auf der Erde noch nie Instrumente gesehen, die so gestaltet waren wie jene, die von Engeln gespielt werden. Ich habe viele verschiedene Arten von Instrumenten gesehen, die von Engeln benutzt werden. Engel spielen Instrumente, die Hörnern und Trompeten ähneln,

Holzblas- und Saiteninstrumente und sogar Schlaginstrumente. Ich kann sie nur so beschreiben, dass sie aussahen wie Leiern, Harfen, Xylophone und viele andere Arten von altertümlichen Saiteninstrumenten. Engel sind, was Musik und Anbetung angeht, äußerst begabt. Allein in den Psalmen gibt es viele Verse mit Bezug auf Musikinstrumente, die möglicherweise mit der Anbetung von Engeln in Verbindung gebracht werden können (vgl. Ps 6,1; 33,2; 57,9; 81,3; 92,4; 98,5-6; 108,3; 149,3; 150,3-4).

Anbetende Engel

Ich liebe die Worte von Engeln, die in der Schrift verewigt sind. Lukas 2,8-14 ist erstaunlich! Die Bibel hat tatsächlich die Worte eines Anbetungsliedes der Engel aufgezeichnet:

> *Und es waren Hirten in derselben Gegend, die auf freiem Feld blieben und des Nachts Wache hielten über ihre Herde. Und ein Engel des Herrn trat zu ihnen, und die Herrlichkeit des Herrn umleuchtete sie, und sie fürchteten sich mit großer Furcht* (Lk 2,8-9).

Beachten Sie die ängstliche Reaktion der Hirten auf die Engel, die zu Besuch kamen, und die ersten Worte, welche die himmlischen Besucher dann zu ihnen sprechen!

> *Und der Engel sprach zu ihnen: Fürchtet euch nicht! Denn siehe, ich verkündige euch große Freude, die für das ganze Volk sein wird. Denn euch ist heute ein Retter geboren, der ist Christus, der Herr, in Davids Stadt. Und dies sei euch das Zeichen: Ihr werdet ein Kind finden, in Windeln gewickelt und in einer Krippe liegend. Und plötzlich war bei dem Engel eine Menge der himmlischen Heerscharen, die Gott lobten und sprachen: Herrlichkeit Gott in der Höhe, und Friede auf Erden in den Menschen des Wohlgefallens!* (Lk 2,10-14).

Engel lieben es, Jesus anzubeten! (Vgl. auch Offb 4,8.)

Ein Wanderprediger namens Robert Sheffrey hielt Mitte bis Ende des 19. Jahrhunderts große Freiluftversammlungen in den Bergen von Virginia ab. Ein Merkmal seiner beliebten Versammlungen war der Klang von Engelschören, welche gelegentlich im Einklang mit den Anbetern zu hören gewesen sein sollen. Übrigens wird über Pastor Sheffrey berichtet, dass keines seiner Gebete unbeantwortet blieb. Hatte Robert Sheffrey, was den Dienst der Engel angeht, vielleicht Offenbarungen über den verborgenen Schatz des Königreiches Gottes?

Im Jahr 2004, als Kathy und ich in Peru umherreisten, erlebten wir eine spektakuläre Manifestation des Dienstes der Engel in Verbindung mit Anbetung. Wir halfen bei einer Heilungsveranstaltung in einem großen Fußballstadion aus. Es waren tausende Menschen anwesend. Zu einer bestimmten Zeit während der Anbetung fing fast jeder im Dienstteam an, Klänge zu hören, die sich anhörten wie Trompeten, Hörner, Saiteninstrumente und ein Chor von Stimmen, die im Einklang mit dem Anbetungsteam sangen.

Das himmlische Anbetungsteam wurde an einem Punkt so laut, dass wir begannen, uns im Stadion umzuschauen, ob dort nicht eine Art von Festival oder eine Band im hinteren Teil des Stadions war. Diese himmlische Musik spielte ungefähr 45 Minuten ununterbrochen weiter. Selbst wenn das Anbetungsteam auf der Bühne zwischen den Liedern aufhörte zu spielen, fuhr das himmlische Anbetungsteam mit seinem Gesang und dem Spielen seiner Instrumente fort. Die Musik war wirklich himmlisch.

Schließlich gewann meine Neugier die Oberhand und ich beschloss, dem Ursprung der Musik nachzugehen. Das Stadion hatte dicke Betonmauern und der obere Teil war nach außen hin geöffnet. Für mich schien und klang es, als käme die himmlische Musik vom Dach her oder direkt von hinter dem Stadion. Ich ging auf die obere Ebene desselben und lief dann am oberen Rand um das Gebäude herum. Dafür brauchte ich ungefähr zehn Minuten. Während der gesamten Zeit hielt ich mit meinen Augen nach der Quelle der Anbetungsmusik Ausschau. Von meinem Beobachtungspunkt aus konnte ich das Anbetungsteam klar auf der Bühne erkennen und hören, aber es lag für mich auf der Hand, dass die himmlische Musik von *oberhalb* des Stadions stammte.

Die himmlische Anbetung wurde sehr laut und klar, weshalb ich zum hinteren Teil des Stadions ging, die Stufen zur zweiten Etage hochkletterte und auf die Straße hinabschaute. Mit Ausnahme einiger Lebensmittelverkäufer war die Straße völlig leer. Inzwischen war ich ungefähr fünfzehn Minuten herumgelaufen. Plötzlich hielt das Anbetungsteam auf der Bühne inne und der Prediger wurde zum Sprechen angekündigt. Das einzige Problem war, dass niemand daran gedacht hatte, dem himmlischen Anbetungsteam – oder der „Band der Engel" – mitzuteilen, dass es mit dem Spielen aufhören sollte!

Der Prediger bat alle Menschen im Stadion, still zu sein. Von der zweiten Etage im hinteren Teil des Stadions hatte ich einen großartigen Aussichtspunkt. Plötzlich wurden um die 4.000 Menschen völlig still, doch zum Erstaunen eines jeden nahm die Lautstärke des himmlischen Anbetungsteams dramatisch zu. Dabei sah ich etwas, das ich nur wie einen lilafarbenen Wirbelwind beschreiben kann, der zu blasen begann und vom oberen Teil des Stadions herabkam. Als die Lautstärke des himmlischen Anbetungsteams noch weiter zunahm, konnte ich sehen, wie Federn aus dieser großen, umherwirbelnden „himmlischen Trichterwolke" schwebten und herunterfielen. Die Federn regneten regelrecht auf das gesamte Stadion herab, während gleichzeitig ein kräftiger Wind blies. Er war sogar so stark, dass Papier und anderer Abfall auf dem Fußboden und den Sitzen herumflog. Die Kleider der Menschen flatterten im Wind, einige hielten sogar ihre Hüte fest. Zusammen mit dem Wind nahmen die Kraft und die Salbung des Heiligen Geistes enorm zu.

Von meinem Aussichtspunkt konnte ich die Umgebung außerhalb sowohl sehen als auch fühlen. Außerhalb des Stadions blies überhaupt kein Wind. Der übernatürliche Wind wehte nur innerhalb des Stadions. Der Prediger bat die Leute, die Hände zu heben, falls sie den himmlischen Chor hören konnten. Schätzungsweise 50 Prozent der Hände im Stadion gingen hoch. Dies war ein ungewöhnliches Schauspiel des Dienstes der Engel, da Tausende die Engel singen und den Herrn mit ihren Instrumenten anbeten hörten. Es war auch eine Nacht, in der Hunderte Jesus Christus als ihren Retter annahmen. Es handelte sich hierbei um eine der gewaltigsten Engelsbegegnungen, die ich jemals erlebt habe, allein schon aufgrund der großen Anzahl von Menschen, welche die Aktivität von Engeln unter uns wahrgenommen hatte.

Mit am häufigsten offenbaren sich Engel in der Anbetung. Diese Form des Dienstes der Engel wird in der Bibel deutlich erläutert und findet heutzutage auch die größte Akzeptanz. Viele kennen irgendjemanden, der schon einmal Engel gehört hat, welche die Anbetung begleitet haben. Wir werden im folgenden Kapitel noch ein weiteres erstaunliches Beispiel dieser Art entdecken. Anbetungsveranstaltungen sind ausgezeichnete Orte, um Ihre geistlichen Sinne zu üben, wenn Sie gerne Engel wahrnehmen möchten.

Ich glaube, dass diese Art des Engeldienstes in der nächsten Zeit weiter stark zunehmen wird. Während die herannahenden weltweiten Heilungserweckungen sich zu manifestieren beginnen, werden wir in zunehmendem Maß das Mitwirken der Engel in unserer Anbetung erleben. Ein weiterer Aspekt dieses Dienstes der Engel ist die Freisetzung von spektakulären Wundern und Heilungen, während sie in unseren Anbetungsversammlungen dienen. Ihr Dienst wird in Veranstaltungen dramatisch zunehmen, die an öffentlichen Plätzen – etwa in Fußballstadien – überall auf der ganzen Welt stattfinden. Dasselbe wird sich auch in kleinen Zusammenkünften wie „Zellgruppen" oder Hauskreisen und sogar auf der Straße ereignen. Wir werden uns diese Dynamik des Dienstes von Engeln später noch genauer ansehen.

KAPITEL 8

Engel überbringen Offenbarung, Führung und Wegweisung

Wir werden sehen, wie Engel ganz normalen Menschen Offenbarung, Führung und Wegweisung geben. Gott wird Menschen übernatürlich positionieren, damit sie unerreichten Volksgruppen das Evangelium verkünden. Der Dienst der Engel wird vom Herrn auch dazu benutzt werden, Menschen Wegweisung zu geben, um sie an geografisch sichere Orte zu führen. Einige Menschen werden gesalbt und mit Kraft ausgestattet werden, um Menschen an den entlegensten Orten der Erde zu erreichen. Von dieser Art Engeldienst gibt es auch viele Beispiele in der Bibel.

Philippus empfing Führung und Bevollmächtigung, als er einem Engel begegnete, der in Apostelgeschichte 8,26-27 zu ihm sprach: *„Ein Engel des Herrn aber redete zu Philippus und sprach: Steh auf und geh nach Süden auf den Weg, der von Jerusalem nach Gaza hinabführt! ... Und er stand auf und ging hin ...“* Aufgrund dieser Begegnung eilte das Evangelium den ersten Missionaren nach Äthiopien voraus. Dies war eine unmittelbare Folge dessen, dass Philippus in seinem Leben und Dienst auf die Führung des Engels einging. In Apostelgeschichte 27,23-24 hatte auch der Apostel Paulus eine Begegnung mit einem Engel, der ihm Wegweisung und Führung gab. Und natürlich wurde auch Daniel durch den Besuch des Engels Gabriel in Daniel 9,21-22 Offenbarung gegeben. Quer durch die Bibel hindurch gibt es Dutzende weiterer Beispiele dieser Art des Dienstes von Engeln.

Dieser Aspekt des Dienstes der Engel wird in nächster Zeit auch unter ganz gewöhnlichen Menschen enorm zunehmen. Kathy und ich hatten einige beeindruckende Begegnungen mit Engeln, die den Beispielen in der Bibel ähneln und den Verlauf unseres Lebens entscheidend geprägt haben. Vor dieser Art von Engelbesuchen braucht man keine Angst zu haben, sondern man sollte offen dafür sein und sich darauf einlassen. Dennoch ist es wichtig, dass wir diese Begegnungen mit Engeln sorgfältig und genau beurteilen. In solchen Fällen brauchen wir Weisheit. Wir werden später noch einige Prinzipien besprechen, die Ihnen eine Hilfe sein können, Ihre Erfahrungen mit Engeln zu beurteilen. An dieser Stelle möchte ich zwei Zeugnisse mitteilen, die Ihnen eine Vorstellung darüber geben können, wie Jesus Engel heutzutage auf diese Weise einsetzt.

Murchison Falls (Uganda)

2002 war ich ein weiteres Mal in Afrika und reiste nach Jinja (Uganda), um bei einer weiteren Evangelisationsveranstaltung zu helfen. Zweiundvierzig Leute des Missionsteams reisten direkt vor den Veranstaltungen für eine zweitägige Safari zum *Murchison-Falls*-Nationalpark. In der ersten Nacht übernachteten wir im Park, bevor es dann nach Jinja weiterging. Mir wurde eine kleine Hütte im „afrikanischen Stil" zugeteilt. Ich war überrascht, dass ich ein Einzelzimmer hatte. Ich war wirklich gespannt auf die Reise und hoffte, dass der Herr mir ebenso begegnen würde, wie er das vorher in Tansania getan hatte. Daher war ich nicht allzu überrascht, als ungefähr um zehn Uhr abends ein Geist des Gebets auf mich kam. Ich fing an, Fürbitte zu tun und im Geist zu beten. Es passierte das Gleiche wie damals, als ich von Jesus am gläsernen Kristallmeer besucht wurde (vgl. Sach 12,10).

Ich betete stundenlang, so wie der Heilige Geist mich anleitete. Tatsächlich habe ich die ganze Nacht gebetet. Um ungefähr 3.30 Uhr morgens, als ich etwa fünfeinhalb Stunden gebetet hatte, begann sich die Atmosphäre im Raum zu verändern.

Es schien, als würden die Himmel selbst über mir umherwirbeln. Allmählich spürte ich die Salbung des Herrn und bald darauf erfüllte der Duft von Weihrauch die Hütte. Ich saß auf meinem Bett, während eine Kerze auf einem kleinen Tisch brannte. Ich betete im Geist, während die Gegenwart des Herrn in der Hütte schwebte. Bis ungefähr 5 Uhr 30 betete ich auf diese Weise weiter.

Plötzlich schien mir, als würde eine Brise kreisförmig in meiner Hütte wehen. Ich öffnete meine Augen, um nach der Uhrzeit zu sehen, als ich bemerkte, dass die Flamme der Kerze im Wind flackerte. Ich betete weiter, bis eine hörbare Stimme mich erschreckte, sodass ich innehielt. „Kevin", sprach sie.

Ich war still, um zu sehen, wer an der Tür war. „Kevin", ertönte die Stimme zum zweiten Mal. Plötzlich merkte ich, dass ich den Herrn hörte, und antwortete: „Ja, Herr". Ich öffnete meine Augen und sah im Umkreis um die kleine Hütte herum vier große Engel strammstehen bzw. Wache halten. Sie waren alle zwei bis zweieinhalb Meter groß und schienen Kriegsausrüstungen zu tragen. Sie trugen Schwerter, glänzende Schilde und kleinere Schwerter in ihren Schärpen. Alle sahen mächtig und stark aus.

Bevor ich sie weiter begutachten konnte, rief der Herr erneut meinen Namen: „Kevin, du musst nach Kansas City gehen. Wenn es an der Zeit ist, wirst du nach Kansas City ziehen und in der *Christ Triumphant*-Gemeinde anbeten. Du sollst dich dort der Autorität der Pastoren unterstellen. Dein Dienst muss durch Kansas City gehen. Hast du dies verstanden?"

„Ja, Herr", antwortete ich.

Als ich meine Augen wieder öffnete, konnte ich keine Engel mehr in der Hütte sehen, aber ich konnte ihre Gegenwart immer noch wahrnehmen. Die Sonne hatte begonnen, durch die Baumwipfel zu dringen, und ich war überrascht, dass es bereits nach 6 Uhr morgens war. Ich empfing einen tiefen Frieden und wusste, dass ich nach Kansas City gehen würde, auch wenn ich die Gemeinde dort nicht kannte. Ich schloss meine Augen und konzentrierte mich auf das, was über mich ausgesprochen worden war. Aus irgendeinem Grund war ich noch nicht einmal überrascht, dass diese Anweisungen in Form einer hörbaren Stimme zu mir gekommen waren, da die Gegenwart des Herrn so stark war. Ich war neugierig, was der Herr wohl damit gemeint haben könnte, als er sagte: „Dein Dienst muss durch Kansas City gehen."

Weniger als zwei Jahre später empfing ich eine Offenbarung über diese hörbaren Worte. Gott hatte mich auf souveräne und übernatürliche Weise vorangebracht und dabei mein Leben völlig transformiert. Als ich das Jüngerschaftstraining beendet hatte, war das Erste, das Kathy und ich unternahmen, nach Kansas City zu ziehen. Nur zwei Tage später fuhr ich nach Toronto in Kanada, um bei einem evangelistischen Einsatz in dieser Stadt zu helfen. Ich musste sehr früh morgens losfahren, um meinen Flug zu bekommen. Auf dem Weg zum Flughafen fuhren Kathy und ich auf der Straße Nr. 71 in Richtung Norden, als gerade die Sonne über den Dächern der Wolkenkratzer dieser Riesenstadt aufging. Ich fuhr mitten durch das Zentrum von Kansas City. Als die Morgensonne die Spitzen der Wolkenkratzer schmückte, blendete mich das strahlende Licht einen Augenblick lang.

Dann erfüllte die Gegenwart des Herrn das Auto und der Herr sprach sehr deutlich zu mir. Er fragte: „Wo bist du?" In diesem Augenblick wurde mir eine übernatürliche Offenbarung zuteil und ich erinnerte mich an die Nacht in der Hütte in *Murchison Falls.* Ich fuhr durch Kansas City und war auf dem Weg zu einem der ersten Aufträge meines Dienstes *King of Glory Ministries International.* Es war also in der Tat so, dass zu diesem Zeitpunkt mein Dienst durch Kansas City fuhr! Ich war erstaunt über die Güte und die Treue des Herrn! Was Gott allein zu jener Zeit schon in meinem Leben vollbracht hatte, war einfach nur staunenswert und wahrhaftig wundersam. Die Verwandlung, die übernatürliche Transformation und die Segnungen, die ich in meinem Leben erfahren hatte, waren durch den Dienst der Engel ausgelöst worden. Das nächste Zeugnis über den Dienst der Engel war der Höhepunkt dieser Verwandlung.

Mit den Engeln tanzen

Diese Begegnung mit den Engeln ereignete sich im Sommer 2003. Ein Kreis von Engeln erschien in Malawi (Afrika), als ich Jesus anbetete. Während einer dieser Manifestationen der Dimension der Engel sprach der Herr zu mir in Bezug auf meine nahe Zukunft und eine baldige Reise nach Las Vegas (Nevada). Diese Begegnung mit den himmlischen Heerscharen veränderte meine geistlichen, emotionalen und fleischlichen Gedankenmuster in Bezug auf die Dimension der Engel. Sie brachte in mir eine absolute Gewissheit hervor, dass Gott sich wünscht, dass seine Kinder mit seinen Engeln interagieren.

Dieses Mal arbeitete ich bei einer weiteren Evangelisationsveranstaltung mit. Ich war auch gebeten worden, ein Team von zwölf Leuten bei evangelistischen Einsätzen und humanitären Diensten in der Stadt Lilongwe zu leiten. Das Team war vom 3. bis 8. Juni im Hotel *Sunbird Capitol* in Lilongwe untergebracht. Gleich zu Anfang des Missionseinsatzes musste ich feststellen, dass ich nicht schlafen konnte. Wieder einmal war der Geist des Gebets auf mich gekommen; bis spät in die Nacht ging ich in die Fürbitte. Die ersten Nächte schlief ich überhaupt nicht, weil ich fortwährend dazu angehalten wurde, Fürbitte zu tun – vom späten Abend bis zum Sonnenaufgang.

In der zweiten Nacht der Missionsreise betete ich gerade, als der Herr mir den Eindruck gab, ich solle in den Garten hinausgehen. Obwohl ich Angst hatte, die verhältnismäßige Sicherheit meines Zimmers zu verlassen und mich in die dunkle afrikanische Nacht hinauszuwagen, war ich dennoch gehorsam. Ich fing an, in einem Kreis mit etwa zwölf Metern Durchmesser umherzugehen und auf dem Rasen im Zentrum des Hotelgartens im Geist zu beten. Es war ungefähr zwei Uhr nachts, als ich begann, Fürbitte zu tun. Während ich betete, offenbarte sich das Königreich der Himmel. Wieder vernahm ich den vertrauten Duft von Weihrauch, der sich in der klaren, frischen afrikanischen Luft um mich herum ausbreitete. Ich verlor mich einfach in der Gegenwart Jesu. Die Salbung und die Gegenwart des lieblichen Heiligen Geistes wurde immer intensiver und spürbarer. Es schien mir, als könnte ich die Düfte, die um mich herumwirbelten, tatsächlich schmecken. In meinem Mund hatte ich einen wundervollen Geschmack von Honig und Rosen (vgl. Ps 34,9).

In der folgenden Nacht betete ich gerade im Zimmer im Geist, als der Herr zu mir sprach, ich solle in den Garten zurückkehren. Dies schien mir ein willkommener Vorschlag. Ich fing wieder an, in einem Kreis von ungefähr zwölf Metern Durchmesser umherzugehen und im Geist zu beten. Es war an derselben Stelle im Zentrum des Rasens des Hotelgartens. Sofort begann mich in der Kühle der Nacht mitten in diesem Garten der Duft von Weihrauch zu umgeben. Die Gegenwart des Herrn verdichtete sich immer mehr und der Herr sprach zu mir: „Bete mich im Geist an." So fing ich an, im Geist zu singen, während ich herumlief und im Kreis tanzte. Die Zeit schien in der Gegenwart des Herrn stillzustehen, während ich sang und Jesus im Geist und in der Wahrheit anbetete.

Bald bemerkte ich, dass ich nicht alleine sang. Eine Unzahl von Engelsstimmen hatte angefangen, meinen Gesang zu begleiten. Der Duft und die Salbung des Herrn hingen schwer in der frischen Nachtluft. Kurz nachdem ich die mich begleitenden Stimmen hören konnte, konnte ich auch sehen, woher die Stimmen kamen. Zuerst war es lediglich ein flüchtiger Einblick in den Geist hinein, aber dann erkannte ich allmählich die Engel, die um den Kreis herumtanzten und mit mir sangen! Dies begeisterte mich so sehr, dass ich anfing, noch lauter im Geist zu singen.

Bald konnte ich den Kreis der Engel sehr deutlich erkennen. Die Engel sangen mit mir in perfekter Harmonie. Während ich im Kreis tanzte, tanzten die Engel in fließenden Bewegungen mit mir. Es schien, als wüssten die Engel genau, was ich sagen würde, noch bevor die Worte, die ich in Zungen sang, meine Lippen verließen. Ich sang und tanzte in vollkommener Einheit und Harmonie mit den Engeln.

Ich war nicht nur völlig von ihrer Erscheinung angetan, sondern auch von der absoluten Schönheit ihres himmlischen Gesangs und ihrer Stimmen. Es war eine wirklich bezaubernde Zeit. Es schien, als würde die Zeit selbst stillstehen, während ich Jesus im Kreis der Engel anbetete. Ich hüpfte und tanzte wie ein kleines Kind im Kreis herum, vollkommen fasziniert vom übernatürlichen Geschehen, das sich dort entfaltete. Es schien mir, als wäre die gesamte Welt entschwunden und als befände ich mich in einem Vakuum von Zeit und Raum, das voll von der Gegenwart und der Liebe Jesu war. Er war mir so nah. Während ich tanzte und in Zungen sang, fuhren die Engel ebenso fort, mit mir zusammen Jesus anzubeten und zu tanzen. Zeitweise blinzelten mir einzelne Engel zu, wenn ich zu ihnen hinsah.

Erst als die Vögel anfingen, mit den Engeln mitzusingen, bemerkte ich, dass die Sonne gleich aufgehen würde. Stundenlang hatte ich mit den Engeln zusammen Jesus angebetet und dabei getanzt. Inzwischen gesellte sich Gottes Schöpfung zu den Engeln und mir, während wir Jesus im Einklang anbeteten. Seit jenem Morgen sehe ich Singvögel mit anderen Augen.

In der vierten Nacht wollte ich unbedingt wieder zu meinem privaten Anbetungsteam zurückkehren. Um 0.30 Uhr nachts machte ich mich auf den Weg zu meinem geheimen Ort im Garten. Als ich den Kreis betrat, erwartete mich die spürbare Gegenwart Gottes und des Heiligen Geistes. Ich fiel auf meine Knie und fing an zu weinen. Ich war überwältigt von der Offenbarung, wie kostbar dieses Vorrecht war. Ich gab dem Herrn Jesus Ehre für all die Wunder, deren Zeuge ich in den letzten drei Tagen sein durfte, denn es waren viele Blinde geheilt worden. Ich pries den Herrn auch für das noch andauernde schöpferische Wunder, das Leonard gerade widerfuhr, dem ein neuer Augapfel wuchs. Ich erhob meine Hände zum Himmel und blieb lange Zeit in dieser Haltung des Lobpreises.

Meine Konzentration wurde unterbrochen, als ich die Engel wieder singen hörte. Ich schaute nach oben, und in dieser Nacht hatte ich lediglich flüchtige Eindrücke von den tanzenden Engeln, konnte sie aber sehr deutlich hören. Ich wusste, dass es Zeit für mich war, mitzumachen und mit ihnen im Geist zu tanzen und zu singen. Also erhob ich mich und fing an, wie ein kleines Kind zu tanzen und zu singen. Der Frieden, die Freude und die Gegenwart des Herrn hüllten mich ein wie ein Wasserfall. Sie erfüllten mich mit der Liebe Jesu. Tränen flossen aus meinen Augen, während ich vor dem Herrn tanzte und hüpfte und aus vollem Herzen sang.

Nach ungefähr einer Stunde bemerkte ich plötzlich, dass die Engel wieder mit bloßem Auge zu sehen waren, und ich begann zu lächeln und auf sie einzugehen, während wir tanzten und sangen. Umgekehrt erkannten die Engel mich ebenfalls und grüßten mich, indem sie mir zublinzelten, lächelten oder winkten. Irgendwie hatte ich eine Ahnung, dass in Kürze etwas ganz Besonderes geschehen würde. Plötzlich nahm die Herrlichkeit in dem Kreis zu und ich fiel in Anbetung auf meine Knie, mit den Händen zum Himmel erhoben. Ich war nicht mehr in der Lage zu singen oder zu beten. Genau in dem Moment konnte ich ihn sehen. Jesus war in den Kreis der Engel getreten. Er lächelte mich an. Die Liebe Gottes wusch in Wellen und Wogen über mich hinweg. Ich konnte die durchbohrten Hände und Füße des Herrn sehen und wurde erneut an die große Liebe erinnert, die er nicht nur für mich, sondern für die gesamte Menschheit in sich trägt.

Die Engel setzten ihren Gesang und ihr Tanzen im Kreis fort und priesen den Herrn. Ich blieb jedoch auf meinen Knien und bestaunte Jesus. Während er tief in meine Augen schaute, konnte ich seine unergründliche Liebe und sein Erbarmen für die Nation Malawi spüren. Irgendwie wusste ich, dass ich Jesu Hände sein sollte, um die Menschen zu berühren. Ich sollte sein Mund sein, um zu den Menschen zu sprechen. Ich sollte sein Botschafter für die Nation Malawi und viele andere Länder in Afrika sein. Es war nicht so, dass Jesus in einer hörbaren

Stimme zu mir gesprochen hätte; vielmehr hatte ich eine innere Gewissheit in Bezug auf das, wozu er mich beauftragte. Jesus streckte seine rechte Hand aus und legte sie sanft auf meine Schulter. Ich wusste, dass der Herr mich gesegnet und auf übernatürliche Weise für das Werk seiner Wahl bevollmächtigt hatte. Für einen Moment schloss ich meine Augen. Als ich sie wieder öffnete, war Jesus fort.

Ich begriff, dass mein Leben in diesem Garten, in der Kühle der Nacht, verwandelt worden war. Noch lange Zeit kniete ich auf derselben Stelle, wo ich Jesus begegnet war. Tränen der Dankbarkeit und des Lobpreises flossen ungehindert aus meinen Augen die Wangen herunter, tropften von meinem Kinn auf den Boden und bildeten dort im Garten eine kleine Pfütze. Die Engelstimmen erfüllten immer noch meine Ohren, und die Herrlichkeit Gottes erfüllte weiterhin mein Herz. Ich verlor mich vollkommen im Geist und befand mich irgendwo zwischen Himmel und Erde. Plötzlich wurde ich durch eine Stimme in mein natürliches Bewusstsein zurückkatapultiert. Eines der Teammitglieder der Missionsreise sagte: „Toll, ich rieche den Wohlgeruch des Herrn! Was hast du denn hier gemacht?"

Ich fing an, völlig unkontrolliert zu lachen und dann wieder ununterbrochen zu weinen. Es war etwa 4 Uhr morgens. Ich brauchte einige Minuten, um wieder auf die Beine zu kommen, und sagte ihm, dass wir anbeten und beten sollten. So schloss er sich mir an und wir beteten im Geist und tanzten um den Kreis der Engel herum. Nach einer kurzen Zeit sagte er, er könne Jesus in der Nähe spüren und auch die Gegenwart der Engel wahrnehmen. Er hatte in beiderlei Hinsicht Recht. Wir beteten weiter, bis die Sonne aufging.

Ein Wort von Gott verändert Ihre Bestimmung

In der nächsten Nacht kehrte ich wieder zum Garten zurück und fing dort etwa um Mitternacht an zu beten. Wieder spürte ich, dass die Engel gegenwärtig waren und auch der Wohlgeruch des Herrn wieder die afrikanische Nacht durchdrang. Der

Geschmack von Honig legte sich auf meine Geschmacksnerven. Wieder war die Gegenwart des Herrn spürbar, während ich im Geist betete und im Kreis umherging. Ich hatte eine Gewissheit, dass die Himmel an diesem geografischen Ort nun geöffnet waren. Es gab dort einen freien Zugang in die Dimension des Himmels hinein. Die Engel leisteten mir Gesellschaft und wir tanzten und beteten Jesus wieder viele Stunden an.

Ein kurzer Blick auf die Uhr verriet, dass bereits über drei Stunden vergangen waren. Es war schon nach 3 Uhr morgens. Plötzlich bemerkte ich, dass Jesus in der Nähe war. Der Herr sprach ein einziges Wort zu mir: „Melde dich an." Sofort hatte ich eine Offenbarung darüber, dass der Herr damit ein Jüngerschaftsprogramm meinte. In jenem Moment war ich unfähig, in der spürbaren Gegenwart des Herrn Jesus zu denken oder zu sprechen. Ich war lediglich in der Lage zu sagen: „Ja, Herr", und fand mich erneut auf meinen Knien wieder. Tränen flossen mir aus den Augen, liefen mir die Wangen hinunter und bildeten eine kleine Pfütze mitten im Kreis der Engel. Eine ganze Weile blieb ich in diesem Zustand der Verzückung. Wieder war es der Gesang und das Zwitschern der Vögel am Morgen, die mich zurück zu meinen irdischen Gedanken brachten.

Ich kehrte in mein Zimmer zurück, legte mich auf mein Bett und sann in meinem Herzen über die Konsequenzen von Jesu Aufforderung „Melde dich an" nach. In meinem menschlichen Verstand wusste ich, dass es für mich unmöglich war, an dem Jüngerschaftsprogramm teilzunehmen, weil ich das Geld dafür nicht hatte. Während ich über diese Dinge nachsann, bekam ich die Gewissheit, dass der Herr mir noch mehr Offenbarung und Führung darüber geben würde, was ich zu tun hätte, wenn ich in der kommenden Woche nach Las Vegas reisen würde. Ehrlich gesagt schien es mir zu jenem Zeitpunkt völlig unmöglich, an dem Jüngerschaftsprogramm teilzunehmen. Ich sagte zu Jesus: „Wenn du möchtest, dass ich an diesem Jüngerschaftsprogramm teilnehme, dann musst du einen Weg schaffen, wo es im Moment keinen zu geben scheint." Dann legte ich mein *Schicksal in Gottes Hände.*

Mit wiederum völlig veränderten Ansichten verließ ich Malawi. Ich war mir inzwischen sicher, dass Engel eine entscheidende Rolle im Königreich Gottes spielen und dass sie heute im irdischen Bereich aktiv sind. Es gab keinen Zweifel darüber, dass der Herr den Heilungsengel, welcher mit mir und dem Team zusammengearbeitet hatte, benutzt hatte, als wir für Blinde gebetet hatten. Später im Buch, wenn es um Leonard geht, werden wir uns noch anschauen, wie der Dienst der Engel Gottes bei einem schöpferischen Wunder eine entscheidende Rolle spielte.

Die Begegnungen mit den Engeln, die ich in Malawi erlebte, bekräftigten lediglich die Visionen und die Begegnungen im dritten Himmel, die ich seit circa einem Jahr gehabt hatte. Inzwischen fing ich an, mich noch entschiedener auf den Dienst der Engel einzulassen. Ich begann zu beten und den Herrn zu bitten, mir die Wahrheit über diesen Aspekt seines Königreiches zu offenbaren. Wieder war er treu und ich erlebte eine schnelle Zunahme der Aktivität von Engeln und ihres Dienstes in meinem Leben.

In den zuvor zitierten Zeugnissen habe ich erwähnt, wie mir der Herr tatsächlich mehr Offenbarung und Führung darüber gegeben hatte, was ich tun sollte, wenn ich nach Las Vegas fliegen würde. Der Herr erlaubte mir, mit dem Engel der Versorgung zusammenzuarbeiten, um die nötigen Finanzen aus der Dimension des Himmels freizusetzen, damit sie sich auf der Erde manifestierten. Zu meinem Erstaunen wurde ich 24 Stunden, nachdem alle nötigen Finanzen eingegangen waren, für das Jüngerschaftsprogramm angenommen. Der Engel der Versorgung hatte nicht nur übernatürlich dazu beigetragen, dass die 25.000 Dollar zu mir kamen, sondern er hatte mir auch Gunst beim Aufnahmeverfahren und bei dem christlichen Werk geschenkt.

Jesus hatte damit begonnen, meinen Glauben und meine Kenntnisse zu erweitern, wie ich mit Engeln zusammenarbeiten konnte und wie man *„das, was nicht ist, ins Dasein ruft"* (vgl. Röm 4,17 NGÜ). Ich begann zu begreifen, wie wir mit Engeln zusammenarbeiten können, um Antwort und Verwirklichung eines Gebetsanliegens freizusetzen. Auf meiner Reise hatte der Herr darüber hinaus damit begonnen, mich darin zu unterweisen, wie ich mit dem Heiligen Geist und Heilungsengeln zusammenarbeiten konnte, wenn ich für Kranke betete.

Dies wird in der nahen Zukunft ein wichtiger Aspekt des Engeldienstes sein, wenn weltweit Heilungserweckungen ins Leben gerufen werden. Der Herr wird diesen Aspekt des Engeldienstes beschleunigen, dadurch dass ganz normale Menschen sich darauf verstehen werden, mit Heilungsengeln zusammenzuarbeiten, um die Gaben von Wundern und Heilungen freizusetzen. Im nächsten Kapitel werden wir einige der Prinzipien, wie wir mit Engeln zusammenarbeiten können, um Heilungen und Wunder freizusetzen, näher untersuchen.

Kapitel 9

Heilungsengel erscheinen

Es gibt eine Vielzahl von Heilungsengeln, die uns in dieser Stunde zur Verfügung stehen. Es ist wichtig zu verstehen, wie Heilungsengel mit Menschen zusammenarbeiten. In diesem Kapitel werden wir damit beginnen, eine Grundlage dafür zu schaffen. Später werden wir dies erweitern, um mehr über die Vorgehensweise von Heilungsengeln zu erfahren und darüber, wie sie mit uns zusammenarbeiten. Ich habe bereits erzählt, wie Jesus mir einen Heilungsengel zur Seite stellte. Seitdem hat der Herr mir geholfen zu verstehen, wie ich wahrnehmen kann, wann der Engel gegenwärtig ist, und wie ich mit ihm zusammenarbeiten kann, um das Königreich Christi sichtbar werden zu lassen. Dieser Engel hilft uns regelmäßig im Heilungsdienst.

Wir werden zahlreiche Zeugnisse über Wunder und Heilungen untersuchen, bei denen Heilungsengel involviert waren. Diese Zeugnisse über den Dienst der Engel stammen aus der ganzen Welt. Wir werden Beispiele des Engeldienstes betrachten, die aus vielen Nationen und verschiedenen Kontinenten kommen. Dennoch können wir nur einen Bruchteil der Zeugnisse über Heilungen und Wunder im Leben von Menschen in diesem ersten Buch abdrucken.

Heilungsengel dienen aktiv den Menschen auf der ganzen Erde. Während wir uns diese Zeugnisse anschauen, werden Ihnen Einblicke geschenkt, auf welche Weise Engel Menschen helfen, für Heilung zu beten und andere zu berühren, welche Heilungen und Wunder brauchen. Der Herr hat Heilungsengel, die Ihnen zugeteilt sind. Diese Zeugnisse werden Sie ermutigen und Ihre Gabe des Glaubens aufbauen, um mit den Heilungsengeln Jesu zusammenzuarbeiten.

Alberta (Kanada), Juni 2004

Im Juni 2004 dienten Kathy und ich in der Gemeinde *New Life Christian Fellowship* in Alberta (Kanada). In einem der Gottesdienste in der kleinen Stadt Hannah stattete uns der Heilungsengel einen Besuch ab. Die Folge davon war, dass Jesus Taubheit und verschiedene andere Krankheiten heilte. In einem Fall konnte eine Person den Heilungsengel tatsächlich sehen und war in der Lage zu beschreiben, auf welche Weise dieser Engel während des Heilungsdienstes geholfen hat. Ich halte ihr Zeugnis für vertrauenswürdig, weil das, was sie gesehen hat, dem sehr ähnlich ist, was ich gesehen habe, wenn sich dieser Engel manifestierte. Ihr Zeugnis hat auch große Ähnlichkeit mit dem von John MacGirvin, der mein größtes Vertrauen genießt.

Ein weiterer sehr interessanter Punkt an ihrem Zeugnis ist, dass ich selbst in diesem Fall den Engel weder gesehen noch gerochen noch wahrgenommen habe. Ich spürte jedoch, dass sich die Salbung für Heilung in meinem linken Arm und meiner linken Hand manifestierte und sich wie Elektrizität oder Feuer anfühlte. Nicht ein einziges Mal hatte ich an jenem Sonntag in meiner Predigt etwas über den Engel oder Engel im Allgemeinen erwähnt. In Wirklichkeit habe ich darüber gesprochen, wie wir Waisen helfen können. Dies ist ein weiterer Grund, warum ich glaube, dass diese Frau eine glaubwürdige offene Vision von dem Heilungsengel hatte. Im Folgenden können Sie das Zeugnis in der Form lesen, wie sie es uns gegeben hat.

> Heute, während Sie in unserer Gemeinde gedient haben, sah ich einen Engel, der über Ihnen stand. Dies war das allererste Mal, dass ich eine offene Vision von einem Engel hatte. Er schwebte nicht, sondern stand. Er war in Reichweite;

während ich auf meinen Zehenspitzen stand und meine offene Hand nach oben ausstreckte, stellte ich mir vor, ich würde sein Gesicht berühren. Ich schätze, dass er ungefähr 2,15 Meter groß war.

Alles begann am Anfang des Gottesdienstes, als Sie das junge Mädchen, dem Sie gerade dienten, mit dem Mund anbliesen. Die Salbung Gottes fiel und der Engel erschien. Es war wie ein Donnerschlag, und plötzlich erschien er. Die schneeweißen Federn seiner Flügel wehten umher und schwebten zu Boden. Während Sie dienten, bewegte er sich ständig parallel mit ihnen zusammen; er stand immer hinter Ihnen, nie vor oder neben Ihnen. Seine Flügel bewegten sich ganz leicht, während er sich im Einklang mit Ihnen bewegte. Seine Arme schienen nicht mit seinen Flügeln verbunden zu sein, da seine Hände oft herunterkamen und Sie für einen kurzen Augenblick ganz sanft an Ihren Schultern berührten.

Ich spürte, wie in diesen Momenten die Salbung zunahm, und dass das, was sie sagten, direkt aus dem Thronsaal des Himmels kam. Als Sie anfingen, Menschen zu dienen und Hände auf Einzelne zu legen, gab es Zeiten, in denen er Sie berührte, und auch Zeiten, in denen er hinter Ihnen stand und Sie nur konzentriert ansah. Ich empfand, dass in den Momenten, in denen er seine Hände an die Seiten Ihrer Schultern legte, die Heilungskraft Gottes die jeweiligen Menschen berührte, und wenn der Engel seine Hände senkte, spürte ich, dass diese Menschen nicht empfingen. Es ging dabei nicht darum, was Sie taten oder nicht taten. Ausschlaggebend war nur der richtige Zeitpunkt und die Vorbereitung, die schon in den Herzen der Einzelnen stattgefunden hatte. Der Engel hörte niemals auf zu lächeln. Er schien großen Gefallen an dem zu finden, was sich dort abspielte, ganz unabhängig davon, ob die Einzelnen nun empfingen oder nicht.

Ein unglaublicher Friede umgab den Engel. Die Hautfarbe seines Gesichtes schien einige Nuancen dunkler zu sein als

Ihre Haut. Die Tatsache, dass seine Gewänder und die Federn so weiß waren, ließ seine Gesichtsfarbe vielleicht noch dunkler erscheinen, weil seine Hände ebenfalls schneeweiß waren.

Sein Haar fiel in großen Locken auf seine Schultern. Die Haarfarbe war mittelbraun mit einigen Farbaufhellungen. Diese Aufhellungen könnten auch die Reflexion seines Strahlens gewesen sein, das von ihm ausging. Das Licht, das von ihm ausstrahlte, blendete zwar nicht, war aber doch sehr intensiv. Es war ähnlich wie die Mittagssonne an einem hellen, wolkenlosen Tag. Aber mehr als die Farbe seiner Augen oder die Form seiner Nase faszinierte mich seine Haltung, die Zufriedenheit ausstrahlte.

Er wirkte in jedem Augenblick sehr sanft. Niemals bewegte er sich zu schnell oder unvernünftig, sondern immer in völligem Einklang mit Ihnen. Ich empfand auch, dass der Engel sehr stark Ihren Charakter widerspiegelte und Ihre Persönlichkeit in ihm und durch ihn zum Ausdruck kam. Er schien Ihnen und Ihrem Wirken für Gott völlig hingegeben zu sein. Was für eine gewaltige Begegnung! Immer wieder habe ich seitdem über dieses Erlebnis nachgedacht. Es war einer dieser Einblicke in himmlische Erfahrungen, die einen immer mehr staunen lassen, wie gewaltig doch Gott der Herr, der Allmächtige ist!

Angie und Chris Warwick
Hannah, Alberta (Kanada)

Kansas City 2006

2006 führten wir in Kansas City in der *Christ Triumphant Church* eine Heilungsschule durch. Am vierten Tag der Lehre, als ich mich darauf vorbereitete, in den Gottesdienst zu gehen, um die Lehreinheit vorzutragen und danach für Befreiung zu beten, erschien derselbe Heilungsengel erneut. Ich hatte zwei meiner guten Freunde gebeten, zusammen mit mir im Aufenthaltsraum für meine Stimme und meine kräftemäßige Verfassung zu beten. Als John MacGirvin und Dave bei mir standen und für mich beteten, roch ich auf einmal den Duft von Weihrauch. Im selben Augenblick spürte ich, wie Elektrizität und Kribbeln in meinem linken Arm und meiner linken Hand auf- und abschossen. Ich wusste, dass der Engel hinter mich getreten war. John stand vor mir und war dabei, Dinge über mir auszusprechen und zu beten.

John hat eine sehr starke prophetische Begabung und übt die Sehersalbung auf sehr hohem Niveau aus. Als der Engel den Raum betrat, öffnete ich meine Augen, um zu beobachten, ob John seine Gegenwart bemerkte. Ungefähr zwei Sekunden später gingen Johns Augen auf und sein Gesicht wurde ein wenig rot.

Er hörte auf zu beten und sagte: „Gerade ist ein Engel hinter dich getreten."

Ich bat John, mir zu beschreiben, wie der Engel aussah.

„Er ist ungefähr 2,40 Meter groß, hat langes, goldblondes Haar, strahlend blaue Augen und ist von kräftiger Statur. Er hat ein weißes Gewand mit einem goldenen Gürtel an und trägt ein großes zweischneidiges Schwert. Der Herr hat ihn gesandt, um dir dabei zu helfen, anderen Menschen mit Heilung zu dienen!"

Wir lachten herzlich und gingen zusammen mit unserem himmlischen Mitarbeiter in den Gottesdienst. In diesem Gottesdienst geschahen mehrere bemerkenswerte Wunder. Jesus heilte an jenem Morgen viele Menschen. Bei einer Frau aus Chicago verschwanden zwei große Tumore. Ein Tumor hatte die Größe eines Apfels, der andere die Größe eines Golfballs. Bei verschiedenen anderen Menschen lösten sich ebenfalls Geschwüre auf; taube Ohren wurden geöffnet; eine Reihe von Menschen wurden von Sehstörungen geheilt. Noch viele andere Heilungen geschahen. Einige Heilungen geschahen, ohne dass jemand die entsprechenden Menschen berührt hatte. Ich sah diese Begegnung als wichtig an, weil ich Johns Fähigkeit, in den Geist hineinzusehen, vertraue. Johns Beschreibung des

Engels stimmte genau damit überein, wie mir der Engel beim ersten Mal erschienen war, und ebenso damit, wie er sich zu anderen Zeiten und an anderen Orten gezeigt hatte. Auch viele andere haben diesen Engel in Heilungsgottesdiensten gesehen. Er scheint uns um die ganze Erde herum zu begleiten!

Gott gebraucht Heilungsengel

Gott gebraucht auch heute noch Heilungsengel, um Menschen zu dienen. Jesus ist derselbe gestern, heute und in alle Ewigkeit. Gott ist *Jahwe Rapha,* der Gott, der Sie heilt. Die gesamte Geschichte hindurch gibt es Belege, dass Gott unzählige Heilige gebraucht hat, um Heilungen und Wunder zu wirken. Beginnend mit den Israeliten in 2. Mose 15,26 sehen wir den Herrn als einen Gott der Heilung. *Jahwe Rapha* ist hier die wörtliche Übersetzung mit folgender Bedeutung: „*... Ich bin der Herr, der dich heilt.*" Der Herr hat auch regelmäßig Engel gebraucht, um Menschen zu dienen oder Heilung für sie freizusetzen.

Ein Beispiel eines Engels, der im Heilungsdienst eingesetzt wurde, sehen wir in Johannes 5,2-4 (SLT):

> *Es ist aber in Jerusalem beim Schaftor ein Teich, der auf Hebräisch Bethesda heißt und der fünf Säulenhallen hat. In diesen lag eine große Menge von Kranken, Blinden, Lahmen und Abgezehrten, welche auf die Bewegung des Wassers warteten. Denn ein Engel stieg zu gewissen Zeiten in den Teich hinab und bewegte das Wasser. Wer nun nach der Bewegung des Wassers zuerst hineinstieg, der wurde gesund [geheilt], mit welcher Krankheit er auch geplagt war.*

Das griechische Wort, das in diesem Abschnitt, mit „*wurde gesund*" übersetzt wurde, ist das Wort *hugies.* Dieses Wort bedeutet „gesund, heil, ganz oder wahr gemacht werden; völlige Gesundheit haben".[1] In dieser Schriftstelle wird ein Engel erwähnt,

---

[1] Hugies; vgl. http://classic.studylight.org/lex/grk/view.cgi?number=5199 (Stand 29.01.2014).

der körperliche Heilung bringt, überträgt oder freisetzt. Eine große Menge von Menschen lag dort am Teich Bethesda, und viele wurden vom Heilungsengel gesundgemacht. Wir können dieser Schriftstelle nicht entnehmen, wie häufig der Heilungsengel das Wasser bewegte. Dennoch glaube ich, dass wir sicher annehmen können, dass Heilungen in regelmäßigen Intervallen geschahen; sonst hätten sich dort am Teich nicht so viele Menschen aufgehalten.

Wenn ich einer der kranken Menschen gewesen wäre, die dort an dem Teich warteten, wäre ich ständig ins Wasser eingetaucht, bis der Engel wiedergekommen wäre und das Wasser bewegt hätte. Die Beschreibung der Kranken an dem Teich scheint darauf hinzuweisen, dass sie alle am Rand des Teichs warteten; vielleicht würde der Engel ja nur erscheinen und Heilung freisetzen, wenn der Teich leer wäre? Es ist möglich, dass der Herr von jedem Einzelnen, der geheilt werden wollte, einen Glaubensakt forderte, wie zum Beispiel, dass er oder sie sehr aufmerksam das Wasser beobachten und dann eine Entscheidung treffen mussten, nass zu werden oder hineinzuspringen.

Oftmals fordert uns der Herr auf, einen Gehorsamsschritt zu tun, um aus dem himmlischen Bereich empfangen zu können. Dies kann sowohl auf Wunder als auch auf Heilungen zutreffen, aber es kann auch dann zutreffen, wenn es darum geht, dass unsere Augen geöffnet werden, um in die geistliche Welt hineinzusehen. Wir wollen nun noch einige Zeugnisse von Heilungsengeln aus der heutigen Zeit und der ganzen Welt untersuchen, während wir weiter lernen, wie man mit Engeln zusammenarbeitet, um das Königreich der Himmel freizusetzen. Es ist wichtig, sich daran zu erinnern, dass der Herr von Zeit zu Zeit eine prophetische Handlung des Gehorsams fordert, die das Königreich der Himmel freisetzen und uns erlauben wird, die Engel zu sehen, die schon um jeden von uns herum wirksam sind.

Kapitel 10

Mit Heilungsengeln zusammenarbeiten

Singapur, 2006

Im Oktober 2006 waren wir in die Gemeinde „Church of Our Savior“ („Gemeinde unseres Retters“) in Singapur eingeladen. Wir wurden für den 28. und 29. Oktober gebeten, in drei Heilungsgottesdiensten zu dienen. Während der Gottesdienste am Samstag spürte ich die Gegenwart eines Engels, als Kathy und ich für Kranke beteten. An einem bestimmten Punkt spürte ich, dass Elektrizität in meinem Arm hoch und runter strömte, und es gab eine starke Freisetzung der Heilungssalbung. Wir sahen, wie der Herr taube Ohren öffnete, und bei einigen Menschen wurde das Sehvermögen wiederhergestellt. Es gab noch viele weitere Heilungen in den ersten beiden Versammlungen.

Der erste Heilungsgottesdienst am Samstag war zweisprachig, auf Chinesisch und Englisch. Schon vor dem Gottesdienst teilte der Herr mir mit, dass er etwas Gewaltiges tun würde. Ich predigte über einfachen Glauben für Errettung und für Heilung. Die Predigt wurde in Mandarin übersetzt. Ich spürte, dass es einige Schwierigkeiten mit der Übersetzung gab, so sprach ich ein kleines „Herzensgebet“, etwa so: „Oh, Jesus, ich habe nicht den Eindruck, dass ich durchkomme. Ich brauche deine Hilfe.“

Plötzlich spürte ich einen Wind im Gottesdienstraum und ich wusste, dass ein Engel in die Versammlung hineingekommen war. Einen flüchtigen Moment lang sah ich hinten im Auditorium einen großen Engel. Er war vielleicht 12 Meter groß. Ich konnte ihn nicht klar erkennen, nahm aber einen schwachen Umriss am Ort wahr, wo er stand. Ich konnte sehen, dass er seine Flügel ausgebreitet hatte. Sie reichten über fast ein Drittel der Breite des Gebäudes. Er war groß genug, dass sein Oberkörper weit über die zweite Ebene der Empore reichte, und ich konnte spüren, dass seine Flügel sich sanft bewegten, während ich sprach.

Am Ende der Predigt, als ich eine Einladung aussprach, nach vorne zum Altar zu kommen, um Jesus als Retter aufzunehmen, bewegte der Engel seine Flügel schneller. Ich nahm wahr, wie der Engel erneut seine Flügel über der Versammlung „schlug". Zuerst kam niemand, aber als der Engel seine Flügel bewegte, spürte ich auf einmal den „Wind seines Flügelschlages", der das Podium erreichte. In diesem Moment standen Menschen auf und kamen aus der großen Versammlung nach vorne zum Altar. Plötzlich kamen Menschen von überall aus dem Raum nach vorne. Der Engel fuhr fort, den Menschen „mit seinen Flügeln zu dienen". Immer noch kamen Leute nach vorne, um errettet zu werden, bis schließlich Dutzende Menschen vor dem Altar standen.

Während ich mit diesen Leuten ein Gebet der Errettung betete, warf ich zufällig einen kurzen Blick in den Bereich, wo ich den Engel zuerst gesehen hatte. Einen Augenblick lang konnte ich deutlich erkennen, dass er aufgehört hatte, seine Flügel zu schlagen. Er hatte seine Arme über der Brust verschränkt und lächelte über die Ergebnisse des Altarrufes. Später erzählte mir einer der Pastoren, dass einige Pastoren ziemlich überrascht gewesen seien, dass so viele Menschen Jesus aufgenommen hätten. Sie hätten den Eindruck gehabt, dass die Botschaft, die ich gepredigt hatte, fast „zu einfach" gewesen sei, und hätten daher keine so starke Reaktion erwartet. Einige der Menschen, die an diesem Abend errettet worden waren, hätten den Gottesdienst bereits seit Jahren besucht, aber noch nie Errettung empfangen. Sie hätten schon Hunderte von Botschaften über Errettung gehört, wären aber noch nie nach vorne gekommen. Ich lächelte nur, als der Pastor mir dies erzählte.

Ich wusste, dass es nicht meine Fähigkeit gewesen war, gut zu predigen, sondern eine Salbung, die der himmlische Besucher in die Versammlung hinein freigesetzt hatte.

Ich bin nicht sicher, was genau passierte, als der Engel einen „Wind des Geistes" hervorrief und mit seinen Flügeln über dem Gottesdienstraum schlug. Vielleicht setzte er die Herrlichkeit Gottes in die Versammlung hinein frei. Es ist möglich, dass die Menschen unter der Herrlichkeit Gottes plötzlich ihre sündhafte Natur erkannten und deshalb auf die einfache Botschaft der Errettung für Geist, Seele und Körper reagierten. Ich weiß, dass es ihre persönliche Entscheidung war, nach vorne zum Altar zu kommen, um Christus als Retter aufzunehmen. Vielleicht war der Engel, den ich gesehen habe, ähnlich wie der, den Johannes in Offenbarung 14,6 gesehen hatte: *„Und ich sah einen anderen Engel hoch oben am Himmel fliegen, der das ewige Evangelium hatte, um es denen zu verkündigen, die auf der Erde ansässig sind, und jeder Nation und jedem Stamm und jeder Sprache und jedem Volk"*. Ich habe mich oft gefragt, ob dies ein Engel war, der nach Asien oder Singapur abgeordnet worden war. Nun folgt das Zeugnis von Pastor Christian Chia über die Geschehnisse, die sich 2006 in Singapur ereignet haben.

> ***Grüße aus Singapur!*** Ich freue mich, bestätigen zu können, was zufällig auch einige andere Gastprediger berichtet haben, nämlich, dass sie „Heilungs-" oder andere Engel in unserer Kirche gesehen haben. Ich persönlich war nicht in der Lage, den Engel zu sehen, den du bei dieser Gelegenheit erwähnt hast. Aber ich kann bezeugen, dass eine ungewöhnliche große Anzahl von Menschen nach vorne zum Altar kam, um sich von dir und Kathy dienen zu lassen. Während jedem der drei Heilungsgottesdienste an jenem Wochenende kamen viele Menschen wegen verschiedener Nöte zum Altar nach vorne. Insgesamt wurde ein paar hundert Menschen gedient. Viele noch nicht gläubige Menschen nahmen *Jesus* als ihren persönlichen Retter und Herrn an!

Noch viel mehr Menschen empfingen Heilungen und Wunder! Die Gegenwart des Heiligen Geistes war wirklich stark! Alle Ehre gebührt unserem Herrn Jesus!

Christian Chia
Church of Our Savior, Singapur

Später nahm ich wahr, dass ein Engel im Gottesdienstraum war, obwohl ich ihn nicht sehen konnte. Dennoch spürte ich die Salbung auf meinen Händen und meinem linken Arm. Zu einem Zeitpunkt während des Heilungsdienstes flüsterte der Engel in mein linkes Ohr und ich war in der Lage, den Namen einer Frau auf Chinesisch auszurufen. Obwohl ich diese Sprache nicht beherrsche, stellte sich dieses „Wort der Erkenntnis auf Chinesisch" als korrekt heraus. Die Frau wurde geheilt.

Später wurde ich angewiesen, acht Frauen nach vorne zu bitten, die alle ein kürzeres Bein hatten. Wir baten sie, sich auf einer Reihe von Stühlen hinzusetzen, und während des Gebets wuchs bei einer nach der anderen das kürzere Bein nach. Sehr bemerkenswert war, dass ein Bein etwas über 5 cm wuchs, die anderen wuchsen unterschiedlich. Dies entfachte den Glauben der Anwesenden. Der Herr heilte andere von Taubheit, chronischer Nebenhöhlenentzündung, Tumoren und vielen anderen Krankheiten. Wir dienten Hunderten von Heiligen auch im Prophetischen. Kathy und ich wurden übernatürlich gestärkt und beteten über viele Stunden. All diese verschiedenen Arten des Eingreifens von Engeln veränderten fortlaufend unsere gedanklichen Prägungen in Bezug auf deren Dienst im Bereich Heilung und Evangelisation. Je mehr Kathy und ich den Dienst der Engel in Anspruch nehmen, desto mehr nimmt er anscheinend an Intensität zu. Engel willkommen zu heißen, ist ein wichtiger Schlüssel und einer der ersten Schritte, um mit Engeln zusammenzuarbeiten.

Zahnarztengel

Dave, ein Freund von Kathy und mir hat eine kraftvolle Heilungssalbung. Er erzählte uns ein sehr bemerkenswertes Zeugnis über einen Heilungsengel. Dave war von einem Freund angerufen worden, der an einem schmerzhaften Abszess an den Zähnen litt. Er war bereit, für diesen Mann zu beten. Sie saßen im Wohnzimmer und hatten mehrfach gegen die Zahnschmerzen gebetet; doch trotz intensiver Gebetsbemühungen schien dies nicht viel zu bewirken. Dave gibt nicht so schnell auf, wenn es darum geht, für Kranke zu beten, aber nach mehreren verschiedenen Versuchen und Vorgehensweisen, diese hartnäckigen Zahnschmerzen zu heilen, konnten sie eigentlich keinerlei Erfolg verzeichnen, sondern die Zahnschmerzen schienen sogar noch schlimmer zu werden.

Ein wenig frustriert sprach Dave ein Gebet, das ich als „Herzensgebet" bezeichne, und betete gedanklich: *Herr, ich glaube, dass ich hierbei etwas Hilfe brauche.* Einen Augenblick später, wie David es erzählte, habe er einen Mann gesehen, der „durch die Vordertür" kam. Der Engel öffnete die Tür nicht, sondern ging einfach hindurch, trat in den Flur und ging direkt auf den Mann mit den Zahnschmerzen zu. Dave erzählte, er habe den Engel ziemlich deutlich gesehen, und beschrieb mir seine Erscheinung. Der Engel trug blaue Jeans, Tennisschuhe und ein Flanellhemd. Er berührte den Kiefer des Mannes und drehte sich dann einfach wieder um und verschwand. Augenblicklich war der Mann von den Zahnschmerzen geheilt. Manchmal beantwortet der Herr unsere Bitte um Hilfe, indem er Engel sendet! Bitten ist ein weiterer wichtiger und einfacher Schlüssel, um mit Engeln zusammenzuarbeiten.

Peru, 2004

Ein paar Mal habe ich gesehen, wie Engel sich „materialisiert" haben und Menschen einfach durch deren Berührung geheilt wurden, so wie im letzten Zeugnis. Eines der ersten Male, bei dem ich einen Heilungsengel einem einzelnen Menschen dienen sah, war im Jahr 2004 in einer kleinen Stadt in Peru. Während einer Gebetszeit vor dem Gottesdienst wies mich der Heilige Geist an, aus Johannes 5 zu predigen, weil er mir etwas Neues zeigen wollte. Ich bekam die Anweisung zu prophezeien, dass der Herr eine Salbung in die Gemeinde hinein freisetzen würde wie jene in Johannes 5. Auf Anweisung des Heiligen Geistes sollte ich dem Pastor und der Versammlung mitteilen, dass viele zum Altar kommen und dort Heilung empfangen würden, und zwar aufgrund eines Heilungsengels, den der Herr freisetzen würde, damit er in der Gemeinde diene, ebenso wie in Johannes 5.

Ich begann, auf diese Weise und gemäß dem zu predigen, was ich im Gebet „gesehen" hatte. Ich goss auch eine große Menge Salböl auf den Altar. Ich goss das Öl genau auf die Stelle, die ich während der Vision gesehen hatte, als ich vor der Versammlung an diesem Sonntagmorgen im Gebet war. Dies war ein weiterer prophetischer Gehorsamsakt. Ich fuhr fort, aus Johannes 5 zu predigen, und nach einigen Minuten stand eine ältere Frau auf und ging langsam zu der Stelle am Altar, wo ich das Salböl ausgegossen hatte. Als ich von der Bibel hochsah und beobachtete, wie sie auf den Altar zukam, bemerkte ich zwei Dinge.

Als Erstes sah ich, dass sie sehr stark unter dem Einfluss des Heiligen Geistes stand. Freudentränen strömten aus ihren Augen. Das Nächste, was ich beobachtete, erstaunte mich, und ich wurde mit großem Glauben erfüllt, dass das Übernatürliche in diese Versammlung hineinbrechen würde. An der Stelle, wo ich den Altar gesalbt hatte, stand ein großer Engel. Er war fast drei Meter groß.

Der Engel war nicht durchsichtig wie einige der anderen, die ich vorher gesehen hatte; dieser Engel hatte mehr einen „vollständigen Körper" bzw. sah eher solide aus. Diese Erfahrung kann man als eine Begegnung mit einem Engel mit geöffneten Augen einstufen. Als die ältere Frau eine Armlänge vom Engel entfernt war, streckte er seine beiden Hände aus und berührte sanft ihre Augen. Augenblicklich schrie die Frau auf und fiel zu Boden. Als die Frau auf den Boden fiel, beugte sich der Engel über sie und fing an, seine Hände langsam über ihren Augen zu reiben.

Ich fuhr fort, aus Johannes 5 zu predigen, während die Frau weiterhin am Boden lag und der Engel ihr diente. Kurz darauf fing sie an, sich zu bewegen und mit ihren Augen zu blinzeln. Sie begann laut zu weinen und die Tränen strömten aus ihren Augen. Sie rief etwas auf Spanisch. Ich bat den Pastor, sie zu bitten, Zeugnis zu geben. Ich konnte es kaum abwarten, von ihr zu hören, nachdem ich gesehen hatte, wie der Engel ihr die letzten Minuten gedient hatte. Zuerst konnte die Frau nicht aufhören zu weinen und mir wurde vom Übersetzer mitgeteilt, dass sie immerzu schrie: „Ich kann sehen, preis sei Gott, ich kann wieder sehen. Ich kann euch alle sehen!"

Ein wenig später bezeugte die ältere Frau, was sie gerade erlebt hatte. Sie teilte der Gemeinde mit, dass sie gesehen habe, wie der Engel durch das Kirchendach hereingekommen sei und sich dann an den Altar gestellt habe. Sie hatte sich dazu entschlossen, „die Erste zu sein, die ins Wasser steigt", weil sie verstanden hatte, dass der Engel den ersten Menschen im Wasser am Teich von Bethesda geheilt hatte. In dem Augenblick, ging sie zu dem Engel hin, den sie am Altar gesehen hatte und er heilte ihre Augen.

Solche Zeugnisse demonstrieren, wie Engel die Atmosphäre beeinflussen und dazu eingesetzt werden können, Errettung, Heilung und Wunder freizusetzen. Während wir überall auf der Welt dienstlich unterwegs sind, kommen häufig Menschen auf uns zu und teilen uns mit, sie hätten „einen (oder mehrere) Engel" um Kathy und mich herum gesehen, während wir gedient hätten. In London hielt mich einmal ein Mann auf der Straße an und sagte: „Ich bin mir nicht sicher, ob Sie es wissen, aber ich glaube, Sie sollten wissen, dass ein großer Engel hinter Ihnen hergeht, der seine Flügel über ihre Schultern ausgebreitet hat."

Tatsächlich war ich mir der Gegenwart des Engels bewusst, aber es war sehr interessant, von jemand anderem zu hören, dass der Engel bei mir war. Wir sind bereits in eine Zeit eingetreten, in der viele ganz normale Menschen sehen, wie sich Engel in unserer Welt bewegen. Später schauen wir uns noch einige wichtige Prinzipien an, die Ihre Fähigkeit und Begabung, Engel zu sehen, aktivieren können. Wenn Sie anfangen Engel zu sehen, ist es wichtig zu erkennen, dass dies nur der erste Schritt ins Königreich der Himmel ist. Der Herr verfolgt mit seinen Engeln eine Absicht und auch damit, dass er sie für Sie sichtbar macht.

KAPITEL 11

Heilungsengel in Redding/Kalifornien

2004 waren Kathy und ich in Redding in Kalifornien, um an einer Konferenz in der *Bethel*-Gemeinde teilzunehmen. Außerdem hatten wir eine Einladung bekommen, am Sonntagmorgen in der *Church of the Redeemed* (Gemeinde der Erlösten) zu sprechen. Bevor ich dort mit meiner Predigt begann, betete ich im Büro von Pastor Tim Moores und wartete auf den Herrn. Ich schloss die Tür und nahm mir in meinem Herzen vor, einfach den ganzen Morgen im Büro zu bleiben, es sei denn, der Heilige Geist würde mir ein paar Anweisungen für den Gottesdienst geben. Ich bekam jedoch keine. Schließlich hörte der Lobpreis auf und ich konnte Pastor Tim sprechen hören, aber ich blieb weiter am Boden liegen und harrte auf den Herrn. Schließlich klopfte es an der Tür und ich wurde gebeten, zu kommen und zu predigen. Ich fühlte mich in keiner Weise vorbereitet, als ich in den Gottesdienst ging.

Ich hatte keinerlei Eindruck, was der Herr durch mich sagen wollte oder in welcher Weise ich dienen sollte. Der Grund dafür wurde zwei Minuten später sehr deutlich. Ich wollte gerade anfangen, mein Zeugnis zu erzählen, als ich plötzlich die Salbung spürte und wie Feuer durch meinen linken Arm und meine linke Hand schoss. Mir wurde bewusst, dass in diesem Moment ein Engel den Raum betreten hatte, und dass der Herr etwas anderes vorhatte. Ich spürte, dass dies derselbe Engel war, den ich bereits in anderen Heilungsgottesdiensten gesehen hatte. Ich dachte: *Herr, was möchtest du, dass ich hier tue?*

Der Heilige Geist sagte: „Der Engel ist hier, um dir dabei zu helfen, für Taube und andere Menschen zu beten, die hier ein Wunder brauchen."

So unterbrach ich mitten im Satz und sagte: „Wenn Sie heute hierhergekommen und taub oder schwerhörig sind, kommen Sie jetzt bitte nach vorne und der Herr wird Sie heilen!" Ich war überrascht, dass sieben Menschen nach vorne kamen. Als ich auf die Menschen zuging, um für sie zu beten, bewegte sich auch der Engel und stellte sich hinter mich. Während ich die Hand auf die Ohren der Menschen legte, konnte ich spüren, wie der Engel seine Hände auf meine Schultern legte.

Der Engel benutzte nicht immer beide Hände. Manchmal legte er nur eine Hand auf meine Schulter und ein anderes Mal auch beide. Als der Engel hinter mich trat, konnte ich eine Kraft oder Elektrizität spüren, die durch meinen linken Arm strömte, und meine Haare standen zu Berge. Es fühlte sich an, als hätte jemand einen langen Pelzmantel um meinen Körper gelegt – nur dass dieser hier unter Strom stand. Wir beteten für jedes taube Ohr und Jesus öffnete jedes einzelne davon. Einige waren nur schwerhörig. Andere wiederum waren auf einem Ohr völlig taub, und wurden ihren Zeugnissen zufolge vollständig geheilt. Wir beteten auch noch für andere. Einige Leute mit Sehschwächen wurden berührt und teilten mit, dass sie nach dem Gebet wieder gut sehen konnten. Den Rest des Gottesdienstes betete ich weiter für die Kranken. Nach ungefähr 40 Minuten schien die Elektrizität zu schwinden und ich wusste, dass der Engel die Gemeinde wieder verlassen hatte.

Ich fand es äußerst tröstlich, dass der Herr den Engel gesandt hatte, als ich mich am schwächsten und am wenigsten vorbereitet gefühlt hatte. Wenn ich mich heute daran erinnere, dass der Heilige Geist mir keinerlei Anweisungen geschweige denn irgendeine Schriftstelle gegeben hatte, weiß ich nun, dass dies seine Art und Weise war, mir zu sagen, dass er einen besseren Plan hatte. Dies war also wieder ein Teil des Lernprozesses, und Kathy und ich begannen zu verstehen, wie der Heilige Geist und die Engel im Einklang zusammenarbeiten. Der Engel war offensichtlich gesandt worden, um Heilung unter den Menschen freizusetzen. Bei dieser Versammlung begann ich zu begreifen, dass dieser Engel wohl immer mit mir und Kathy mitreisen würde, wenn wir an verschiedenen Orten dienten.

Heilungszeugnisse

Hier nun das Zeugnis von Pastor Tim Moore über die Heilungen, die an jenem Tag in Redding geschehen waren:

> Vielen Dank, dass ihr in unsere Gemeinde gekommen seid. Der Herr hat durch die vielen Heilungen von Taubheit und Augenkrankheiten bestätigt, dass euer Dienst für den Glauben unserer Gemeinde wirklich erbauend war. Voller Begeisterung erwarten wir weitere Zeugnisse, die sicherlich noch eingehen werden. Wir hoffen, dass ihr in der nahen Zukunft wieder in Kalifornien sein werdet. Ihr seid jederzeit willkommen, unsere Gemeinde wieder zu besuchen. Du und Kathy, ihr habt uns hier sehr gesegnet.
>
> Pastor Tim Moore,
> Hauptpastor, *Church of the Redeemed*,
> Redding (Kalifornien)

Ein weiteres interessantes Zeugnis kam noch vom Sonntagmorgengottesdienst. Kathleen Loosli aus Wasilla in Alaska war gerade in der Stadt und hatte den Eindruck, sie solle mit Kathy und mir zum Gottesdienst in der *Church of the Redeemed* (Gemeinde der Erlösten) gehen. Anschließend diskutierten wir mit Kathleen über den Heilungsengel, den ich wahrgenommen und gespürt hatte. Sie besuchte dann an jenem Abend den Gottesdienst in der *Bethel*-Gemeinde, in dem Larry Randolph predigte. Nur wenige Stunden nach dem Gottesdienst in der *Church of the Redeemed* prophezeite er über das, was wir gerade erfahren hatten. Dies hat Kathleen wirklich beeindruckt. Sie war sehr begeistert und schickte uns folgendes Zeugnis:

> Also, ich wollte euch beide gerne wissen lassen, was geschehen ist, nachdem ihr weiter nach Sacramento gereist seid. Ich ging zur Konferenz in der *Bethel*-Gemeinde und hörte Larry Randolph. Er predigte und prophezeite über einen „Durchbruchs-Engel“, den der Herr in den Nordosten aussenden würde. Überhaupt drehte sich bei ihm alles um Engel. Seine Botschaft war angesichts dessen, was mit euch beiden geschehen ist, erstaunlich. Er sagte, dass Engel in der Zukunft regelmäßig in Versammlungen auftauchen würden und dass wir (ganz normale Menschen) uns mit den Engeln im Dienst zusammenschließen würden.
> Er sagte, wenn wir in der Lage wären, uns selbst zu demütigen und dem Heiligen Geist Raum zu geben, wäre es nicht einmal nötig, zu predigen oder zu sprechen ... es würden aber Wunder geschehen, wenn wir mit den Engeln partnerschaftlich zusammenarbeiteten. Ich dachte: Genau das ist am Sonntagmorgen passiert!

Der Herr gebrauchte Kathleen, um unseren Glauben bezüglich der Erfahrungen mit Engeln, die wir weiterhin erlebten, noch zu verstärken. Kathleens E-Mail half uns, unsere Überzeugung bezüglich des Heilungsengels, der uns überall hin zu folgen scheint, weiter zu festigen! Wir ließen uns auf die Tatsache ein, dass Engel ständig für uns verfügbar wären, um sich mit uns zusammenzuschließen oder mit uns zusammenzuarbeiten, während wir dienten. Wir öffneten uns für die Tatsache, dass Engel nicht nur zur Verfügung stehen, sondern sogar begeistert mit uns zusammenarbeiten. Als Folge davon konnten wir eine sofortige und dramatische Zunahme von Wundern und Heilungen verzeichnen, die Jesus in unserem Leben wirkte, während wir unsere geistlichen Sinne trainierten, um uns auf den Dienst der Engel einzulassen. Dasselbe können auch Sie tun. Mit Heilungsengeln zusammenzuarbeiten ist eine recht einfache Angelegenheit.

Südwest-Virginia

Unser Reiseplan führte uns als nächstes nach Südwest-Virginia. Ein Pastor vor Ort hatte mit uns Kontakt aufgenommen, um sich dort mit uns zu treffen. Zu diesem Zeitpunkt war ich Feuer und Flamme, wenn es darum ging, für Heilung zu beten. Wir dienten in seiner Gemeinde, und als wir Worte der Erkenntnis für Heilung aussprachen, reagierten etliche Menschen, wurden vom Heiligen Geist berührt und bezeugten anschließend, dass sie geheilt seien. Dies war der eigentliche Grund, weshalb wir kommen sollten.

Nachdem ich für etwa vier Menschen gebetet hatte, roch ich plötzlich den Duft von Weihrauch, und die Haare auf meinem linken Arm waren wie elektrisiert. Ich konnte hinter mir die Gegenwart des Heilungsengels spüren. Ich war mir sicher, dass der Heilungsengel, der erst kurz vorher in Redding bei uns war, uns gefolgt war. Ich „wusste", dass ich die tauben und die schwerhörigen Menschen nach vorne auf die Bühne rufen sollte. Ich war überrascht, dass tatsächlich sieben Leute nach vorne zum Gebet kamen. Während ich für sie betete, konnte ich spüren, wie der Heilungsengel seine Hand auf meine Schulter legte, und jeder Einzelne, auf den wir wiederum die Hände legten, wurde geheilt.

Unter ihnen war ein Mann namens Karl Pennington, der ein schöpferisches Wunder empfing. Er hatte an seinem rechten Ohr keine Öffnung und war in diesem Ohr von Geburt an taub gewesen – seit 50 Jahren. In Tansania war ich dabei gewesen, als ein Junge namens James Joseph in einem ähnlichen Zustand ein schöpferisches Wunder empfangen hatte. Es hatte sich einfach eine Ohröffnung gebildet, während wir für James beteten, und danach konnte er hören. Also war ich zuversichtlich, dass Gott für Karl ein ähnliches Wunder tun würde.

Ich fing an, die Worte zu beten, die der Engel in mein linkes Ohr flüsterte. Während des Gebets hatte ich an meiner linken Hand, die ich an sein rechtes Ohr hielt, das Gefühl, dass etwas aufsprang. Es schien, als sei eine wachsartige, klebrige Masse aus seinem Ohr geflogen und an meine Hand geprallt. Ich fragte Karl, was geschehen sei, worauf er antwortete, er könne mit seinem rechten Ohr etwas hören.

„Ich dachte, Sie seien vollkommen taub in diesem Ohr", sagte ich. „Das war ich auch!" Wir beteten noch mehrere Male für Karl und sein Hörvermögen wurde fortschreitend besser, bis er relativ gut hören konnte.

Dies war wirklich ein schöpferisches Wunder, und er konnte zum ersten Mal in seinem Leben mit seinem rechten Ohr ziemlich gut hören! Ich bin mir sicher, dass Gottes Engel, der hinter mir stand, eine wichtige Rolle bei diesem schöpferischen Wunder gespielt hat. Karl teilte mir später mit, es sei medizinisch unmöglich gewesen, dass er hörte, da er ja von Geburt an taub gewesen war und ihm die entsprechenden Gehörorgane fehlten. Er hatte kein Trommelfell, keines der Knöchelchen, noch nicht einmal eine Öffnung oder einen Gehörgang. Nun folgt Karls Zeugnis über die Ereignisse an jenem Abend.

> Ihr habt am 23. Mai 2004 für mich und sieben andere Menschen gebetet, die unterschiedlich starke Hörprobleme hatten. Diese sieben gaben alle Zeugnis, sie seien gesund geworden. Ich war der letzte, für den gebetet wurde. Ich war seit meiner Geburt vor 50 Jahren auf meinem rechten Ohr vollkommen taub. Du hast drei oder vier Mal für mich gebetet. Nach jedem Mal konnte ich etwas besser hören. Deine Frau Kathy betete ebenfalls für mich. Jedes Mal, nachdem ihr beide für mich gebetet hattet, konnte ich ein bisschen besser hören. Ich schätze, dass mein Hörvermögen etwa 30 Prozent beträgt. (Das ist ziemlich gut für jemanden, der völlig taub war!) Noch nie zuvor war ich in der Lage, mit diesem Ohr zu hören, da ich ja seit meiner Geburt auf diesem Ohr vollkommen taub war. Als wir nach dem Gottesdienst nach Hause fuhren, stellte mir Cheryl eine Frage, und ich konnte ihr antworten, ohne meinen Kopf zur Seite drehen zu müssen. Das war mir, seit wir verheiratet waren, noch nie

möglich gewesen. Zum ersten Mal seit meiner Geburt höre ich jetzt mit meinem rechten Ohr! Preis sei Gott!
Dies ist das zweite Mal, dass du und deine Frau für mich und Cheryl, meine Frau, gebetet habt. Drei Jahre vorher habt ihr in der *Voice of Praise Church* (Gemeinde „Stimme des Lobpreises") in Bluewell schon einmal für uns gebetet. Du hast damals für mein Schultergelenk und für Cheryls Rücken und einen Fettgewebstumor, den sie hatte, gebetet. Wir beide wurden an jenem Abend davon geheilt und sind bis zum heutigen Tag geheilt geblieben. Ihr Tumor ist weg und meine Schulter hat seit jenem Abend nie wieder wehgetan. Ich möchte mein Zeugnis gerne für andere zur Verfügung zu stellen, und zwar für die Menschen, die ihre Heilung nicht sogleich empfangen oder sofort ein schöpferisches Wunder erleben.

Karl Pennington

Explosion von Wundern

Auf der ganzen Welt findet heutzutage eine Zunahme von schöpferischen oder „außerordentlichen Wundern" statt. Im Gegensatz zu anderen Menschen, die wir kennen, haben wir eigentlich noch nicht viele schöpferische Wunder gesehen. Dabei sollten diese ganz alltäglich sein, und in den bevorstehenden weltweiten Ausgießungen des Heiligen Geistes werden sie weit verbreitet sein. Engel werden bei diesem Phänomen der schöpferischen oder außerordentlichen Wunder eine Schlüsselrolle spielen. Lassen Sie uns die logische Grundlage und Erklärung für die Beteiligung der Engel an diesen außerordentlichen Wundern im folgenden Kapitel betrachten.

KAPITEL 12

Heilungsengel und der Mantel für schöpferische Wunder

Die nun folgenden Zeugnisse zeigen, wie wir unsere geistlichen Sinne üben und unsere geistlichen Werkzeuge, die uns zur Verfügung stehen, gebrauchen können, um unsere Fähigkeit, mit den Engeln zusammenzuarbeiten, zu aktivieren. Im 3. Kapitel haben wir diese Werkzeuge schon einmal angesprochen; auf den kommenden Seiten möchten wir sie näher betrachten. Behalten Sie dies im Gedächtnis, während Sie diese Zeugnisse lesen.

Kathy und ich haben während der letzten Zeit unsere Beziehung zum Herrn weiter vertieft und uns noch mehr nach schöpferischen Wundern ausgestreckt. Zu bestimmen Zeiten setzt der Herr Heilungsengel mit der Fähigkeit frei, Menschen zu helfen, dass schöpferische Wunder wie das von Karl auftreten. Bestimmte Engel tragen eine einzigartige Salbung für spezifische Arten von Wundern. Manche Engel sind zum Beispiel vom Herrn befähigt, taube Ohren zu heilen. Andere Engel sind vom Herrn mit Kraft ausgestattet worden, schöpferische Wunder, wie das Wachsen von Augäpfeln oder anderen fehlenden Körperteilen, freizusetzen. Der Herr kann diese speziellen Wunderengel an Orte senden, wo ein spezifisches Wunder für einen einzelnen Menschen benötigt wird.

Mehrere übernatürliche Erfahrungen, die ich in den Jahren 2001 und 2002 hatte, unterstreichen diese Annahme. Einmal lud mich Jesus in den himmlischen Bereich ein, wie er es schon vorher getan hatte. Er nahm mich in seine Bibliothek mit. Wir saßen miteinander vor einem großen Kamin und unterhielten uns. Es waren auch mehrere starke Engel anwesend, die um uns herumstanden. Außerdem fielen mir mehrere Tresorräume in der Nähe dieses himmlischen Ortes auf. Ein anderes Mal konnte ich einen der Tresorräume untersuchen. Er enthielt Millionen und Abermillionen seltener Bücher.

Jesus selbst führte mich in diesen Tresorraum voller Bücher. Er leitete mich zu einem ganz besonderen Buch, auf dem stand: „Das Buch des Lebens". Es gehört meiner Tochter Miranda. Ich las die Seiten durch, bis sie neun Jahre alt war; dann ertrug ich es nicht länger, noch weiterzulesen. Deshalb stellte ich ihr Buch des Lebens ins Regal zurück. Bei einer anderen Gelegenheit sah ich einen Tresorraum, in dem lauter Ersatzkörperteile gelagert waren. In diesem Raum befanden sich unzählige Herzen, Leberorgane, Augäpfel, Finger, Arme und viele andere Körperteile, die ordentlich auf den Regalböden aufgereiht waren. Diese „Ersatzteile" standen unter der Obhut einiger starker Engel. Diese Engel schienen umherzugehen und nur auf eine Gelegenheit zu warten, „an die Arbeit gehen zu können". Als ich den Raum betrat, schauten sie mich voller Begeisterung und Erwartung an. Diese Engel warten sehnsüchtig darauf, dass wir ihnen etwas zu tun geben oder sie dazu beauftragen, Barmherzigkeitsdienste zu tun.

Als ich ein anderes Mal im Wohnzimmer saß, wies Jesus zwei Engel an, mich in einen weiteren großen Tresorraum mitzunehmen. Dieser Tresorraum war riesig. Er ähnelte einem Banktresor mit einer großen Tür und schien von innen kein Ende zu nehmen. Die Decke war über 15 Meter hoch. Beide Seiten des Tresors waren mit Regalen gesäumt. Es befanden sich auch Rollleitern dort, sehr ähnlich denen, welche man auf beiden Regalseiten in einer Bibliothek sehen kann.

Die beiden Engel führten mich hinein und ich durfte den Inhalt dieses Tresorraumes anschauen. Die Regale waren voll mit Tausenden und Abertausenden fein säuberlich verpackten Schachteln. Ganz eindeutig war der Inhalt dieser Schachteln mit großer Sorgfalt in diesem Raum gelagert worden. Ihr Inhalt war offenbar sehr wertvoll. Ich nahm mir die Zeit, viele von ihnen zu untersuchen. Es gab Schachteln vieler verschiedener Formen und Größen. Bald bemerkte ich, dass der goldene Deckel auf jeder Schachtel eine Inschrift in Form eines Namens trug. Die große Mehrzahl der Namen auf diesen wunderschönen Schachteln waren mir unbekannt. Ich konnte jedoch die Namen Smith Wigglesworth und Maria Woodworth-Etter erkennen, um nur zwei zu nennen. Meine Gedanken überschlugen sich, als ich darüber nachdachte, was diese Schachteln wohl beinhalteten.

Plötzlich schien von einer der Schachteln ein übernatürliches Licht auszugehen, das mich anzog. Einer der Engel wies darauf hin, dass ich jede der Schachteln, die ich wollte, haben könnte. Ich nahm die leuchtende Schachtel in meine Hände. Als ich sie berührte, fühlte ich die Kraft und die Salbung des Heiligen Geistes durch meine Hände fließen. Während ich sie öffnete, erkannte ich, dass der Mantel von Stephanus darin lag. Die Engel nahmen das Kleidungsstück behutsam aus dem Behältnis heraus und legten mir den Mantel an. Er saß locker und war sehr bequem zu tragen, ungefähr wie ein Kleidungsstück in Einheitsgröße. Ich kehrte zum Wohnzimmer zurück und trug immer noch den Mantel. Jesus hatte dort geduldig auf mich gewartet. Er schaute mich an, bemerkte den Mantel, den ich trug, und sagte: „Du hast eine gute Wahl getroffen." Dann kam er zu mir her und legte seine Hände auf meine Schultern. Er lächelte mich an und sagte: „Gut gemacht."

Während Jesus seine Hände auf meine Schultern legte, empfing ich Offenbarung. Der Herr ist dabei, die Salbung der Gaben des Glaubens und der Kraft, um großartige Wunder zu wirken, wieder auf der Erde freizusetzen. Eine der vielen Möglichkeiten, wie dies zustande kommen wird, ist durch den Dienst starker Engel wie jener beiden Engel, die ich im Tresorraum gesehen hatte. Wir gehen in eine Zeit hinein, in der mit der Hilfe des Dienstes von Engeln ungewöhnliche Wunder – oder was manche als schöpferische oder außerordentliche

Wunder bezeichnen – freigesetzt und geschehen werden. Diese Art von Hilfe durch Engel ist heute für alle Menschen zugänglich. Der Mantel des Stephanus steht in dieser Stunde auch Ihnen zur Verfügung (vgl. Apg 6,8).

Engel in Afrika

2003 reiste ich während meiner dritten Afrikareise nach Südafrika und Malawi. Ich leitete Teams in Krankenhäusern, Kliniken, auf der Straße und bei einer Reihe von weiteren evangelistischen Einsätzen. Der Höhepunkt dieser Reise war der Besuch von Jesus, den ich in Kapitel 9 beschrieben habe. Vor dieser Reise war ich in Kansas City (Missouri). Ich hatte fünf Tage im *International House of Prayer* (IHOP) verbracht. Ich blieb ungefähr 120 Stunden dort und fastete und betete für die Reise nach Malawi. Ich betete im Geist und stillte meinen Durst durch die Anbetung – und durch den Springbrunnen in der Halle – während ich auf den Herrn wartete. Zu jenem Zeitpunkt gab es einen Raum, der dem Gebet für Afrika gewidmet war. Dort verbrachte ich viel Zeit damit, über der Landkarte Afrikas zu beten.

Während ich betete, schien es so, als sei der Himmel über mir aus Blei (vgl. 5 Mose 28,23). Ich konnte einfach keinen Durchbruch in den himmlischen Bereich erlangen, um deutlich vom Herrn zu hören. Das war einer der Gründe, weshalb ich mehr als fünf Tage ununterbrochen im Gebetsraum verbrachte. In meinem Herzen hatte ich fest beschlossen, dass ich den Raum erst verlassen würde, wenn ich ein Wort vom Himmel bekommen hätte. Nach ungefähr 72 Stunden teilte der Herr mir mit, ich solle Apostelgeschichte 4 lesen. Also fing ich damit an. Ich muss Apostelgeschichte 4 wohl hunderte Male gelesen haben, ohne dass ich eine „echte Offenbarung" empfing.

Indem ich fastete und über den Schriftstellen betete, hatte ich damit begonnen, anzuklopfen und den Herrn zu bitten, die Offenbarung freizusetzen, die Jesus im vierten Kapitel der

Apostelgeschichte ganz sicher für mich hatte. Ich las das Kapitel und fragte den Herrn: „Also gut, Jesus, was möchtest du mir zeigen?“ Nachdem ich die Verse über drei Tage hinweg immer wieder gelesen hatte, antwortete der Herr schließlich: „Schau dir die Verse 29 und 30 an!“

Ich stieß einen tiefen Seufzer aus. Auch Apostelgeschichte 4,29-30 hatte ich schon hunderte Male gelesen, ohne dass Öl aus dem Felsen geflossen wäre. In diesen Versen heißt es:

> *Und nun, Herr, sieh an ihre Drohungen und gib deinen Knechten, dein Wort mit aller Freimütigkeit zu reden; indem du deine Hand ausstreckst zur Heilung, dass Zeichen und Wunder geschehen durch den Namen deines heiligen Knechtes Jesus* (Apg 4,29-30).

„Okay, Jesus“, sagte ich, „was willst du mir denn durch diese beiden Verse zeigen?“ Der Heilige Geist sagte: „Lies sie noch einmal.“

Also investierte ich weitere 24 Stunden und las immer wieder Apostelgeschichte 4,29-30. Zu jenem Zeitpunkt war ich bereits an die 100 Stunden im Gebetshaus und brauchte wirklich dringend eine Dusche. Ich muss die Verse wohl tausend Mal gelesen haben, als der Herr sagte: „Schau dir die Schriftstelle noch einmal an.“ Also tat ich das. Wieder war ich der Führung des Heiligen Geist gegenüber gehorsam und verband in dieser speziellen Zeit Gebet, Fasten und Meditieren über Gottes Wort miteinander.

Und dann sah ich es plötzlich. Freimütigkeit! Ja, das war das Öl! Der Morgenstern war in meinem Herzen aufgegangen und ich hatte die Offenbarung! Freimütigkeit: *„... mit aller* ***Freimütigkeit*** *zu reden; indem du deine Hand ausstreckst zur Heilung, dass Zeichen und Wunder geschehen durch den Namen deines heiligen Knechtes Jesus.“* Der Herr hat seinen Kindern die Vollmacht gegeben, dass sie mit aller Freimütigkeit in seinem Namen beten können! Alle Freimütigkeit ist in dem Namen Jesus Christus! In nur einem Augenblick war der

Groschen gefallen und Apostelgeschichte 4,29-30 wurde in meinem Geist, meiner Seele und meinem Körper scharf und lebendig. Die Verse wurden zum lebendigen Wort; sie wurden zum *Rhema* für mich.

Der Herr ermutigte mich, Glauben an schöpferische Wunder zu haben, während ich in Afrika war. Er wollte, dass ich ihm glaubte, dass fehlende Finger und Zehen wieder nachwachsen, wenn wir in Freimütigkeit in seinem mächtigen Namen beteten! Er wollte, dass ich ihm für die Auferweckung der Toten glaube, während wir in Freimütigkeit in seinem mächtigen Namen beten! (Übrigens sind Sammy Robinson und ich auf dieser Reise „in die Leichenhalle eingebrochen“, um für die Toten in Lilongwe zu beten. Aber darauf werde ich jetzt nicht weiter eingehen!) Gott hatte in mir einen heiligen Hunger und eine Leidenschaft entfacht, schöpferische Wunder zu wirken, während ich mit Freimütigkeit in seinem mächtigen Namen bete! Natürlich! Ich war bereit zu sehen, wie Tote auferweckt werden. Ich erwartete, dass viele schöpferische Wunder geschehen werden. Irgendwie war mir eine „Gabe des Glaubens“ für Wunder verliehen worden! Mit Feuer im Herzen verließ ich das Gebetshaus. (Vielleicht habe ich sogar danach gerochen!) Bis zu dem Zeitpunkt, als wir in Malawi ankamen, meditierte ich weiterhin darüber, was es bedeutete, dass Jesus mit mir zusammenarbeiten würde, und bat Gott darum, schöpferische Wunder freizusetzen, während wir mit Freimütigkeit in seinem mächtigen Namen beteten!

Blinde Blindenführer

Ein Teil meiner Pflichten als Teamleiter bestand darin, die Missionsteammitglieder für unsere Fahrt vom Flughafen auf Kleinbusse zu verteilen. Inzwischen waren alle vom langen Flug sehr müde, aber gleichzeitig sehr begeistert, wieder Boden unter den Füßen zu haben! Oh, wie sehr ich den Geruch Afrikas liebe! Ich wies eine Gruppe an, in einen Bus mit zwölf Sitzen zu steigen, und dann ging es ab zum Hotel. Jeder war am Erzählen und überschwänglich wegen des Missionseinsatzes. Der Fahrer raste blitzschnell los. Da ich schon vorher in Ostafrika gewesen war, bereitete mir sein unberechenbarer Fahrstil keine Sorgen. Ich saß auf dem linken Vordersitz und bemerkte, dass die Frau hinter mir sich krampfhaft an den Haltegriffen zwischen den Sitzreihen festhielt, während sie um ihr Leben bangte! Ihre Handknöchel waren weiß und ihre Augen standen etwas vor. In diesem Augenblick verfehlte ein riesiger Mercedes-Sattelschlepper unseren Kleinbus nur knapp; wir waren gerade noch einem Zusammenstoß ausgewichen. Das gesamte Team stieß gleichzeitig einen lauten Schrei aus.

Ich dachte, unser Fahrer hätte vielleicht etwas getrunken, weshalb ich ihn am linken Ärmel zog, um das herauszufinden. Als er sich zu mir her drehte, sah ich, dass ihm der rechte Augapfel fehlte. Ich schrie zu den Mitfahrern im Bus: „Macht euch keine Sorgen, er ist nicht betrunken; er ist lediglich blind!" Dies kam nicht allzu gut beim Team an und verminderte ihre Besorgnis keineswegs!

Leonard, unser Fahrer, hatte an der Stelle, an der eigentlich der Augapfel hätte sein müssen, eine entzündet aussehende Öffnung. Es war kein Glasauge eingesetzt. Die Augenhöhle sah aus, als sei sie sehr stark entzündet, und an der Umrandung hatte sich eine Kruste gebildet. Sofort erinnerte mich der Heilige Geist an die Verheißung vom Herrn an mich, er werde mit mir zusammenarbeiten, wenn ich mit *aller Freimütigkeit* in seinem mächtigen Namen betete! Ich erklärte dem Team, Leonard habe nur ein Auge, in der Hoffnung, ihre Besorgnis zu lindern. Eine der Frauen sagte dem Fahrer, ein gewisser Prediger habe erlebt, dass Augen wieder neu gewachsen seien. Dieser Prediger sei in zwei Tagen in Malawi.

Ich unterbrach sie und antwortete: „Also, Leonard, ich habe eine bessere Idee. Was hältst du davon, wenn wir, sobald wir beim Hotel angekommen sind, dafür beten, dass sich dein Auge neu bildet?" Diese Idee gefiel Leonard besser! Als wir das Hotel erreicht hatten, legte ich meine Hände auf Leonards Augenhöhle, und Shara, eine junge Frau aus dem Team, und ich fingen an, für ihn zu beten. Während wir mit *aller Freimütigkeit* beteten und geboten, dass sich ein Augapfel formen solle, trat eine eklige, schrecklich stinkende, weiße Flüssigkeit aus seiner Augenhöhle aus.

Leonard war inzwischen wirklich betrunken, nicht vom Whiskey, wie wir zuerst vermuteten, sondern vom Heiligen Geist, der ihn erfüllte. Er lächelte, während die Salbung durch ihn hindurchging. Hinter mir spürte ich jetzt eine mir vertraute Präsenz und der Heilungsengel flüsterte in mein linkes Ohr. Ich betete einfach das, was er mir zuflüsterte. Als ich meine Hand wegnahm, nachdem ich freimütig geboten hatte, dass sich ein Auge formen solle, erkannten wir in seiner zuvor leeren Augenhöhle etwas, das ein kleiner „weißer Same" von einem Auge zu sein schien. Als ich meine Hand wegnahm, sagte Leonard: „Ich sehe etwas Licht." Der „Same" war etwa so groß wie eine Gewehrkugel. Dieses Zeugnis ist ein großartiges Beispiel, wie Menschen mit der Salbung des Heiligen Geistes und im Einklang mit den Heilungsengeln zusammenarbeiten können, damit die Gaben des Geistes sich manifestieren.

Am nächsten Tag wartete Leonard am *Sunbird Capitol* Hotel auf mich. Er war mit den anderen Busfahrern übereingekommen, dass ein gewisser *wuzungo* („weißer Mann"), mit ihm mitfahren würde. Leonard war von der Salbung berührt worden und erkannte, dass sein Wunder bereits begonnen hatte. Er wollte noch mehr Gebet. Wir legten ein zweites Mal die Hände auf ihn und beteten noch einmal mit *aller Freimütigkeit* im mächtigen Namen Jesu. Wieder konnte ich die Hitze und die Elektrizität fühlen, die sich in meinem linken Arm und meiner linken Hand bemerkbar machte, als ich dem Auge gebot, dass es wachsen solle. Der Engel war wieder in der Nähe. Diverse Teammitglieder stimmten mit ins Gebet ein. Als ich meine Hand wegnahm, konnte ich wieder Leonards neues, frisch erschaffenes Auge sehen. Inzwischen war es erbsengroß.

Leonard lächelte und teilte dem Team mit, er könne jetzt sogar Licht und Schatten sehen. Nach noch mehr Gebet sagte mir Leonard, er könne „den verschwommenen Umriss" meiner Hand sehen (ähnlich wie der blinde Mann in Markus 8,22-26, der Menschen als wandelnde Bäume sah). Am nächsten Morgen stand Leonard am Hotel und wartete auf das Team. Er wurde zunehmend hungriger nach seinem Wunder und der Herr setzte im Team weitere Freimütigkeit frei. Mein Team hatte bei den unterschiedlichsten Einsätzen in der Stadt bereits erlebt, dass über ein Dutzend völlig blinder Menschen geheilt wurde. Eine Gabe des Glaubens, dass Blinde wieder sehend werden, wuchs in mir, nachdem ich gesehen hatte, wie Leonards „Augensame" zu wachsen anfing.

Am nächsten Tag suchte mich Leonard nochmals auf, damit ich den dritten Tag in Folge für seinen wachsenden Augapfel betete. Inzwischen war Leonards neues Auge so groß wie eine kleine Murmel. Leonard lachte und pries Gott für sein neues Auge. Darüber hinaus konnte er mit seinem neuen Auge immer klarer sehen! Der Engel trat wieder neben mich und flüsterte in mein linkes Ohr. Allmählich kam ich gut mit dem Feuer in meiner linken Hand klar, während ich für Blinde betete. Ich betete einfach die Worte, die ich hörte, und *wumm!* In fast jedem Fall fing die blinde Person sofort an zu sehen. Dieser Dienst von Gottes Heilungsengeln ist einfach genial!

Inzwischen war Leonard dabei, in unserem hundertköpfigen Missionsteam zu einer Art Berühmtheit zu werden. Viele wollten den Mann sehen, „dem ein neues Auge wächst".

An jenem Tag, dem 6. Juni 2003, gaben die Teams den Armen in einem großen Flüchtlingslager zu essen. Dies machte Schlagzeilen, sodass ein Reporter und ein Kameramann von der regionalen Fernsehstation kamen, um die Verteilung von Mais und Reis zu filmen, welche an dem Tag ausgegeben wurde. Ich war überrascht, als der Reporter mich aufsuchte. Scheinbar filmten sie auch Zeugnisse über die verschiedenen Wunder, die Gott getan hatte. Sie wollten, dass ich ihnen den „Mann, dem das Auge nachwuchs" vorstellte. Leonard war nicht in der Nähe, so gaben sie sich damit zufrieden, mit mir zu sprechen. Hier war ich nun in Malawi und sprach über Jesus und sein Wirken unter uns, während wir mit *aller Freimütigkeit* in seinem mächtigen Namen beteten. Ich durfte sogar eine kurze Predigt über Gottes Kraft zu heilen im Fernsehen halten!

An jenem Abend wurde Leonard bei der großen Heilungsveranstaltung auf die Bühne gebeten, um sein Zeugnis zu geben. Leonards neues Auge war inzwischen so groß wie eine normale Glasmurmel. Der Prediger bat Leonard, sein neues Auge zu testen, indem er das gesunde Auge zuhielt. Leonard konnte noch deutlicher sehen. Er war in der Lage eine Bibel, eine Brille und schließlich ein bestimmtes Bonbon zu erkennen!

Am nächsten Morgen wollte Leonard noch mehr Gebet empfangen. Ich überprüfte sein neues Auge, das nun schon so groß wie eine Weintraube war. Eine Iris und eine Pupille hatten begonnen, sich zu bilden. Wir beteten noch einmal für ihn, und es schien, dass sein Auge noch etwas wuchs. Leonard sagte mir, er könne mit seinem neuen Auge jetzt „noch besser sehen", aber er wünschte sich noch mehr Gebet, weil er die „volle Sehkraft" mit seinem neuen Auge haben wollte. Nun das nennt man Glauben! Leonards Entschlossenheit ist ein Vorbild für jene, die ein Wunder brauchen.

Während des Einsatzes an jenem Tag kam ein Kameramann auf uns zu und fragte, ob er Leonard interviewen und sein Zeugnis aufnehmen könne. Er bat Leonard, sein Zeugnis mit der ganzen Nation Malawi zu teilen! Auch ich wurde zusammen mit Leonard im landesweiten Fernsehen interviewt. Wir beteten noch drei weitere Tage für Leonard, und an jedem Tag wuchs sein Auge etwas mehr.

Beim letzten Mal, als ich Leonards neues Auge sah, hatte es fast Normalgröße erreicht, und seinem Zeugnis nach sah er sehr gut. Man konnte nun schon leicht die neue Pupille und die neue Iris erkennen. Leonards schöpferisches Wunder löste noch viele weitere Heilungen aus, während ich in Afrika war. Als das Team in Malawi war, erlebten wir 62 Heilungen von Blinden, und als wir nach Südafrika gingen, gab es noch zehn weitere solcher Heilungen. Somit kann ich bezeugen, dass sich bei 72 Menschen blinde Augen öffneten.

Während eines Einsatzes in einem Flüchtlingslager empfing ein Teammitglied ein Wort der Erkenntnis und ging damit zum Übersetzer. Es ließ dem Dorf mitteilen: „Bringt alle euren Blinden zu den Menschen unter den Bäumen, und Jesus wird sie heilen." Während das Team von acht Leuten für sie betete, erlebten wir, wie bei 42 Menschen in nur 45 Minuten blinde Augen geöffnet wurden! Ich bin mir sicher, dass an diesem Nachmittag ein Heilungsengel Teil des Gebetsteams war. Wenn einer dieser Heilungsengel dazukommt, erlebt jeder, der in seiner Nähe dient, mächtige Wunder und Heilungen, wenn er oder sie in *aller Freimütigkeit* im mächtigen Namen Jesu betet.

Ein Prozess

Etwas anderes, das ich in dieser Zeit gelernt habe, war, dass schöpferische Wunder manchmal in einem Prozess geschehen. Manchmal wird das Wunder erst über einen längeren Zeitraum hinweg sichtbar. Es ist wichtig, dieses Prinzip zu verstehen, ob Sie nun für Wunder beten oder danach trachten, selbst ein schöpferisches Wunder zu empfangen. Mitunter werden Wunder und Heilungen in Form eines Samens geschenkt und treten nicht sofort in Erscheinung. Dennoch ist das Endergebnis dasselbe, ob Sie nun in einer Minute oder im Laufe einer Woche geheilt werden. Durch meine Erfahrung, für Leonard um ein schöpferisches Wunder zu beten, fand ich heraus, dass die Gegenwart des Heilungsengels noch kein sofortiges Ergebnis garantierte. Dies sollten Sie sich merken, wenn Sie beginnen, mit Gottes Engeln zusammenzuarbeiten.

Schöpferische Wunder werden in der vor uns liegenden Zeit recht häufig vorkommen. Wir haben in den letzten paar Jahren viele solche Wunder erlebt, wenn Heilungsengel dabei waren. Schon bald werden wir Zeugen einer Explosion von Wundern überall auf der Erde sein. Der Herr wird die Freisetzung des Mantels für schöpferische Wunder beschleunigen. Eines der Werkzeuge, das der Herr dazu gebrauchen wird, ist der Dienst der Engel. Schöpferische Wunder werden zu Hauf geschehen, und als Folge davon werden viele Menschen ins himmlische Königreich gebracht werden. Denken Sie daran, mit „aller Freimütigkeit" im mächtigen Namen von Jesus von Nazareth zu beten (vgl. Joh 17,1-10).

Das Aufregendste an dieser bevorstehenden Freisetzung des Mantels für „schöpferische und ungewöhnliche Wunder" ist, dass diese Fähigkeit jedem von uns zur Verfügung steht. Der Herr wird anfangen, durch ganz normale Menschen zu wirken, um in dieser Stunde diese Art besonderer Wunder zu vollbringen. Engel mit dem Mantel und der Salbung für schöpferische Wunder werden Menschen auf der ganzen Erde zugeteilt werden. Auch Sie können diesen Mantel für diese Art von Wundern anziehen. Denn heutzutage kann jeder mit Engeln zusammenarbeiten. Die Heilungsengel des Herrn warten auf Sie und mich, dass wir sie durch den Heiligen Geist im mächtigen Namen Jesu Christi aktivieren. Das nächste Kapitel fasst einige der einfachen Methoden zusammen, die Sie anwenden können, um den Dienst der Engel in Ihrem Leben zu aktivieren.

Kapitel 13

Wie Sie Begegnungen mit Engeln in Ihrem Leben aktivieren können

Als wir intensiv unser Ziel verfolgten, die verschiedenen Aspekte der Zusammenarbeit mit den Engeln des Herrn noch besser zu verstehen, entdeckten Kathy und ich, dass die meisten der biblischen und heutigen Begegnungen mit Engeln sich ähneln. Diese Ähnlichkeiten zu verstehen, kann Ihnen helfen, die Hilfe und das Eingreifen von Engeln in Ihrem Leben zu aktivieren. Damit behaupten wir nicht, jeder Mensch werde eine Begegnung mit Engeln haben. Aber wir glauben, dass der Dienst und die Hilfe von Engeln in der vor uns liegenden Zeit noch viel mehr Menschen zur Verfügung stehen wird. Die Fähigkeit, Engel zu erkennen und mit ihnen zusammenzuarbeiten, wird nicht mehr nur auf einige „auserwählte Gefäße" beschränkt sein.

Wir sind in einen *Kairos*-Moment der Zeitgeschichte eingetreten. Unser allgegenwärtiger Gott hat Sie erwählt, genau in dieser Zeit zu leben. Die Bewohner des Himmels sind sehr gespannt auf den bevorstehenden Beginn der Invasion der Engel, welche in dieser Zeit offenbart wird und uns zugutekommen wird.

Wir werden weltweite Epidemien, Finanzkrisen und große Naturkatastrophen erleben. Erdbeben, Seuchen, Hungersnöte, Kriege und Kriegsgerüchte werden sich auf dem gesamten Erdkreis ausbreiten. Die Finsternis und das Böse werden stark zunehmen. Die Menschheit wird Gutes als böse und Böses als gut bezeichnen. Dennoch wird inmitten dieser schrecklichen und dunklen Zeiten die Herrlichkeit unseres Gottes über seinem

Volk aufgehen. Der Herr wird ganz gewöhnliche Menschen dazu befähigen, mit seinem Königreich und den dazugehörenden Engeln in Beziehung zu treten.

Für diejenigen, die Freunde Gottes sind, werden dies Zeiten von großartiger Salbung, Kraft und bemerkenswertem Segen sein. Viele werden in der Erkenntnis von Jesus wachsen und eine wundervolle tiefe Liebesbeziehung mit Gott erleben. Sie werden unter dem Schatten seiner Flügel leben und nichts Böses wird ihnen zustoßen. Sie werden Gottes Wunder wirkende Kraft demonstrieren. Sie werden unter der Salbung und Leitung des Heiligen Geistes dienen. Eine weitere kleine, aber wichtige übernatürliche Waffe, die diesen gewöhnlichen Menschen zur Verfügung stehen wird, ist die Fähigkeit, den Dienst der Engel zu aktivieren. In diesem Kapitel wollen wir acht elementare Schlüsselfaktoren betrachten, die Ihnen eine Hilfe sein können, den Dienst der Engel in Ihrem Leben zu aktivieren.

Gebet und Hineindrängen

Sowohl durch die Zeugnisse aus der heutigen Zeit als auch durch die biblischen Beispiele haben wir gesehen, dass Engel oftmals als Antworten auf Gebete freigesetzt werden und man ihnen dann begegnet. Gebet, das von Fasten und dem Meditieren des Wortes Gottes begleitet wird, scheint den Dienst der Engel im Leben eines Menschen zu beschleunigen. Meiner Erfahrung nach scheinen Engel viel eher dazu bereit, sich in unserem Leben zu zeigen, wenn wir sie willkommen heißen. Wenn wir mit Gebet, Fasten und Meditieren über Gottes Wort gewaltsam und unermüdlich ins Königreich Gottes hineindrängen, werden Engel anfangen, sich bei uns „herumzutreiben“. Zu bestimmten Zeiten ist es nötig, das Reich Gottes auf militante Weise mit Gewalt an sich zu reißen. Wenn wir während solcher Zeiten Engel einladen, werden sie für uns zunehmend wahrnehmbarer. Die Fähigkeit, Engel zu sehen oder wahrzunehmen, ist nur das Eintrittstor in diesen Aspekt von Jesu Königreich (vgl. Mt 11,12).

Engel willkommen zu heißen, ist eine sehr wichtige Phase, um weiter ins Königreich Gottes hineinzudringen und trägt sehr zum Verständnis bei, wie man mit Engeln zusammenarbeiten kann. Auf den Punkt gebracht, heißt das einfach den Herrn zu bitten, Ihnen gemäß dem Prinzip in Matthäus 7,7 zu gestatten, mit Engeln in Kontakt zu treten: *„Bittet, und es wird euch gegeben werden, sucht, und ihr werdet finden; klopft an, und es wird euch geöffnet werden!"* So einfach dies auch klingen mag, einer der wichtigsten Schlüssel, um den Dienst der Engel und die Begegnungen mit ihnen in Ihrem Leben zu aktivieren, ist das Bitten. Wenn wir unseren himmlischen Vater um die geistlichen Aspekte seines Königreiches bitten, hat Jesus uns versprochen, dass wir sie empfangen werden.

Offene Himmel

Wenn wir mit Gebet, Fasten und Meditieren über Gottes Wort ernsthaft ins Königreich hineindrängen, können wir zuweilen eine „dünne Stelle" in der geistlichen Atmosphäre über unserem Leben schaffen. Einige bezeichnen dieses Phänomen als „offenen Himmel". Es gibt gewisse geografische Orte auf der Erde, wo die Himmel aktiviert oder geöffnet sind. Zwei dieser Orte finden wir auch in 1. Mose 32,2-3 und in 1. Mose 28,10-12. Jakob bezeichnete diesen ersten Ort als *Mahanajim* oder „Heerlager Gottes". Auch Jakob begegnete einer „dünnen Stelle" in der Nähe von Haran, wo er Engel vom Himmel auf- und niedersteigen „sah". Auch heute gibt es noch solche Orte.

Jesus selbst sprach von Orten, wo es offene Himmel gibt. Manchmal können die Himmel über einer einzelnen Person genauso geöffnet sein wie über einem geografischen Ort. Ein einfacher Weg, Ihre Augen zu aktivieren, in die Dimension der Engel zu sehen, ist, sich an einen Ort zu begeben, wo die Himmel bereits geöffnet sind. Wenn Sie einen offenen Himmel finden, werden Sie dort auch das Wirken der Engel wahrnehmen. Wenn Sie an einen solchen Ort, ein *Mahanajim*, kommen, müssen Sie Ihre geistlichen Sinne trainieren. Jesus hat während seines gesamten Dienstes unter einem offenen Himmel gewirkt. Die Himmel öffneten sich am Tag seiner Taufe über ihm. Auch der Apostel Johannes sah und erfuhr bei unterschiedlichen Gelegenheiten in sehr tiefgründiger Weise den offenen Himmel über Jesus, und später interagierte er selbst mit einem geöffneten Himmel (vgl. Lk 3,21; Mt 17,1-13; Offb 4,1; Joh 1,51).

Wenn Sie einen offenen Himmel finden oder über Ihrem Leben schaffen, können Sie die Engel, die überall um Sie herum sind, sehr leicht erkennen. (Die Dynamiken des Phänomens, das als offener Himmel bezeichnet wird, werden im zweiten Buch der drei Bände sehr ausführlich behandelt.)

Nachdem der Herr in Kanada meine geistlichen Augen geöffnet hatte und ich Engel sehen konnte, nahm ich mir in meinem Herzen vor, die Pforten des Himmels zu bestürmen, bis sie sich über meinem Leben öffneten. Auch Sie können die Himmelspforten bestürmen. Heutzutage gibt es in Südwest-Virginia Orte, wo aufgrund der Gebete von Menschen, des Fastens und der Proklamation des Wortes Gottes immer noch die Himmel offen und Engel aktiv sind. Wenn ich zum Beispiel auf einem bestimmten Abschnitt der Bundesstraße 460 in der Nähe von Bluefield (Virginia) gefahren bin, habe ich häufig Hunderte von Engeln gesehen, die mir zugewinkt haben. Die Himmel sind dort immer noch geöffnet und die Engel weiterhin aktiv. *Moravian Falls* in North Carolina ist noch ein derartiger Ort. Viele Menschen begegnen dort Engeln. Auch meine zwölfjährige Tochter Miranda hat Engel gesehen, als wir durch diese Gegend gewandert sind. Wenn Sie einen geöffneten Himmel finden, werden Sie dort auch die Aktivität von Engeln vorfinden. Geistliche Reife ist dabei nicht immer nötig.

Ihre geistlichen Sinne trainieren

Eine weitere wichtige Sache, die wir tun können, besteht nach dem Prinzip von Hebräer 5,14 darin, dass wir unsere geistliche Gabe bzw. Fähigkeit, Engel zu sehen oder wahrzunehmen, durch Übung trainieren. Wenn wir einmal beginnen, Engel bei uns aufzunehmen und wir merken, dass sie anwesend sind, sind wir dazu bereit, den Herrn um Führung und Leitung durch den Heiligen Geist zu bitten, damit er unsere Schritte lenkt (vgl. Joh 14,26). Wir können unsere geistlichen Begabungen fördern und in der gleichen Weise aufbauen, wie ein Gewichtheber seine Muskeln im Natürlichen aufbaut. Die Schrift lädt uns auch ein, dass wir ein ernsthaftes Verlangen nach geistlichen Gaben haben sollen. Schauen Sie sich 1. Korinther 12,31 an: *„Eifert aber um die größeren Gnadengaben …“* Wir können den Herrn gemäß dem Prinzip von Matthäus 7,7 bitten, dass er uns ein größeres Maß an Gaben schenkt und dass er unsere Gabe der Unterscheidung der Geister aktiviert. Dies wird es uns natürlich ermöglichen, in den Bereich des Geistes hineinzuschauen und Engel zu erkennen.

Lernen, im Einklang mit dem Heiligen Geist zu wirken

Während wir in der Erkenntnis wachsen, wie das Königreich Christi funktioniert, werden wir auch erkennen, wann der Heilige Geist in unmittelbarer Nähe ist. Wenn wir anfangen, im Einklang mit der Autorität und Führung des Heiligen Geistes zu dienen, werden wir vielleicht dazu angewiesen, Engel freizusetzen oder sie einzusetzen, um auf der Erde zu wirken. Erinnern Sie sich an das Zeugnis über den Engel, der sich in Peru zeigte und die Sehkraft der älteren Frau wiederherstellte? Dies geschah, weil ich in der Lage war, den Herrn klar zu hören, und darin gehorsam war, so zu handeln, wie er es mir gezeigt hatte. Wir sollten aufmerksam auf den Heiligen Geist hören und gehorsam das tun, was er uns zeigt. Dazu gehört auch die „Freisetzung“ von Engeln. Dies ist mit einem gewissen Lernprozess verbunden und erfordert vielleicht Übung und ein Warten auf den Herrn, um diese Fähigkeit, mit dem Heiligen Geist in Einklang zu arbeiten und dadurch den Dienst der Engel zu aktivieren, zu perfektionieren (vgl. Joh 16,13). Wir sollten uns dabei in Geduld und Beharrlichkeit üben.

Evangelisation und Anbetung Jesu

Weitere Schlüssel, die dabei behilflich sind, zu verstehen, wie wir mit den Engeln in Beziehung treten, können wir oft während evangelistischen Einsätzen oder wenn wir Jesus anbeten entdecken. Wenn ich Jesus von ganzem Herzen angebetet habe, erlebte ich die Aktivität von Engeln oft am stärksten. Jedes Mal, wenn Sie Ihren König anbeten, sind Sie in einer Verfassung, den Dienst von Engeln zu erkennen und zu erleben. Manchmal müssen Sie den Herrn einfach nur bitten, Ihre geistlichen Sinne zu aktivieren, um die Engel zu erkennen, die an der Anbetung beteiligt sind.

Eine erhöhte Aktivität von Engeln haben wir auch an Orten erfahren, an denen das ewige Evangelium von Jesus Christus gepredigt wird. Wir leben in einer Zeit, in welcher es dramatisch zunimmt, dass der Herr Engel mit Aufträgen und Salbung ausrüstet, um das Evangelium an andere Orte zu bringen. Ernteengel werden sich im Leben von Evangelisten manifestieren und ihnen übernatürliche Wegweisung und Offenbarung schenken, wann und wo sie dienen sollen. Wenn Sie mit Evangelisation zu tun haben, können Sie erwarten, dass Sie von Besuchen und dem Dienst von Engeln profitieren werden (vgl. Apg 8,26-27; Offb 14,6).

Während wir in unserer Gabe der Unterscheidung der Geister wachsen und reifen, werden wir immer mehr erkennen, dass Engel die ganze Zeit um uns herum sind. Auch wenn wir über Jesus und seine wundervollen Taten gesprochen haben, habe ich schon kleinere Gruppen von Engeln wahrgenommen. Zu anderen Zeiten, wenn Kathy und ich zusammensitzen und leise über den Herrn sprechen, spüren wir auf einmal, dass sich die Winde des Himmels um uns herum bewegen. Uns beiden ist dann sofort klar, dass ein „Schreiber-Engel“ anwesend ist, um unsere Worte und die Absichten unseres Herzens aufzuschreiben. Wir werden die „Bücher des Himmels“ noch näher untersuchen ebenso wie die Schreiber-Engel, deren Aufgabe es ist, diese Bücher zu verfassen. Wenn Gläubige zusammenkommen und über den Herrn sprechen, sind oftmals Schreiber-Engel anwesend, um die Worte und die Werke aufzuzeichnen. Denken Sie daran, sie einzuladen (vgl. Mal 3,16).

Wir haben einige Schlüssel und geistliche Werkzeuge betrachtet, die Ihnen helfen werden, Ihre Fähigkeit, in Ihrem Leben Engeln zu begegnen, zu entwickeln. Jeder hat mindestens einen Engel, der ihm zugeteilt ist. Jedoch gibt es noch viele andere Weisen, wie Gott unsere geistlichen Augen öffnen kann, die wir in diesem Kapitel nicht berücksichtigt haben. Dies ist wirklich nur eine sehr kurze Liste von Methoden, welche die Hilfe von Engeln in Ihrem Leben aktivieren können. Zum Beispiel haben wir Gottes Souveränität noch nicht behandelt. Gott ist der Herr des Universums, und er kann tun, was immer er möchte, wie zum Beispiel, einen Engel zu Ihrem Haus zu schicken (vgl. Ps 115,3; 135,6).

Beim Lesen der biblischen und heutigen Zeugnisse über den Dienst der Engel, haben Sie sicher bemerkt, dass diese Schlüssel dort alle vorkommen. In den meisten unserer Zeugnisse spielen zwei oder drei dieser Schlüssel eine Rolle – in ganz verschiedenen Varianten und Zusammenstellungen. Sie können davon ausgehen, dass der Herr auch Ihnen zeigen wird, welches die richtige Kombination für Sie ist. Seien Sie einfach offen für die Führung des Herrn.

Jemand sagte einmal, dass „wir uns viel zu leicht mit einem Gott zufriedengeben, den wir kaum kennen“. Dies ist eine äußert treffende Feststellung. Wir haben keine Vorstellung von der Größe, Güte, Barmherzigkeit und Liebe unseres wundervollen Vaters. Der Herr hält lauter gute Dinge für uns bereit. Unser himmlischer Vater gibt seinen Kindern – denen, die auf ihn harren und nach seinem Königreich trachten – gute Gaben (vgl. Ps 100,5; Klgl 3,25).

Die Nähe von Jesus suchen

Wenn wir nach Gott und seinem Königreich trachten und seine Nähe suchen, hat er versprochen, dass er sich auch uns nähert. Jakobus 4,8 gibt uns diese Zusage: *„Naht euch Gott! Und er wird sich euch nahen ...“* Ziehen Sie in Betracht, diese Liste von geistlichen Übungen und acht grundlegenden Schlüssel zu praktizieren, da sie Ihnen dabei helfen können, den Dienst der Engel in Ihrem Leben zu aktivieren. Vielleicht möchten Sie auch gewaltsam die Pforten des Himmels im Gebet bestürmen. Der Herr kann sogar noch mehr Wahrheiten offenbaren, die Ihnen dabei helfen können, Ihren Glauben aufzubauen, sodass Gott den Bereich der Engel für Sie öffnet, während Sie mit Ihrem ganzen Herzen nach seinem Königreich trachten.

Schließlich sollten wir uns daran erinnern, dass uns der Herr Jesus ein Vorbild gegeben hat, dem wir folgen sollen. Der Herr hat uns gesagt: *„Denn ich habe euch ein Beispiel gegeben, dass auch ihr tut, wie ich euch getan habe“* (Joh 13,15). Jesus ermutigt uns, die Dinge zu tun, die er selbst getan hat. Wir haben gelernt, dass Jesus die Vorzüge des Dienstes der Engel erfahren hat. Jesus hat über den Dienst der Engel prophezeit; er hat sogar verheißen, dass er in den kommenden Tagen den Dienst der Engel auf der Erde freisetzen wird. Das bedeutet, dass wir dieselben Dinge tun können. Wir haben eine gültige Einladung, zu beten und unseren Vater um eine Freisetzung von Engeln zu *bitten,* dass sie uns bei unseren heutigen Nöten helfen (vgl. Mt 26,53).

In den nächsten beiden Kapiteln werden wir uns das biblische „ABC“ anschauen, das es uns möglich macht, Engel zu sehen und mit ihnen zusammenzuarbeiten. Wenn Sie sich dieser einfachen biblischen Prinzipien bewusst sind, wird Sie dies in die Lage versetzen, Ihre geistlichen Sinne zu üben und im Glauben, in der Begabung und in der Vollmacht zu wachsen, das Königreich Christi zu demonstrieren.

KAPITEL 14

Engel und die Gabe der Unterscheidung der Geister

Es ist wichtig zu verstehen, wie der Herr unsere Augen öffnet, um uns Engel sehen zu lassen. Wir wollen uns einige biblische Prinzipien anschauen, die uns dabei helfen werden, damit vertraut zu werden, wie der Herr unsere Fähigkeit zu sehen und mit den Engeln des Herrn zusammenzuarbeiten aktiviert. Wir beginnen damit, dass wir lernen zu verstehen, wie es überhaupt möglich ist, dass wir Engel wahrnehmen, die ja in einer anderen Dimension zu Hause sind. Einige Menschen nennen dies *Unterscheidung*. Das ist richtig, aber die Fähigkeit, Engelwesen wahrzunehmen, ist tatsächlich eine Gabe, die den Menschen vom Heiligen Geist verliehen wird.

Ich würde gerne etwas Zeit darauf verwenden, auf die Gaben des Geistes (des Heiligen Geistes), insbesondere die Gabe der Unterscheidung der Geister, näher einzugehen (vgl. 1 Kor 12,4-12,13). In 1. Korinther 12,10 heißt es: *„... einem anderen aber* [werden gegeben] *Wunderwirkungen; einem anderen aber Weissagung, einem anderen aber Unterscheidungen der Geister ...“* Es ist der Heilige Geist, der Menschen die Geistesgabe der *„Unterscheidungen der Geister“* gibt. Das Wort, das in dieser Schriftstelle für „Geister“ gebraucht wird, ist das griechische Wort *pneuma. Pneuma* wird in der Konkordanz von Strong so definiert: ein Luftstrom, Atem, der Geist Gottes, der Geist Christi oder der Heilige Geist, ein Geist, Engel oder Dämon.[1]

---

[1] „Pneuma“; vgl. http://www.studylight.org/lex/grk/gwview.cgi?n=4151 (Stand 22.01.2014).

Pneuma ist auch das Wort, das in Hebräer 1,13-14 für dienstbare Geister benutzt wird: *„Zu welchem der Engel aber hat er jemals gesagt ... Sind sie nicht alle dienstbare Geister, ausgesandt zum Dienst um derer willen, die das Heil erben sollen?"* Es ist eindeutig, dass dieses griechische Wort *pneuma* sich auf Engel beziehen kann. Auch ist klar, dass die Gabe der *Unterscheidung der Geister* sich auf die Fähigkeit oder Gabe beziehen kann, die Gegenwart von Engelwesen zu erfassen.

Ebenfalls wichtig zu bemerken ist, dass die Gabe der Unterscheidung der Geister in einem Zusammenhang mit den „Kraftgaben" der Heilungen, Wunder und der Prophetie steht. Zeitweise wirken diese Gaben in Verbindung miteinander und in Einheit zusammen. Die Geistesgabe der Unterscheidung der Geister ist die Fähigkeit, Wesen aus der geistlichen Welt – seien es gute oder böse – zu unterscheiden oder zu erkennen. Wenn Ihre geistlichen Augen aktiviert werden und Sie anfangen, in der Gabe der Unterscheidung der Geister zu wirken, werden Sie sowohl den Bereich der Engel als auch den Bereich der Dämonen sehen. Ein sehr wichtiger Grund dafür, weshalb die Kraftgaben der Wunder und Heilungen in Verbindung mit der Gabe der Unterscheidung zusammenarbeiten, ist der, dass Sie oft die Dämonen sehen können, die mit einer Krankheit oder einem Gebrechen verbunden sind. Wenn Sie diese Geister der Schwäche sehen, haben Sie die Autorität, diese auszutreiben und dadurch Heilung oder Befreiung für den Betreffenden freizusetzen, der von solch einem Dämon bedrückt wird.

Wir haben diese Geister der Schwäche bei zahlreichen Gelegenheiten gesehen. Ich habe einen Geist der Schwäche gesehen, der mit Grippe zu tun hat. Er sieht aus wie eine Mischung aus einem Chihuahua, einer Fledermaus und einem Affen. Ich habe gesehen, wie dieser Geist der Schwäche viele kranke Menschen umklammert hat. Wenn ich dem Teufel gebiete, diese Person im Namen Jesu loszulassen, springt der Dämon von ihrem Rücken herunter, flitzt weg und wimmert dabei. Andere Geister der Schwäche sehen wie verschiedenartige Schlangen aus. Diese können mit chronischen Kopfschmerzen, Atemproblemen, körperlichen Schmerzen und insbesondere Rückenproblemen in Verbindung stehen. Wenn Sie diese Geister der Schwäche sehen, gilt ebenfalls, dass Sie volle Autorität über sie haben. Der Herr begann mir diese Dinge erstmals im Jahr 2001 zu zeigen, um mich zuzurüsten, Heilung unter seinem Volk in Afrika freizusetzen.

Es gibt noch weitere dämonische Machenschaften, die Sie erkennen können, sobald die Gabe der Unterscheidung der Geister in Ihrem Leben aktiviert ist.

Zeitweise werden Sie die Kriegswaffen des Feindes sehen. Bei vielen Gelegenheiten habe ich (Wurf-)Pfeile, Ketten, Messer oder Fußfesseln gesehen, die sich in bzw. an Menschen befanden, die an kränklichen Zuständen litten. Wenn man die dämonischen Waffen beseitigt, sind diese Menschen fast immer sofort völlig wiederhergestellt.

Es ist wichtig, dass wir auch unsere Kriegswaffen einsetzen (vgl. Eph 6,12; 2 Kor 10,4). Ein kraftvolles und scharfes Schwert des Geistes ist Jesaja 54,17:

> *Keiner Waffe, die gegen dich geschmiedet wird, soll es gelingen; und jede Zunge, die vor Gericht gegen dich aufsteht, wirst du schuldig sprechen. Das ist das Erbteil der Knechte des Herrn und ihre Gerechtigkeit von mir her, spricht der HERR* (Jes 54,17).

Gott hat uns die Kraft und die Autorität gegeben, jeden Wortfluch gegen uns für nichtig zu erklären und jeden dämonischen Auftrag zu binden, der in Verbindung mit diesen Flüchen steht. Es gibt keinen Grund zur Besorgnis, wenn Sie anfangen, böse Dinge wahrzunehmen. Sie haben jede Autorität über sie.

Engel offenbaren sich unseren natürlichen Sinnen

Den Zeugnissen konnten Sie entnehmen, dass es möglich ist, Engel mit all unseren fünf natürlichen Sinnen wahrzunehmen: Sehen, Hören, Tasten, Riechen und Schmecken. Sie haben Beispiele aus der heutigen Zeit über den Dienst der Engel gelesen, die von allen Sinnen wahrgenommen wurden. Denken Sie daran, dass es ein Lernprozess sein kann, die Aktivität von Engeln wahrzunehmen. Der Heilige Geist ist dazu beauftragt, Sie in allen Dingen zu führen und zu lehren. Dies gilt insbesondere, wenn es um geistliche Wahrheiten und Phänomene geht (vgl. Joh 14,26). Da der Heilige Geist die Gabe der Unterscheidung überträgt bzw. freisetzt, kann er Sie auch leiten und Ihnen alle Dinge bezüglich dieser Geistesgabe beibringen.

Wir brauchen ihn nur um die Weisheit zu bitten, die wir benötigen (vgl. Kol 1,9-10; Jak 1,5). Die Bibel stellt dieses Konzept deutlich dar. Wir haben eine offene Einladung, den Herrn zu bitten, dass er uns geistliches Verständnis gibt. Dies bezieht sich darauf, die Merkmale der Dimension des Geistes zu verstehen. Wir haben außerdem eine wundervolle Einladung, Gott um Hilfe, Verständnis und geistliche Weisheit zu bitten.

Sie werden sich erinnern, dass ich den Bereich der Engel zeitweise mit all meinen fünf natürlichen Sinnen wahrgenommen habe. Indem ich die Engel, die ich wahrgenommen habe, willkommen hieß, habe ich meine geistlichen Sinne durch Übung geschult. Als ich anfing, meine geistlichen Sinne zu trainieren, half mir der Geist Gottes, einige Prinzipien im Hinblick auf Engel zu verstehen. Während dieses Prozesses, also des Trainings meiner geistlichen Sinne, ist das Ausmaß an Engelaktivitäten in meinem Leben über einen Zeitraum von mehreren Jahren enorm gewachsen. Auch Sie können auf dieselbe Weise Engel bei sich aufnehmen und Ihre geistlichen Sinne trainieren.

Schauen Sie sich Hebräer 5,14 an: „*Die feste Speise* [verborgene oder geheimnisvolle Prinzipien oder gewichtigere Angelegenheiten in Gottes Königreich] *aber ist für die Gereiften, deren*

Sinne durch Übung geschult sind zur Unterscheidung des Guten und des Bösen" (SLT). Wir können unsere geistlichen Sinne wachsen und reifen lassen – wie ein Gewichtheber, der seinen Bizeps aufbaut –, indem wir mehr und mehr die geistlichen Elemente des Königreiches Gottes zu verstehen suchen.

Die Gabe der Unterscheidung der Geister in Ihrem Leben zu aktivieren, kann so einfach sein, wie, dass Sie einen Glaubensschritt tun und den Herrn einfach darum bitten. Viele Menschen haben mir mitgeteilt, dass sie „Lichtblitze" oder „Lichtströme" sehen und dabei dachten, dass sie Engeln begegneten. Oft, wenn Sie „so ein Gefühl haben", dass Engel anwesend sind, dann sind sie das auch. Es ist nötig, dass sie dann ihre geistlichen Sinne trainieren, um in die Dimension des Geistes einzutreten. Wenn Sie „Lichtblitze" oder „Lichtströme" sehen, kann ein einfaches Gebet helfen, Ihre Gabe der Unterscheidung zu aktivieren. Bitten Sie darum. Ihre Fähigkeit zu wecken, die Aktivität von Engeln zu unterscheiden bzw. wahrzunehmen, kann so einfach sein (vgl. Mt 7,7).

Es spielt keine Rolle, mit welchem Ihrer fünf Sinne Sie Engel wahrnehmen; sie sind alle gültig. Sie können in all Ihren fünf Sinnen in der Gabe der Unterscheidung freigesetzt oder aktiviert werden – ob es nun der Seh-, Hör-, Tast-, Geruchs- oder Geschmackssinn ist. Sie haben ja in den Zeugnissen gesehen, dass Engel sich durch jeden dieser fünf natürlichen Sinne offenbart haben. Es ist ebenfalls wichtig, sich daran zu erinnern, dass Sie auch in Ihren Träumen Engeln begegnen können. Es gibt Hunderte von Wegen, wie der Herr den Himmel für Sie öffnen und es Ihnen ermöglichen kann, mit Engeln in Beziehung zu treten. Sie brauchen sich nicht nur auf eine Methode zu konzentrieren oder festzulegen.

Unsere geistlichen Sinne

Der Apostel Paulus betet in Epheser 1,16-23 ein „apostolisches Gebet". Er betet, dass *„die Augen eures Verständnisses"* (SLT) erleuchtet werden mögen. Uns allen wird ein „Wissen" durch den Heiligen Geist geschenkt. Diese übernatürliche Erkenntnis kann auch als die Gabe der Unterscheidung der Geister definiert werden, die im Einklang mit der Salbung des Heiligen Geistes wirkt. Als Paulus für *„die Augen eures Verständnisses"* betet, bezieht er sich nicht auf die natürliche Sehfähigkeit. Vielmehr meint Paulus die Augen der Seele bzw. des Geistes, unsere übernatürliche Sehfähigkeit. Paulus betet dafür, dass unsere geistliche Fähigkeit, Phänomene aus dem Bereich des Geistes wahrzunehmen, zunimmt. Das Wort, das hier für *Verständnis* benutzt wird, kann tiefe oder übernatürliche Gedanken oder Eingebung bedeuten. Es kann auch bedeuten, den Sinn Gottes, die Gesinnung des Geistes Gottes oder den Sinn Christi zu haben oder zu erleben. Paulus wollte, dass die Menschen begreifen, dass sie ein geistliches Erbe und ein geistliches Wesen haben, in das Sie eintreten können.

Wir müssen unser wahres Wesen in Christus verstehen. Wir haben den Sinn Christi. Wenn die Augen unseres Verständnisses geöffnet werden, beginnen wir zu verstehen, wer wir „in Christus Jesus" wirklich sind; wir fangen an zu sehen und in das Königreich der Himmel hineinzugehen. Und wenn wir in die himmlische Dimension eintreten, können wir uns die Kraft und Autorität zu eigen machen, die unser himmlisches Erbe ist. Unsere geistlichen Sinne ermöglichen es uns, in das Ebenbild Jesu Christi umgewandelt zu werden und – genauso wie Jesus – für die Wirklichkeit des Dienstes der Engel aktiviert zu werden.

Unsere geistlichen Sinne befähigen uns auch, uns in den Geist oder an himmlische Orte zu begeben, wo unser übernatürliches Erbe auf uns wartet. Geistliche Sinne sind ein Bestandteil unseres wahren Seins. Wir sind Geschöpfe, die von Gott in seinem Ebenbild, mit Geist, Seele und Körper, geschaffen wurden. Unsere fünf natürlichen Sinne sind in unserem Körper, unserem irdischen Selbst, wirksam. Die Augen unseres Verständnisses, bzw. unsere geistlichen Sinne, sind auf die gleiche Weise im geistlichen Raum wirksam, wie es unsere fünf physischen Sinne Dinge im natürlichen Bereich sind. Unsere geistlichen Sinne nehmen Elemente und Phänomene aus dem Geist wahr.

Wenn die Augen unseres Verständnisses aktiviert sind, beginnen wir, durch unseren Geist zu leben, und dann erlangt dieser Teil unseres Seins die Vorherrschaft in Bezug auf das, was wir wahrnehmen. Dies kann einige Sekunden oder sogar mehrere Tage andauern, wenn wir lernen, im Geist zu leben. In Henochs Leben war dies sogar für immer der Fall (vgl. 1 Mose 5,24). Das ist es, wonach ich mich sehne! Dies kann eine Folge dessen sein, dass die Gabe der Unterscheidung der Geister in Ihrem Leben aktiviert wurde. Geistliches Verständnis kann sich in Ihrem Leben auch in den Gaben der prophetischen Rede, dem Wort der Erkenntnis und dem Wort der Weisheit ausdrücken.

Der Heilige Geist spielt sowohl bei der Anwendung und der Freisetzung seiner Gaben als auch beim geistlichen Verständnis eine wichtige Rolle. Manche Menschen bezeichnen dies als Offenbarung oder als den Geist der Weisheit und des Verstandes bzw. der Offenbarung (vgl. Jes 11,2). Zuweilen kann uns der Heilige Geist in uns auf übernatürliche bzw. Engels-Aktivitäten aufmerksam machen. Natürlich kann auch das Gegenteil der Fall sein. Der Heilige Geist kann auch unsere geistlichen Sinne aktivieren und uns auf die Gegenwart und die Aktivität des Dämonischen oder auf dämonische Geister aufmerksam machen.

Wir können dieses Wirksamwerden unserer geistlichen Sinne auf folgende Weise definieren: Unsere geistlichen Sinne sind mitunter eine Ausdehnung der Gabe der Unterscheidung der Geister wie auch der anderen Offenbarungsgaben, die wir vorher erwähnt haben (die Gabe der Prophetie, das Wort der Erkenntnis und das Wort der Weisheit). Unsere geistlichen Sinne werden zeitweise im Einklang mit dem Heiligen Geist arbeiten, der in uns wohnt. Diese Dynamik zu verstehen, wie der Heilige Geist unsere geistlichen Sinne aktiviert, kann ein längerer Prozess sein. Es kann einige Zeit dauern, bis wir verstehen, wie wir im Einklang mit dem kostbaren Heiligen Geist zusammenarbeiten können, um seine Gaben zu erkennen, freizusetzen oder mit ihnen zu arbeiten. Aber dieses Verständnis wird uns letzten Endes dazu befähigen, Gottes Engel zu aktivieren bzw. auszusenden, wenn wir lernen und begreifen, wie wir mit ihnen zusammenarbeiten können. Wie wir schon festgestellt haben, kann dies einen Lernprozess bedeuten. In jedem Fall können wir in das Königreich Gottes hineindrängen und den Herrn um Weisheit und Offenbarung in diesem Bereich bitten.

Ein biblisches Werkzeug, das wir einsetzen können, um diesen Prozess zu beschleunigen, ist das apostolische Gebet von Paulus. Der Apostel Paulus betet für die Aktivierung der Augen unseres Herzens. Es ist Paulus ein Anliegen, unsere Fähigkeit, übernatürliche und Engels-Aktivitäten überall um uns herum wahrzunehmen, zu vergrößern. Mein Vorschlag wäre, dass Sie das Gebet von Paulus täglich über Ihrem Leben beten (vgl. Eph 1,16-23). Dies wird Ihnen helfen, Ihre geistlichen Sinne zu aktivieren. Es ist auch möglich, um Verständnis im Geist zu beten, indem Sie darum bitten, dass die „Augen Ihres Verständnisses" erleuchtet werden mögen. Dies kann uns helfen, die Offenbarung über unsere herrlichen Reichtümer von Gottes geistlichem Erbe zu empfangen, die in jedem von uns sind. Ein wichtiger Aspekt dieses geistlichen Erbes sind die Salbung und die Begabungen des Heiligen Geistes. Denken Sie daran, wie Paulus Menschen ermutigt hat, im Geist zu wandeln (vgl. Gal 5,16.25).

Zu verstehen, wie unsere geistlichen Sinne in Beziehung zum Übernatürlichen funktionieren, sollte nicht als „furchteinflößender" Gedanke oder Vorschlag angesehen werden. Gott ist (ein) Geist. Er wohnt in einem geistlichen Königreich. Wenn Sie darauf hoffen, in den Himmel zu kommen, streben Sie im Grunde genommen danach, in Gottes übernatürliches und geistliches Zuhause hineinzukommen. Die Realität ist, dass das geistliche Königreich der Himmel in dieser Sekunde überall um Sie herum ist. Die geistliche Dimension, in der Jesus zur rechten Hand des Vaters sitzt, ist sogar realer als das

Buch, das Sie gerade in Ihren Händen halten. Die Fähigkeit, in dieses geistliche Königreich und diese geistliche Dimension einzutreten, sollte für uns völlig normal sein. Wir haben der Welt jedoch gestattet, uns das Übernatürliche, unser geistliches Erbe, zu stehlen. Von den meisten Menschen wird es nun als übersinnlich oder unnormal betrachtet. Doch das Gegenteil sollte der Fall sein. Wir sollten uns im übernatürlichen Bereich, wo unser Gott wohnt, zu Hause fühlen. Jesus hat es folgendermaßen ausgedrückt:

> *Es kommt aber die Stunde und ist jetzt, da die wahren Anbeter den Vater in Geist und Wahrheit anbeten werden; denn auch der Vater sucht solche als seine Anbeter. Gott ist Geist, und die ihn anbeten, müssen in Geist und Wahrheit anbeten* (Joh 4,23-24).

Das Wort, das in dieser Schriftstelle mit *Geist* übersetzt wurde, ist wieder das griechische Wort *pneuma*. Der Herr gebraucht hier sogar eine Sprache, die darauf hinweist, dass es sein Verlangen ist, dass wir ihn in der geistlichen Dimension anbeten und sogar küssen.[2] Wir sind wirklich willkommen, und die Einladung steht bereits, dass wir in den Bereich des Geistes kommen können, wo die Engel wohnen. Wir können diesen Bereich betreten, ohne dass es ein „unbefugtes Betreten" wäre, und zwar wegen des vollendeten Werkes von Golgatha und des kostbaren Blutes des Lammes Gottes. Das Kreuz von Golgatha ist der wichtigste Schlüssel und die einzige Brücke zu legitimen Begegnungen mit Engeln (vgl. Kol 3,1; Eph 2,6).

Wir alle haben ein geistliches Erbe und eine geistliche Natur, in das bzw. in die wir eintreten können. Der Herr wird diesen Prozess in der kommenden Zeit beschleunigen. Scharen von Menschen werden Zugang zum Königreich der Himmel finden und in der kommenden Zeit ihre geistlichen Sinne gebrauchen. Sie werden ganz gewiss die übernatürlichen

---

[2] Vgl. http://biblehub.com/greek/4352.htm (Stand 22.01.2014).

Elemente von Gottes Königreich erfahren. Gelegentlich wird dies Begegnungen mit Engeln mit einschließen. Wenn Begegnungen mit Engel ein normaler Bestandteil Ihres Lebens werden, werden Sie die Furcht vor dem Unbekannten überwinden. Sie werden übernatürliche Begegnungen haben, und Sie werden verstehen müssen, wie Sie solche Erfahrungen richtig beurteilen können. Einige praktische und hilfreiche Prinzipien, um Begegnungen mit Engeln besser zu verstehen, werden wir im folgenden Kapitel behandeln.

Kapitel 15

Begegnungen mit Engeln bewerten

Es gibt drei grundlegende Prinzipien, die Sie berücksichtigen sollten, wenn Sie irgendeine übernatürliche Erfahrung bewerten. Diese gelten, ob es sich nun um Prophetie, prophetische Erfahrungen, Träume, Trancen, Visionen und natürlich auch Begegnungen mit Engeln handelt. Diese drei Prinzipien sind *Offenbarung, Deutung* und *Umsetzung.* Um dieses Buches willen werden wir diese Prinzipien in Bezug auf den Dienst und die Begegnungen mit Engeln betrachten. Sie können diese Prinzipien jedoch auf jede geistliche Erfahrung anwenden.

Offenbarung

Es ist unbedingt erforderlich, dass wir solide biblische Prinzipien anwenden, wenn wir den Dienst der Engel erleben oder danach trachten, den Dienst der Engel in unserem Leben zu aktivieren. Jegliche Offenbarung, die wir als Ergebnis von Begegnungen mit Engeln empfangen, muss mit der Bibel im Einklang stehen und mit ihr übereinstimmen. Der Heilige Geist wird sich selbst nicht widersprechen. Der biblische Kanon wurde vom Geist Gottes geschrieben, indem der Herr durch heilige Menschen und Freunde Gottes sprach. Mose war einer dieser heiligen Männer (vgl. 2 Mose 33,11; 2 Petr 1,20-21).

Jegliche Offenbarung, die dem Wort Gottes und den darin niedergelegten Prinzipien widerspricht, muss sofort verworfen werden. Für unsere Absichten können wir *Offenbarung* definieren als „jegliche Erkenntnis, Information oder Fakten, die durch eine Engelsbegegnung erlangt werden". Diese Offenbarungen können die Form von gesprochenen oder wahrgenommenen Worten, hörbaren Worten, Bibelstellen, Visionen oder Träumen annehmen.

Erbauung und Ermutigung

Jede Begegnung mit Engeln, die vom Herrn ausgeht, sollte eine erbauende Offenbarung mit sich bringen. Manchmal jedoch können Besuche von Engeln auch eine heilige Furcht in unseren Herzen bewirken. Wahrhaftige Engelsbegegnungen werden oft von einer Reaktion der Furcht begleitet. Dies ist eine häufige menschliche Reaktion auf die Erscheinung eines Engels (vgl. Dan 10,12; Mt 28,5; Lk 1,13,30; 2,10).

Eine furchtsame Reaktion ist ein nützliches Barometer, um Begegnungen mit Engeln zu bewerten. Es ist normal, in der Gegenwart von Gottes heiligen Engeln große Furcht oder großen Schrecken zu erleben. Während Sie weiter vorwärtsdrängen und anfangen, in der Gabe der Unterscheidung der Geister wirksam zu werden, werden Sie entdecken, dass Begegnungen mit Engeln nicht immer furchteinflößend sind. Einige Begegnungen mit Engeln können normal erscheinen, während andere Sie wiederum zu Tode erschrecken können. In jedem Fall sollte jede wahrhaftige himmlische Begegnung mit Engeln Überführung und keine Verdammnis bewirken. *Überführung* ist das souveräne Wirken des Heiligen Geistes. *Verdammnis* ist das Wirken des Feindes unserer Seele (vgl. Röm 8,1). Wir müssen den Unterschied zwischen der Überführung des Heiligen Geistes und der Verdammnis des Feindes verstehen.

Das Folgende ist eine wichtige Strategie, die Ihnen helfen soll, übernatürliche Offenbarung zu verstehen: Eine wahrhaftige Begegnung mit Engeln sollte gute Frucht, bzw. die Frucht des Geistes, und Erbauung hervorbringen. Wenn Ihre Engelsbegegnung Sie in eine der Früchte des Geistes wie Liebe, Freude, Frieden, Geduld, Freundlichkeit, Güte, Treue, Sanftmut oder Selbstbeherrschung hineinführt, dann können Sie

Sie sie guten Gewissens weiterverfolgen, indem Sie sie in viel Gebet und, wenn nötig, Fasten einbetten. Führt Sie Ihre Begegnung mit Engeln oder Ihre übernatürliche Offenbarung jedoch in die Werke des Fleisches hinein, nämlich Ehebruch, Unzucht, Unreinheit, Lüsternheit, Götzendienst, Zauberei, Feindschaften, Hader, Eifersucht, Zornausbrüche, egoistische Bestrebungen, Zwistigkeiten, Irrlehren, Neid, Mord, Trinkgelage oder Völlereien und dergleichen, dann sollte der Besuch bzw. die Offenbarung ignoriert werden (vgl. Gal 5,20-23). Wenn ein Engel oder irgendeine andere übernatürliche Offenbarung Sie dazu verführt, im Gegensatz zu den Prinzipien in der Schrift zu handeln, dann sollten Sie die Begegnung und die damit verbundene Offenbarung verwerfen (vgl. Gal 1,8-9).

Prüft die Geister

Rechtmäßige Begegnungen mit Engeln werden Jesus Christus erheben. Jegliche Begegnung mit Engeln, die zu einer Offenbarung führt, die Jesus nicht als den Sohn Gottes erhebt, sollte sofort abgewiesen werden.

1. Johannes 4,1-3 ermutigt uns, *„die Geister zu prüfen“*. Dies ist eine großartige Schriftstelle, wenn es darum geht, Begegnungen mit Engeln zu prüfen.

> *Geliebte, glaubt nicht jedem Geist, sondern* ***prüft die Geister****, ob sie aus Gott sind! Denn viele falsche Propheten sind in die Welt hinausgegangen. Hieran erkennt ihr den Geist Gottes: Jeder Geist, der Jesus Christus, im Fleisch gekommen, bekennt, ist aus Gott; und jeder Geist, der nicht Jesus bekennt, ist nicht aus Gott, und dies ist der Geist des Antichrists …* (1 Joh 4,1-3).

Das Wort, das hier für *Geist* benutzt wird, ist wieder das griechische Wort *pneuma* und bedeutet hier einen Engel oder Dämon. Es ist klar, dass nicht alle geistlichen Wesen Jesus Christus verherrlichen. Prüfen Sie deshalb die Geister!

Dämonische Wesen können weder über das Blut Jesu sprechen noch können sie die vollendeten Werke Jesu Christi am Kreuz oder seine Gottheit rühmen. Sie haben die Autorität, die Geister zu prüfen, indem Sie diese auffordern, Jesus Christus als Herrn zu bekennen: *„Jeder Geist, der nicht bekennt, dass Jesus Christus im Fleisch gekommen ist, der ist nicht aus Gott. Und das ist der* [Geist] *des Antichristen* [oder Teufels]" (1 Joh 4,3 SLT). Dies ist ein gottgegebenes Werkzeug, welches Sie einsetzen können, um die Geister zu prüfen und sich selbst vor Täuschung zu schützen, wenn Sie irgendeinem geistlichen Wesen begegnen.

Freundschaft mit Jesus

Es ist auch unerlässlich, dass wir in der rechten Beziehung zum Herrn stehen, bevor wir danach trachten, den Dienst der Engel zu gebrauchen oder Zugang zum himmlischen Bereich zu suchen. Jesus hat jedem von uns versprochen, dass wir das von Gott verbriefte Recht und die Fähigkeit haben, Freunde Gottes zu werden. Dies ist eine Gnadengabe, die nicht durch Werke erarbeitet werden kann. Wir können das Angebot seiner Freundschaft verwirklichen. Dies geschieht oftmals durch die schlichte Offenbarung, dass wir eine Freundschaft mit dem Herrn haben können. Wenn wir dieses Verständnis erlangen, wird der Herr damit anfangen, himmlische Offenbarungen und verborgene Schätze mit uns zu teilen, weil wir in einer Beziehung und Freundschaft mit ihm stehen. Der Herr ermutigt seine Freunde, den verborgenen Schatz des Himmelreichs zu suchen (vgl. Mt 13,44; Ps 25,14). Der Herr hat uns als seine Familie bezeichnet (vgl. Gal 3,26). Als Mit-Erben Christi haben wir auch Zugang zu all den himmlischen Schätzen, die Jesus an himmlischen Orten zur Verfügung stellt. Eine der Freiheiten bzw. der übernatürlichen Rechte, die Jesus besitzt, ist die Fähigkeit, Engel wahrzunehmen und die Vollmacht, den Dienst der Engel freizusetzen. Auf Grund unserer Abstammung und unserer Beziehung zu Gott haben auch wir dieses Vorrecht und die gleiche Vollmacht. Wenn Sie in der richtigen Beziehung mit Gott stehen, haben Sie jetzt bereits dieses Vorrecht und diese Vollmacht.

Offenlegung und Verantwortung

Schließlich sollten Sie jede Offenbarung, die aus einer Begegnung mit einem Engel hervorgeht, vor Ihrem pastoralen oder apostolischen Begleiter/Supervisor offenlegen. Wenn Sie zögerlich sind, Begegnungen mit Engeln einer geistlichen Autoritätsperson mitzuteilen, dann sollte dies ein Warnsignal sein, dass irgendetwas verkehrt ist. Wir glauben fest daran, dass man sich der Gemeinde vor Ort und der dortigen Leiterschaft unterordnen und ihr gegenüber verantwortlich sein sollte.

Ihr Begleiter sollte jemand sein, dem gegenüber Sie Freiheit haben, alle Erfahrungen mit Engeln und alle übernatürlichen Begegnungen zu enthüllen. Wenn Sie keiner Ortsgemeinde angehören, sollte dies Ihre oberste Priorität sein. Finden Sie einen vom Heiligen Geist geleiteten Dienst und bitten Sie um Weisheit, Führung und Unterstützung. Falls Sie in Bezug auf Ihre Begegnungen mit Engeln irgendwelche Fragen haben, sollten Sie diese Ihren Pastoren oder einer apostolischen Autorität darlegen. Wenn diese ein bestimmtes Vorgehen empfehlen, sollten Sie sich ihnen unterordnen und ihren Vorschlägen und ihrem Rat gehorchen. Offenlegung, Unterordnung und Rechenschaft sind sehr entscheidend, um sich vor einer Täuschung zu schützen. Seien Sie darauf bedacht, diese biblischen Prinzipien zu befolgen, wenn Sie erste Begegnungen mit Engeln erleben. Wenn Sie Ihre Engelsbegegnung allen diesen Prüfungen unterzogen haben, dann wollen Sie wahrscheinlich zum nächsten Schritt übergehen und den Herrn um die Deutung Ihrer Erfahrung bitten.

Deutung

Betrachten Sie alle Besuche von Engeln sorgfältig. Es ist sinnvoll, Begegnungen mit Engeln so schnell wie möglich aufzuschreiben. Auf diese Weise können Sie die fortlaufende Entfaltung dieser Erfahrung dokumentieren. Sie mögen überrascht sein zu hören, dass die meisten Menschen dazu neigen, Einzelheiten über ihre Begegnungen mit Engeln zu vergessen. Wenn Sie darüber Buch führen, können Sie die Fakten zu einem späteren Zeitpunkt wieder anschauen.

Nun folgen ein paar Dinge, die Sie bei jeder Engelsbegegnung und jeder übernatürlichen Offenbarung in Erwägung ziehen sollten. Stellen Sie sich selbst folgende Frage: „Hat diese Begegnung eine Bestätigung in meinem Geist gefunden?“ Als an Jesus Christus Gläubige wohnt der Heilige Geist in uns. Von daher wird er „Zeugnis“ ablegen, wenn es sich um eine gottgemäße Begegnung mit Engeln handelt (vgl. 1 Joh 5,7). Gelegentlich werden Sie eine „Gewissheit“ haben, dass eine Begegnung von Gott stammt; in diesem Fall gibt es dann keinen Zweifel. Ihr Geist wird es zusammen mit dem Heiligen Geist bestätigen.

„Salbung von dem Heiligen“

Zu anderen Zeiten werden Sie eine „Warnung in ihrem Geist“ spüren. Wenn dies geschieht, werden Sie merken, dass Sie unruhig sind bzw. keinen Frieden über eine Erfahrung haben. Wenn Sie solche Empfindungen haben, sollten Sie die Validität der Engelsbegegnung ernsthaft in Frage stellen. Ein weiteres geistliches Prinzip, das Ihnen helfen kann, diese Eigenschaft zu entwickeln, findet sich in 1. Johannes 2,20: *„Und ihr habt die Salbung von dem Heiligen und wisst alles“* (SLT). Die Salbung des Heiligen Geistes kann Ihnen zu einer unmittelbaren Gewissheit aller Dinge verhelfen.

Im Geist beten

Im Geist zu beten kann dabei helfen, Ihren Geist zu aktivieren, dass er immer leichter wahrnehmen, hören, spüren und schließlich in die geistliche Dimension hineinsehen kann (vgl. Jud 20). Im Geist zu beten, hat die Augen meines Herzens aktiviert, was wiederum meine Gabe, Engel sehen zu können, in Gang gebracht hat. Wenn Sie sich in Ihrem Herzen vornehmen, längere Zeiten in Zungen zu beten, werden Sie in ähnlicher Weise aktiviert werden. Ich fordere Sie heraus, einmal 24 Stunden ohne Unterbrechung im Heiligen Geist zu beten. Ich garantiere Ihnen, dass dadurch etwas in Ihrem Leben aufbrechen wird. Es ist durchaus möglich, dass es die Gabe der Unterscheidung der Geister ist. Ihre geistlichen Sinne werden zum Leben erweckt werden. Wenn Sie nicht in Zungen beten, können Sie auch auf Ihre eigene Weise Fürbitte tun. Im Geist zu beten kann Ihnen zu einem übernatürlichen Verständnis über Begegnungen mit Engeln verhelfen.

Gebet, Fasten und auf den Herrn warten

Zeitweise werden sie eine klare Offenbarung über die Bedeutung eines Engelsbesuches bekommen. In anderen Fällen jedoch werden die Deutung oder Bedeutung einer Engelsbegegnung unklar sein. Vielleicht haben Sie in Ihrem Geist ein Zeugnis, dass die Erfahrung von Gott war, aber Sie sind sich nicht sicher, was sie bedeutet. Dies kann bei Besuchen von Engeln, die in Träumen oder Visionen vorkommen, der Fall sein. Wenn das passiert, ist es wichtig, in einer Haltung des meditativen Gebets und des Suchens auf den Herrn zu warten. Erinnern Sie sich daran, dass Daniel 21 Tage auf die Antwort auf sein Gebet und die Auslegung vom Herrn warten musste. Die Kombination von Gebet und Fasten ist bei der Interpretation einiger Engelsbegegnungen von entscheidender Bedeutung (vgl. Dan 10,13; Ps 119,15; Phil 4,8).

Bestätigung von übernatürlichen Begegnungen

Der Herr ist, wenn es um unser Bedürfnis geht, übernatürliche Ereignisse verstehen zu wollen, immer freundlich und rücksichtsvoll; er bestätigt übernatürliche Geschehnisse in unserem Leben. Bestätigung kann auf vielerlei Weise kommen. Manchmal geschieht sie in Form einer Bibelstelle. Erinnern Sie sich an das Zeugnis, das ich in Kapitel 5 über die Begegnung in Tansania mit der Engelschar und dem Besuch von Jesus erwähnt habe? Der Heilige Geist leitete mich zu einer Schriftstelle, die diese Engelsbegegnung für mich bestätigte (vgl. Joh 1,51).

Es kann auch sein, dass Gott Ihnen auf vielerlei andere Weise Bestätigung schenkt. Als mich der Heilige Geist in Neufundland besuchte, arrangierte der Herr es so, dass ich das Buch *Guten Morgen, Heiliger Geist!* von Benny Hinn mit in die Wildnis nahm. Bennys Buch war eine sofortige Bestätigung für meine übernatürliche Erfahrung. Normalerweise werden Sie Gottes Bestätigung erkennen, weil Sie ein starkes Zeugnis in Ihrem Geist haben, dass Gott zu Ihnen gesprochen hat, um eine von Ihm inszenierte Erfahrung zu bestätigen.

Sie müssen den Herrn um Weisheit bitten, welche Schritte Sie unternehmen sollten und wie Sie die Interpretation der Offenbarung, die Sie in einer übernatürlichen Erfahrung empfangen haben, praktisch umsetzen oder anwenden können. Entwerfen Sie einen Plan mit den entsprechenden Schritten und besprechen Sie Ihren Maßnahmenplan mit Ihrem apostolischen oder pastoralen Leiter, bevor Sie loslegen. Wenn Sie den Deutungsprozess Ihrer Erfahrung erst einmal abgeschlossen haben, ist es weise, sich viel Zeit dafür zu nehmen, die geplanten Schritte auszuführen. Es gibt keinen Grund zur Eile, wenn Sie eine Entscheidung treffen oder etwas in die Tat umsetzen wollen. Am besten bewegt man solche Offenbarungen immer ausgiebig im Gebet. Der Zeitpunkt ist entscheidend. Es ist auch wichtig, bei so vielen vertrauenswürdigen Freunden und geistlichen Leitern wie möglich Rat zu suchen (vgl. Spr 11,14).

Bei der Beurteilung von Begegnungen mit Engeln ist es am besten, vorsichtig, geduldig und sicher zu sein. Erst wenn Sie sich der Bedeutung des übernatürlichen Wissens (der Offenbarung), das Sie in einer Engelsbegegnung erworben haben, sicher sind, sollten Sie erwägen, zur Tat zu schreiten.

Umsetzung

Sie werden sich an das Zeugnis erinnern, das ich über die Begegnung mit Jesus und den vier Engeln an den *Murchison Falls* in Uganda berichtet habe. Bei dieser Engelsbegegnung habe ich sehr klar vom Herrn gehört. Mir wurde Offenbarung und Wegweisung gegeben, in eine andere Stadt zu ziehen und mich dort dem Pastor einer bestimmten Gemeinde unterzuordnen. Diese Engelsbegegnung war lebensverändernd. Von Anfang an hatte ich völligen Frieden bzw. ein Zeugnis in meinem Geist über diese Erfahrung.

Trotzdem habe ich über diese Erfahrung gefastet und gebetet. Ich habe außerdem in der Bibel geforscht, um herauszufinden, ob es irgendwelche Beispiele dieser Art für den Dienst der Engel gäbe. Könnten Engel daran beteiligt sein, einen Menschen anzuweisen, von einer Stadt in eine andere (oder an einen anderen Ort) zu ziehen? In Apostelgeschichte 16,9-10 fand ich solch ein Beispiel im Dienst von Paulus. Paulus empfing die Anweisung, in eine andere Stadt zu reisen. Auch entdeckte ich in der Bibel, wie ein Engel Philippus in ein anderes geografisches Gebiet führte (vgl. Apg 8,26).

Meine Erfahrungen stimmten also nicht nur mit der Schrift überein, sondern ich hatte auch ein starkes inneres Zeugnis, dass dies vom Herrn war. Dennoch besprach ich diese Engelsbegegnung auch mit Omega Dowell, meiner Pastorin zu jener Zeit. Ich bat sie um Weisheit und um Ihre Sicht der Dinge. Sie betete für mich darüber. Später teilte sie mir mit, sie habe den Eindruck, es sei „von Gott“. Mama Dowell ermutigte mich, auf Gottes perfekten Zeitpunkt zu warten, bis dies alles sichtbar werden würde. Ich hörte auf den Rat meiner geistlichen

Leiterin. Es dauerte tatsächlich noch drei weitere Jahre, bis wir dann umgezogen sind. Bis zu diesem Zeitpunkt hatte der Herr jede nötige Einzelheit für unseren Umzug nach Kansas City arrangiert.

Ich ermutige Sie, sich an diesen Ablauf zu halten und jeden Schritt dieser Vorgehensweise durchzugehen – bei der Offenbarung, der Deutung und der Umsetzung. Es gibt mehrere Fragen, die Sie sich stellen müssen – in Bezug auf die Begegnung (Offenbarung), die Deutung (alles, was Sie in der Engelsbegegnung wahrnehmen, lernen und verstehen) und die Umsetzung (welche Schritte Sie als Folge dessen, was Sie gelernt haben, tun werden).

Offenbarung für Fürbitte

Es fängt jetzt eine Zeit an, in welcher der Herr den Dienst der Engel für uns auch in Hinblick auf Fürbitte freisetzen wird. Viele von uns im Leib Christi werden übernatürliche Erfahrungen haben, bei denen wir in die himmlische Dimension „entrückt" werden und Begegnungen mit Engeln haben. Oftmals dürfen wir dabei übernatürliche Offenbarungen als Folge des Dienstes von Engeln empfangen. Ich habe festgestellt, dass die Offenbarung, die wir bei Begegnungen mit Engeln empfangen, in vielen Fällen nicht dafür gedacht ist, weitergegeben zu werden. Häufig soll die uns anvertraute Offenbarung nur dem Gebet und der Fürbitte dienen. Wir sollen sie also niemandem preisgeben außer Gott, mit dem wir im Gebet darüber sprechen. Ich nenne dies „Fürbitte vom dritten Himmel her". (Im zweiten und dritten Band werden wir diesen Aspekt des Dienstes der Engel noch viel genauer anschauen. Dies ist ein sehr wichtiger Aspekt der nahe bevorstehenden Freisetzung des Engeldienstes für die heutige Zeit) Während wir in diese Zeit hineingehen, werden viele Menschen regelmäßig Engelserscheinungen erleben. Es ist wichtig, dass wir begreifen, wie wir mit Gottes Botschaftern zusammenarbeiten sollen. Oftmals wird dies im Gebet passieren. Wir müssen im Einklang mit Engeln und der göttlichen Offenbarung arbeiten, die sie uns entweder hier auf der Erde oder im Himmel überbringen, wenn wir sie dort besuchen dürfen. Die göttlichen Engel sind unsere Mitdiener Jesu Christi. Wir sollten die Engel willkommen heißen, die jetzt schon um jeden von uns herum eifrig aktiv sind.

Mit diesem Drei-Schritte-Prozess können Sie himmlische Wegweisung erhalten und auch verstehen, wie Sie das, was Sie wissen, auf der Erde umsetzen sollen. Zeitweise können Sie mit Engeln zusammenwirken, um die Dinge, die im Geist oder im himmlischen Bereich sind, auf die Erde zu bringen. Wir können die Vorgaben Jesu im Gebet aus Lukas 11,2 umsetzen: „*... Wenn ihr betet, so sprecht ... dein Reich komme! Dein Wille geschehe wie im Himmel, so auch auf Erden*" (SLT). Ja, es ist wahr: Engel werden noch immer als Antwort auf unsere Gebete vom Himmel gesandt, um Gunst, Offenbarung, Heilungen, Wunder und geistliche Erfahrungen in unserem gegenwärtigen Leben freizusetzen. Dennoch müssen wir immer daran denken, jede Engelsbegegnung auf Grundlage der Bibel zu betrachten. Wir wollen uns nun weitere Zeugnisse aus der heutigen Zeit ansehen, wie Engel im Leben von Menschenleben wirksam sind. Im nächsten Kapitel werden wir „Schutzengel" bzw. Engel, die Schutz geben, untersuchen.

Kapitel 16

Schutzengel

Eine der weit verbreitetsten Ansichten in der heutigen Kultur ist der Glaube, dass die Menschen „Schutzengel" haben. Das ist in der Tat sehr zutreffend. Eine der Hauptaufgaben von Engeln ist, Leute zu beschützen. In Psalm 91 sehen wir, dass Gott seinen Engel befiehlt, uns zu behüten. Die Bedeutung des Wortes *behüten* (bzw. *bewahren*, ELB) umfasst hier: „verantwortlich machen für, eine Aufgabe oder eine Verantwortung für etwas übertragen oder eine Vollmacht zur Aufsicht oder zum Schutz anderer übertragen".[1] Psalm 91,11 erklärt: *„Denn er bietet seine Engel für dich auf, dich zu bewahren auf allen deinen Wegen."* Ein weiteres eindeutiges Beispiel für diese Art von Schutz durch Engel finden wir in Psalm 34,8: *„Der Engel des HERRN lagert sich um die her, die ihn fürchten, und er befreit sie."* Beide Schriftstellen sprechen von Schutzengeln.

Diese Art von Engeldienst wird in den kommenden Tagen ebenfalls zunehmen, wenn die Welt immer dunkler und gefährlicher wird. Wir könnten viele Zeugnisse dazu anführen, haben aber nicht den Platz dafür. Dennoch wollen wir uns einige spektakuläre Beispiele anschauen.

Engel, die Schutz gewähren

Im Jahr 2006 erlebte ich den beeindruckenden Besuch eines Engels, der ein großartiges Beispiel dafür ist, wie Gott einen

[1] Vgl. Eintrag H6680 in der Konkordanz von Strong (online: http://biblehub.com/hebrew/6680.htm, Stand 22.01.2014).

Engel gebrauchen kann, um uns durch Wegweisung zu beschützen. Bischof Zenobius Isaya war während dieser Engelsbegegnung im Raum. Wir wohnten gerade in Kampala im *Imperial Botanical Beach* Hotel in Zimmer 25 und befanden uns auf dem Weg ins nördliche Uganda, um mehr über den Bau von Waisenhäusern und wie man Waisenkindern helfen kann zu erfahren. Unsere Reise nach Gulu fiel zeitlich zufällig mit einer kurzen Feuerpause zwischen der Armee Ugandas und den militanten Rebellen der LRA („Widerstandsarmee des Herrn") zusammen. Isaya und ich hatten ein gutes Abendessen genossen und wir machten es uns in unserem Zimmer bequem. Uns war etwas unbehaglich zumute, in ein Kriegsgebiet zu reisen. Ungefähr um 22 Uhr fielen wir beide in einen unruhigen Schlaf, nachdem wir den Herrn zusammen um Schutz, Weisheit und Wegweisung für diese Reise gebeten hatten. Ungefähr um 2 Uhr nachts saß ich senkrecht im Bett und die Furcht des Herrn hing schwer in der Luft. Es war auch ein strahlendes Licht da, das meinen Augen regelrecht wehtat.

Mein Blick fiel in eine Zimmerecke, wo ich eine große Leuchtkugel schweben sah. Ihr Umfang betrug ungefähr 50 cm und sie befand sich in etwa 3 Metern Höhe. Mir sträubten sich die Haare und die Furcht Gottes nahm meinen Geist in Beschlag. In mir war das starke Verlangen, wenn möglich, unter den Teppich oder Boden zu kriechen. Ich rollte vom Bett herunter und fiel ausgestreckt auf den Boden. Bischof Isaya lag bereits auf dem Boden.

Von Zeit zu Zeit warf ich einen flüchtigen Blick in die Ecke. Das Licht schien immer heller zu werden. Während das Licht des Besuchers an Intensität zunahm, schien auch die Herrlichkeit Gottes in unserem Zimmer zuzunehmen. Schließlich erkannte ich, dass der Herr etwas tun wollte, und so fragte ich: „Herr, was hast du heute Abend hier vor?"

Augenblicklich hatte ich eine Offenbarung. Worte erfüllten meinen Verstand: „Ihr müsst vorsichtig sein, wenn ihr nach Gulu reist. Dort wird eine große Gefahr lauern." Der Engel fuhr fort: „Ihr müsst fasten und beten, während ihr in Gulu seid. Dir und deiner Begleitung wird nichts zustoßen. Habt keine Angst; Gottes Gegenwart wird vor euch herziehen und euch Ruhe schenken."

Ich hob meinen Kopf und sah, wie der Leuchtball verblasste. Der Engel war ungefähr 20 Minuten im Zimmer gewesen. Als ich Isaya fragte, was er erlebt hatte, erzählte er mir, er habe „den Engel Gottes gesehen".

Ich glaube, dass der Herr diesen Engelboten als Antwort auf unsere Gebete sandte und um uns vor Schaden zu bewahren. Wir gerieten tatsächlich in feindselige Situationen, während wir uns in den Flüchtlingslagern in Gulu und Pabo aufhielten, wo wir im Rahmen einer kleinen Evangelisation dienten. Doch die Erinnerung an den Engelbesuch gab uns großen Glauben und Mut, auch in einer sehr feindseligen Umgebung zu predigen. Dies ähnelte dem, was Paulus in Apostelgeschichte 27 erlebte. Es war eine „holprige Reise", aber wir wurden angesichts wirklicher Gefahren und Bedrohungen sicher bewahrt.

Ein Schutzengel überrascht meinen neuen Freund

Nachdem wir 2003 aus Malawi zurückgekehrt waren, wurde mir eine weitere Bestätigung bezüglich des Engels gegeben, der mir überallhin zu folgen schien. Ich bewegte mich in einer wunderbaren Gabe des Glaubens, als ich in die Vereinten Staaten zurückkehrte. Während ich für den geplanten evangelistischen Dienst in Las Vegas betete, schenkte mir der Herr eine Vision. Der Heilige Geist sprach zu mir: „Du wirst in Las Vegas einen blinden Mann treffen. Du wirst ihn erkennen, wenn du ihn siehst. Er wird, wenn du für ihn betest, genauso geheilt werden wie die Leute in Afrika. Er ist auf einem Auge vollkommen blind und auch das andere hat nur wenig Sehkraft. Er erwartet, geheilt zu werden."

Nach der ersten Lehreinheit in Las Vegas ging ich mit einer Gruppe von Freunden zum Mittagessen aus. Während wir am Tisch saßen sprach der Herr zu mir: „Geh an den anderen Tisch dort drüben und setzt dich dort hin." Ich sprang auf, ging zum anderen Tisch und setzte mich zu vier Fremden. Nach einer Weile schüttelte es den Mann neben mir am ganzen Körper und er fiel zitternd zu Boden! Danach zeigten die anderen am Tisch Interesse, mehr über die Wunder zu hören, die in Malawi geschehen waren. Ich erzählte ihnen davon, wie Leonard ein neuer Augapfel gewachsen war und wie die 72 Menschen mit der Hilfe des Engels geheilt wurden. Ich berichtete ihnen auch einiges über den Heilungsengel. Chuck, einer von ihnen, war sehr neugierig und stellte mir viele Fragen.

Später teilte ich ihnen mit, auch in Las Vegas würde ein Blinder geheilt werden. Als wir das Restaurant verließen sprach der Heilige Geist überraschenderweise zu mir: „Halte dich bereit, denn jetzt kommt der blinde Mann, für den du beten sollst.“ Als zwei von uns vor dem Restaurant standen, kam ein älterer schwarzer Mann in unsere Richtung. Ich sagte: „Da kommt der Blinde, den der Herr jetzt gleich heilen wird.“ Der Mann war noch ungefähr eineinhalb Meter entfernt.

„Entschuldigen Sie bitte, darf ich für Sie beten? Sie sind auf einem Auge blind und können auch auf dem anderen Auge fast nichts sehen. Jesus möchte Sie heute heilen.“

Ein breites Lächeln erstrahlte langsam auf dem Gesicht des Mannes. „Der Herr hat mir gesagt, er werde mir jemanden schicken, der meine Augen heilt. Darauf habe ich nun schon lange gewartet.“

Plötzlich spürte ich, wie der Heilungsengel hinter mich trat. Also betete ich, und Jesus heilte augenblicklich sein blindes Auge. Der Mann fing an zu lachen, tanzte ein bisschen umher und rief: „Preis sei Jesus, ich kann sehen!“ Dann schüttelte er meine Hand und ging beschwingt seines Weges. Später wollte Chuck noch etwas Zeit mit mir verbringen und noch mehr über „Engel und all diese Sachen“ herausfinden. Dennoch glaube ich nicht, dass er während jener fünf Tage in Las Vegas den Zeugnissen, die ich ihm über Engel erzählt habe, uneingeschränkt Glauben geschenkt hat; insbesondere, als ich ihm davon erzählte, dass Jesus mir zwei Engel zur Seite gestellt habe und dass der eine davon die Aufgabe habe, mich zu beschützen und der andere, mir dabei zu helfen, Menschen zu heilen, wenn wir zusammenarbeiteten.

Houston, wir heben ab

Bevor wir Las Vegas verließen, entschlossen wir uns, zusammen in einer Attraktion namens Slingshot (Schleuder) zu fliegen. Dieses Fahrgeschäft befindet sich auf dem Dach des *Circus Circus* Casinos. Als uns die „Schleuder" in die Luft beförderte, war ich für den Bruchteil einer Sekunde wie schwerelos in der Luft. Genau in diesem Moment sprach der Herr zu mir: „Du hast gerade abgehoben." Die Fahrt mit der „Schleuder" erwies sich als prophetischer Akt; der Herr meinte, ich sei gerade in den vollzeitlichen Dienst geschickt worden.

Chuck hatte an jenem Abend, kurz bevor wir mit der Schleuder fuhren, eine interessante Engelsbegegnung gehabt. Er hat einen guten Sinn für Humor, und ich glaube, dass er herausgefunden hat, dass dies auch für den Herrn gilt. Chuck hatte ziemliche Schwierigkeiten, mit dem Verstand zu begreifen, was ich ihm über Engel erzählte, welche dazu beauftragt waren, mich vor Schaden zu bewahren. Wir hatten in den letzten vier Tagen recht viel über Engel gesprochen. Das Thema wurde für uns zu einer Art Dauerscherz. Chuck machte Äußerungen wie: „Warum bittest du deinen Engel nicht, mir das Salz zu reichen?", und noch andere Dinge in dieser Richtung.

Nach einigen Tagen harmloser Sticheleien sagte ich Chuck, er solle vorsichtig damit sein, sonst könnte der Herr meinen Engel bitten, sich ihn vorzuknöpfen! In jener Nacht, als wir im Fahrstuhl des Casinos waren, entschied mein Engel, sich Chuck einmal vorzustellen. Chuck hatte im Fahrstuhl die ganze Zeit Späße gemacht und gesagt: „Na ja, mit deinem Engel brauchst du dir ja wirklich keine Sorgen zu machen, in diese Schleuder zu steigen; wahrscheinlich ist er sogar beim Flug dabei!" Der Engel entschloss sich, jetzt einmal den Spieß umzudrehen.

Als wir oben auf der Ebene am Eingang zur Schleuder ankamen, trat ich als erster aus dem Fahrstuhl. Plötzlich hörte ich ein lautes Geräusch im Fahrstuhl. Ich drehte mich um und sah, wie Chuck ausgestreckt an der Rückwand des Fahrstuhls klebte. Seine Augen waren groß wie Scheinwerfer! „Was machst du denn?", fragte ich. Chuck zitterte am ganzen Körper, trat aus dem Fahrstuhl und machte dabei einen großen Bogen um mich. Es schien, als wäre Chuck von einer großen unsichtbaren Hand in den Fahrstuhl zurückgeschoben worden. Mein Schutzengel wollte mich wohl beschützen oder war einfach der Scherze und der Neckereien Chucks überdrüssig. Von da an machte Chuck keine Scherze mehr über meinen Engel. Hier ist sein Zeugnis:

> Während der Konferenz gingen einige von uns in der Pause zwischen den Versammlungen zum Mittagessen in ein Casino. Während wir an unserem Tisch saßen und unser Mittagessen einnahmen, kam ein Mann auf uns zu, setzte sich auf die Bank neben unserem Tisch und fing an, uns von seiner Reise zu erzählen, von der er gerade zurückgekehrt war. Als er Zeugnis über all die Wunder gab, die er in Malawi gesehen hatte, einschließlich der Wiederherstellung des Augapfels, der einem Mann fehlte, fiel einer unserer Gruppe buchstäblich aus seinem Stuhl zu Boden. Dies war das erste Mal, dass ich Kevin Basconi begegnet bin.
> Später an jenem Tag wurden wir in Teams aufgeteilt und gingen durch die Straßen, um Menschen prophetisch zu dienen. Ich hatte mich für das Team für den Straßeneinsatz gemeldet. Als sich mein Team versammelte, um sich vor dem Rausgehen zu organisieren, betrat Kevin den Raum. Als Kevin wieder hinausging, hörte ich mich selbst laut sagen: „Ich werde mich später mit ihm treffen." Jeder warf mir einen merkwürdigen Blick zu. Als ich das Gebäude verließ, bemerkte ich, dass Kevin in einer der Räume war, also ging ich zu ihm hin und sagte etwa Folgendes: „Erinnerst du dich noch daran, als du vorhin zu uns an den Tisch gekommen

bist? Ich hatte wirklich den Eindruck, dass ich mich mit dir treffen sollte."

Kevin sagte: „Also möchtest du, dass ich für dich bete?" Ich willigte ein und er fing an, für mich zu beten. Kurz nachdem er angefangen hatte für mich zu beten, fand ich mich auf dem Boden wieder. Nach Kevins Gebet fing ich an, neue Dinge zu erleben. Ich konnte eine gewichtige Gegenwart des Heiligen Geistes spüren und fühlte mich fast die ganze Zeit wie „berauscht" von der Gegenwart Gottes. Ich konnte bestimmte Dinge riechen und schmecken und verspürte eine Nähe zu Gott wie nie zuvor; auch hatte ich Erlebnisse im „dritten Himmel". Kevin und ich wurden während dieser Zeit Freunde und verbrachten viel Zeit miteinander. Eines Abends entschlossen wir uns, mit der Slingshot zu fahren. Als wir im Fahrstuhl standen, fing ich an, Kevin wegen irgendetwas zu necken.

Als sich die Tür öffnete, verließen alle den Fahrstuhl. Ich war der letzte. Als ich vorwärtsgehen wollte, um den Fahrstuhl zu verlassen, spürte ich eine Hand auf meiner Brust, die mich gegen die Rückwand des Fahrstuhls drückte. Es war kein gewaltsamer Druck, sondern eher ein spielerischer, aber dennoch stark genug, um mich aus dem Gleichgewicht zu bringen und gegen die Wand zu schieben. Es war so eine Art Berührung, die du von einem Freund erwarten würdest, nachdem du ihn geneckt hast. Zu jenem Zeitpunkt war außer mir niemand mehr im Fahrstuhl.

Ich glaube, dass das, was ich an jenem Abend erlebte, die Hand eines Engels war. Ich kann es nicht erklären, aber genauso habe ich es erlebt. Ich spürte die Hand auf meiner Brust, und zwar genauso, wie wenn mich ein körperliches Wesen zurück in den Fahrstuhl drücken würde; all dies hinterließ einen bleibenden Eindruck bei mir (und das ist kein Wortspiel).

Chuck Loosli, Wasilla (Alaska)

Ich glaube, dass ich mich immer noch unter einem offenen Himmel bewegte, als ich aus Malawi zurückkehrte. Es ist gut möglich, dass sich auch etwas vom Duft des Himmels auf mich übertragen hat, seit ich in die Dimension des Geistes durchgebrochen war und die Welt der Engel sehen und mit ihr in Beziehung treten konnte. Nach dieser Reise war ich mir ständig der Aktivität der Engel um mich herum bewusst. Ich glaube in der Tat, dass ein Engel meinem neuen Freund zeigte, dass er da war, um mich zu beschützen, und dass er Chuck diese Tatsache beweisen wollte.

Einige Menschen brechen durch und leben unter einem offenen Himmel; dies geschieht häufig dadurch, dass sie im Kontakt mit Menschen unter einem offenen Himmel sind. Ein großartiges biblisches Beispiel dafür finden wir in Matthäus 17, als Jesus und die drei Jünger auf dem Berg der Verklärung waren. Dort wurden den Jüngern die Augen des Verständnisses geöffnet und es wurde die Gabe der Unterscheidung der Geister in ihrem Leben aktiviert, und zwar weil sie in der unmittelbaren Nähe des offenen Himmels waren, der sich über Jesus befand. (Wir werden uns diese Wirklichkeit des offenen Himmels, der auf und über Jesus war, noch eingehender im zweiten Buch dieser Trilogie betrachten.) Manchmal ist es einfacher, die Salbung zu ergreifen, als über sie zu lehren (vgl. Mt 17,1-8; Mk 1,10).[2] Wir werden im nächsten Kapitel damit fortfahren, uns weitere Aufgaben von Engeln anzuschauen.

---

[2] Ein Wortspiel im Englischen: „Sometimes the anointing is better caught than taught." (Anm. d. Übers.).

Kapitel 17

Weitere wichtige Aufgaben der Engel

Ich möchte noch einige weitere Zeugnisse mitteilen, die veranschaulichen, auf welche Weise Sie erwarten können, Engeln zu begegnen. Diese Zeugnisse werden auch dabei helfen, eine Reihe wichtiger Aufgaben zu erläutern, die Engel im Leben von Menschen erfüllen. Ein verbreiteter Irrglaube ist, dass alle Erfahrungen und Begegnungen mit Engeln „supergeistlich" seien. Besuche von Engeln *können* sehr beeindruckend sein, doch wenn wir auf diesem Gebiet mehr Erfahrung gesammelt haben, können sie manchmal auch ganz unspektakulär sein.

Engel geleiten Menschen in den Himmel

Gott sendet Engel, damit sie beim Tod der Menschen, die zu ihm gehören, anwesend sind und deren Seelen in den Himmel geleiten. Der Herr liebt seine Kinder, und er kümmert sich um uns, wenn wir sterben (vgl. Ps 116,15). Jesus lehrte über diesen Dienst der Engel in Lukas 16,22: *„Es geschah aber, dass der Arme starb und von den Engeln in Abrahams Schoß getragen wurde ..."* Der Begriff *Abrahams Schoß*, den Jesus hier gebrauchte, bezieht sich auf einen Ort im Himmel bzw. das Paradies (vgl. Mt 8,11).

Als mein Vater Miro am 9. April 1990 starb, überfluteten die Herrlichkeit und der Frieden des Himmels unmittelbar darauf sein Krankenhauszimmer. Der Raum war plötzlich mit der Gegenwart des Herrn erfüllt. Auch meine Schwester berichtete, dass die Salbung und der Friede des Herrn den Raum erfüllten. Mein Vater lächelte und ging dann in vollkommenem

Frieden, der allen Verstand übersteigt, ins Paradies ein. Auch der Familie meiner Schwester war dieser Frieden und diese Gewissheit geschenkt worden, dass er tatsächlich in den Himmel gegangen war. Ich bin davon überzeugt, dass Engel gegenwärtig waren, um ihn in die Gegenwart Jesu zu geleiten.

Im August 2006 verstarb meine Mutter Helen. Während jener Zeit war ich mehrere Tage lang an ihrer Seite. Ich verbrachte die Zeit zwischen Mitternacht und dem frühen Morgen bei ihr auf der Intensivstation. Manchmal wachte Mama auf und sprach mit mir. In jenen Momenten war sie sehr klar und teilte mir ihre Wünsche mit. In der dritten Nacht, in der ich bei ihr war, erwachte sie etwa um 2 Uhr, um mit mir zu sprechen. Sie sagte mir, sie wisse, dass sie bald zum Herrn heimgehen werde, und ich solle mir keine Sorgen machen, weil sie Frieden habe. Plötzlich wurden ihre Augen ganz groß und sie fragte mich: „Wer sind denn die beiden Männer in weißer Kleidung an der Tür?“ Ich erkannte, dass Mama die Engel sah, die den Auftrag hatten, sie in den Himmel zu geleiten. Zwei Nächte später, ungefähr um dieselbe Zeit, richtete sie sich auf und sagte zu mir: „Schau mal, Liebling, Jesus ist hier.“

Ich hatte keine Gewissensbisse, als Mama verstarb, und ich habe völlige Gewissheit, dass sie jetzt in ihrem himmlischen Zuhause bei Jesus ist (vgl. 2 Kor 5,8). Ich habe auch vollkommene Gewissheit und Frieden, dass Mama von den Engeln, die sie in ihrem Zimmer auf der Intensivstation gesehen hatte, ins paradiesische Reich geführt wurde. Bevor sie starb, gab sie mir folgende Anweisungen: „Bleibe Jesus ganz nah und predige weiterhin das Evangelium.“ Ich glaube, dies ist für jeden, der diese Worte gerade liest, ein großartiger Rat! Viele Menschen berichten über Begegnungen mit Engeln, wenn einer ihrer geliebten Menschen stirbt, oder auch, wenn jemand eine Nahtoderfahrung macht.

Engel übermitteln Träume und Visionen

Viele ganz normale Menschen beginnen, Offenbarung zu empfangen, wenn Engel in ihren Träumen erscheinen. Über die letzten Jahre hinweg hatte ich eine Reihe von Offenbarungen, als ich in einer Folge von Träumen von Engeln besucht wurde. In mehreren Fällen wurde ich in meinen Träumen sowohl vom Herrn Jesus als auch von Engeln besucht (vgl. Hiob 33,15). Solch eine Art Engelsbesuch sollte ernstgenommen werden. Eine Engelsbegegnung, die sich während eines Traumes zuträgt, kann genauso real sein wie eine Begegnung mit offenen Augen im Natürlichen und sollte nicht abgetan werden. Gott gibt immer noch Träume und Visionen, genauso wie er immer noch den Geist der Weisheit und des Verstandes schenkt, um die Träume auszulegen, die uns heute durch den Dienst der Engel zuteilwerden (vgl. 1 Mose 28,11-17). Auch werden wir entdecken, dass der Herr Träume mit Engeln mehr und mehr dazu einsetzen wird, um in dieser Zeit deutlich zu uns zu sprechen. Diese „göttlichen Träume" durch Engel geben uns Wegweisung und Führung.

Wir sind bereits in einer Zeit angekommen, in welcher der Herr zunehmend Träume und Visionen freisetzt. Viele dieser Träume werden durch den Dienst von Engeln freigesetzt und hervorgerufen werden. Josef, der irdische Vater Jesu, wurde in seinen Träumen mehrere Male von einem Engel besucht, der ihm göttliche Wegweisung gab (vgl. Mt 1,20; 2,13.19). Gott gebraucht immer noch Engel, um seinen Kindern Träume zu übermitteln, und diese Art von Engeldienst wird in den kommenden Tagen stark zunehmen. Engel werden auch dazu beauftragt werden, Träume in gottlose Herrscher „einzupflanzen". Dies ist auch Nebukadnezar in Daniel 4 passiert.

Engel beobachten und zeichnen die Angelegenheiten der Menschen auf

Engel schreiben die Aktivitäten der Menschen auf. Von Zeit zu Zeit bittet Gott darum, dass seine himmlischen Bücher geöffnet werden. Dann verschafft er sich einen Überblick über die Taten, Worte und Gebetsanliegen einzelner Menschen. Kornelius ist ein gutes Beispiel dafür. Ihm erschien ein Engel, der ihm mitteilte, dass seine Almosen hinauf vor Gott gekommen seien (vgl. Apg 10,3-4).

Das Buch Maleachi spricht von einem Erinnerungsbuch. Dies ist ein Buch im Himmel, in dem die Taten eines Menschen aufgezeichnet werden. Gott beauftragt Engel, das Leben, die Werke und die Worte eines Menschen aufzuschreiben. In Maleachi 3,16 heißt es: *„Da redeten die miteinander, die den HERRN fürchteten, und der HERR merkte auf und hörte. Und ein Buch der Erinnerung wurde vor ihm geschrieben für die, die den Herrn fürchten und seinen Namen achten.“* Wer sonst könnte im Himmel in dieses Buch hineinschreiben, außer seine Diener, die Engel? Wie bereits vorher erwähnt, sind gewisse Engel dazu gesalbt zu schreiben, und ich nenne diese Engel Schreiberengel (vgl. Hes 9,1-4).

Engel, die Zeichen und Wunder tun

Solche Engel werden zur Stunde in jeder Gegend der Erde freigesetzt. Engel, die das meteorologische Klima einer Region beeinflussen können, bezeichne ich als „Zeichen- und Wunderengel“. Wenn diese Engel erscheinen, wird die irdische Atmosphäre erschüttert, und übernatürliche Zeichen erscheinen am Himmel. Dies hat manchmal eine sofortige Veränderung der bisherigen Wetterverhältnisse zur Folge. Ungewöhnliche meteorologische Phänomene können augenblicklich geschehen oder innerhalb weniger Minuten entstehen, wenn diese Engel in Erscheinung treten oder zu Besuch kommen. In Tansania und Uganda haben wir gesehen, wie während evangelistischer Veranstaltungen offene Portale am Himmel erschienen, wenn „Zeichen- und Wunderengel" anwesend waren. Es ist üblich, dass „doppelte Regenbögen" über dem Altar erscheinen, wenn wir Menschen zur Errettung zum Altar herausrufen. Allein 2007 erschienen während Erweckungsveranstaltungen in neun verschiedenen Städten neunmal doppelte Regenbögen.

Manche Menschen meinen, alle Engel hätten die gleiche Größe und das gleiche Aussehen. Ich muss da jedoch widersprechen. Wir haben Engel in einer Fülle von unterschiedlichen Größen und Formen gesehen. Nicht alle nehmen eine menschliche Form an. Wir haben Engel gesehen, die wie Lichtkugeln oder Blitze aussahen oder in Form von Wind, Feuer oder sogar flammenden Wirbelwinden und phosphoreszierenden Farben erschienen.

Während großer Evangelisationsveranstaltungen haben wir öfter einen besonders großen Engel gesehen. Dieser riesige Engel ist etwa 35 Meter groß. Er hat ein kämpferisches Aussehen. Er trägt langes, goldblondes Haar, das über seine starken Schultern fällt, und immer einen großen, glänzenden Schild und ein massives zweischneidiges Schwert. Normalerweise gehen kleinere Kriegsengel vor ihm her. Aber wenn dieser riesige Engel erscheint, bricht der himmlische Bereich auf.

Ich glaube, dass dieser Engel eine mächtige „Durchbruchssalbung" in bestimmte geographische Regionen hineinträgt. Ich habe ihn bei Evangelisationsveranstaltungen in Afrika etwa ein halbes Dutzend Mal gesehen oder wahrgenommen. Einmal sah ich ihn in Mwanza, als sich ein Portal über dem Altar öffnete und die Herrlichkeit Gottes auf die Versammlung fiel, wodurch Hunderte errettet wurden. Ich glaube, dass diese Art von Engel denjenigen ähnelt, die Jesus in den letzten Tagen freisetzen wird, um die große Ernte einzuholen und Menschen zu helfen, das Evangelium zu predigen. (Wir werden uns die Rolle des Heiligen Geistes und die der Zeichen- und Wunderengel noch eingehender im zweiten Buch dieser Trilogie anschauen.)

Buboka (Tansania)

Wir wollen nun das Zeugnis eines Menschen ansehen, der den „Zeichen- und Wunderengel“ in Buboka in Tansania gesehen hat. Dieser ist ein Beispiel für die riesigen Engel, welche die himmlische Dimension bevölkern. Wenn er auftaucht, geschehen – während er „landet“ – oftmals Zeichen und Wunder oben am Himmel (vgl. Joel 3,3). Dies hatte zur Folge, dass der Himmel über den Versammlungen „aufbrach“ und bemerkenswerte Wunder freigesetzt wurden. Beides trug dazu bei, dass extrem viele Errettungen geschahen (vgl. Offb 14,15). Hier folgt Robyn Tans Zeugnis.

> Ich wollte die Einzelheiten über den Engel, den ich in Tansania gesehen habe, korrekt wiedergeben, weshalb ich mein Tagebuch über die Missionsreise nach Bukoba zurate zog. Das half meinem Gedächtnis wirklich auf die Sprünge (obwohl ich mich noch an das Geschehen erinnerte). Ich sah den Engel am ersten Abend der Evangelisation, am 24. August 2005. Es war eine Menschenmenge von ungefähr 2.500 auf dem Evangelisationsgelände versammelt. Kevin hatte eine großartige Botschaft gepredigt, und dann rief er Frauen nach vorne zum Altar, die Tumore hatten.
>
> Es war in jenem Moment, dass ich im Geist einen sehr großen Engel sah, der hinten in der Menschenmenge stand. Die großen Flügel des Engels breiteten sich in voller Spannweite über den hinteren Teil der Menge aus, bevor er seine Flügel über der Menge schlug; als er dies tat, kam gleichzeitig eine Gruppe von Frauen aus der Menge nach vorne, um Gebet zu empfangen. Es war sehr eindrücklich, zu beobachten, wie etwas gleichzeitig im Geist und im Natürlichen geschah. Dieser Engel wiederholte seine Handlung mehrere Male und jedes Mal passierte dasselbe.
>
> In meinem Tagebuch habe ich notiert, dass vier der Frauen, die nach vorne kamen, auf wundersame Weise geheilt

wurden, da die Tumore vollkommen verschwanden, als für sie gebetet wurde! Es war eine großartige Veranstaltung.

ROBYN TAN, London (England)

Ich glaube, dass die Freisetzung der Ernteengel und der Zeichen- und Wunderengel in dieser Stunde beschleunigt wird. Viele Menschen, die das wahre Evangelium, das Evangelium vom Königreich predigen, werden Begegnungen mit diesen mächtigen Ernteengeln haben. Es gibt auch Beispiele von starken Engeln in der Bibel (vgl. 2 Kön 19,15-16; 2 Sam 24,17).

Normale Begegnungen mit Engeln

Wie Sie inzwischen wissen, müssen Begegnungen mit Engeln nicht immer „supergeistliche Erfahrungen" sein. Es *ist* wirklich wundervoll, wenn sich Begegnungen mit Engeln lebensverändernd auswirken. Dennoch können Begegnungen mit Engeln mitunter sehr unspektakulär sein. Der Herr hat eine Fülle von Engeln, die bereit, willens und in der Lage sind, Ihnen in Ihrem alltäglichen Leben zu dienen. Wir alle dürfen erwarten, „normale Begegnungen mit Engeln" zu haben. In Wirklichkeit erleben Sie sehr wahrscheinlich bereits die Hilfe von Engeln in ihrem Leben, ohne sich dessen bewusst zu sein.

Ein Bekannter von uns erzählte uns eine lustige Geschichte über eine „normale Engelsbegegnung". Unser Nachbar kehrte von einer langen und sehr anstrengenden Reise zurück. Er war dankbar, endlich im Bett zu liegen. Als er sich hinlegte, dachte er: *Herr, ich wünschte, jemand würde meine schmerzenden Füße massieren.* Es war spät nachts und er war bereit, in einen erholsamen Schlaf zu fallen.

Er war gerade dabei einzuschlafen, als er spürte, dass jemand die Bettdecke von seinen Füßen wegzog. Im Halbschlaf fühlte er ein Paar Hände, die seine Füße griffen und anfingen, sie zu reiben. Er bewegte sich und schaute an sein Bettende, wo er einen großen Engel sah, der seine Füße massierte. Im nächsten Augenblick ergriff ihn die Angst, und er zog seine Knie bis ans Kinn und starrte den Engel an, der immer noch an seinem Fußende stand. Er brüllte den Engel an: „Was machst du denn?“ Der Engel brüllte zurück: „Ich diene dir!“ Dann verschwand er.

Als Kathy und ich noch an unserem Haus in den Bergen von *Moravian Falls* bauten, erlebte ich einen ähnlichen Besuch von einem Engel. Kathy war gerade im Bundesstaat Washington und besuchte unsere Kinder, während ich mir im Herzen vorgenommen hatte, dazubleiben, um an unserem neuen Blockhaus zu arbeiten. Ich hatte mehrere Spätschichten eingelegt und oft bis 2 Uhr nachts gearbeitet. Während dieser Zeit allein in den Bergen eskalierte die Aktivität von Engeln förmlich. Ich bekam langsam Angst, dort nachts allein in den Bergen zu sein, während ich am Haus arbeitete. Aber ich beschloss, es wäre besser, einfach in dem Haus zu übernachten, damit ich gleich früh morgens mit der Arbeit beginnen konnte.

In jener besonderen Nacht arbeitete ich bis 2.30 Uhr. Völlig erschöpft ging ich nach oben ins Schlafzimmer, wo ich mein provisorisches Bett aufgeschlagen hatte. In der Dunkelheit konnte ich die Aktivität von Engeln wahrnehmen, und dann schossen Lichtstrahlen durch das Schlafzimmer. Eine heilige Furcht beschlich meinen Geist und ich bemerkte, dass viele Engel in der Nähe waren. Dennoch hatte ich die Absicht, in dem neuen Haus zu schlafen. Ich entschloss mich, mit der Taschenlampe meine Bibel zu lesen. Während ich noch den Herrn fragte, ob es wohl tatsächlich die richtige Entscheidung gewesen war, von Kansas City in die Berge von North Carolina zu ziehen, fiel ich in einen tiefen Schlaf, wobei meine Reisebibel aufgeschlagen auf meiner Brust liegenblieb.

Um ungefähr 4 Uhr morgens wachte ich durch die Erscheinung der Herrlichkeit Gottes abrupt auf und spürte, dass die Furcht des Herrn schwer im Zimmer hing. Ein übernatürliches Licht erleuchtete den Raum und sämtliche Haare standen mir zu Berge! Plötzlich sah ich einen Engel am Fußende meines

Bettes stehen. Der Engel leuchtete und seine Augen starrten mich unter sehr buschigen Augenbrauen an. Sein Blick war scharf. Es schien, als ob der Engel im Kolonialstil gekleidet war, mit einem großen Hut und einer großen Schnalle auf seinem weiten Gürtel. In seiner Hand hielt er etwas, das ich nur als eine Art Buch oder Register beschreiben kann. Er schaute mehrmals zwischen mir und dem Buch hin und her. Die Seiten blätterten so schnell wie die Flügelschläge eines Kolibris um.

Plötzlich nahm der Engel seinen rechten Zeigefinger und drückte ihn schnell in das Buch, wobei er das Blättern der Seiten unterbrach. Er schaute mich an, dann zurück ins Buch, genau dahin, wo sein Finger nun lag. Der Engel sah wieder zu mir her, lächelte mich an und sagte: „Du bist hier willkommen!“ Während sich dies zutrug, war ich vollkommen bei Bewusstsein, und die Worte, die der Engel sprach, waren für meine natürlichen Ohren hörbar. Ich hatte den Engel etwa zehn Sekunden lang angestarrt, wobei ich von seinem plötzlichen Erscheinen völlig in den Bann gezogen war.

Nachdem der Engel gesprochen hatte, verschwand er augenblicklich, doch die Furcht des Herrn hing noch immer schwer in dem noch unfertigen Zimmer. Furcht hatte mich gepackt und ich war lange Zeit nicht in der Lage, mich zu bewegen. Dies war die letzte Nacht, die ich in unserem neuen Haus verbrachte, bevor wir dann am 17. November 2008 dort einzogen. Allerdings hatte ich auch tiefen Frieden empfangen, denn nun hatte ich Gewissheit, dass wir uns mit unserem Umzug nach *Moravian Falls* im vollkommenen Willen des Herrn befanden. Es war tröstlich und beruhigend, dass uns ein Engel in unserem neuen Zuhause willkommen hieß.

Obwohl einige Begegnungen mit Engeln furchteinflößend, ja sogar erschreckend sein können, werden Sie oftmals auf solche Begegnungen zurückblicken und innerlich schmunzeln. Dies wird sich häufen, je mehr Engelsbegegnungen und Engelbesuche sie erlebt haben. Zuerst mag der Schrecken Sie packen, wenn ein Engel erscheint, aber später werden Sie auf

Ihre ersten Engelbesuche zurückschauen und erkennen, dass sie eigentlich ganz normal und sogar amüsant waren.

Diese Zeugnisse sind lustig, veranschaulichen aber gleichzeitig einen ganz einfachen Punkt. Gott kümmert sich selbst um die winzigsten Dinge in unserem Leben und er ist bereit und in der Lage, Engel zu senden, die uns in allen Nöten helfen sollen. Wir können erwarten, dass Engel an jedem Aspekt unseres Lebens beteiligt sind. Nicht alle unsere Begegnungen mit Engeln müssen supergeistlich sein. Häufig fallen diese Begegnungen ganz normal aus. Erwarten Sie, dass auch Sie normale Begegnungen mit Engeln haben werden.

Kapitel 18

Der Adler ist gelandet

Im Frühling 2007 hatten Kathy und ich einen sehr ungewöhnlichen Besucher in unserem Haus in Kansas City (Missouri). Ein Adler begann sich in unserem Garten hinterm Haus niederzulassen und die Fische dort aus dem See zu fangen. Die ersten paar Male, als ich den Adler sah, war ich überrascht, aber nicht überwältigt. Als der Adler zum vierten Mal zu Besuch kam, machte der Heilige Geist mich darauf aufmerksam, dass dieser Umstand nicht normal ist. Der Herr gab mir die Anweisung, über den Besuch des Adlers zu beten. Schließlich erkannte ich zunehmend, dass dieses Phänomen höchst ungewöhnlich war und zog somit in Betracht, dass der Adler ein Zeichen vom Herrn sein könnte.

Am nächsten Morgen teilte ich dem Herrn im Gebet mit, er solle es mir durch Zeichen bestätigen, falls dieser Adler von ihm geschickt worden sei. Ich griff auf ein Prinzip des Alten Testaments zurück und „legte ein Vlies aus" vor dem Herrn (vgl. Ri 6,37-40). Ich sagte: „Jesus, wenn dieser Adler von dir ist, dann möchte ich dem Vogel einen Fisch zu fressen geben. Erst dann werde ich dies ernst nehmen." Später an jenem Morgen verließ ich meinen Gebetsraum und entschloss mich, angeln zu gehen. Ich lud meine Angelausrüstung in eine Schubkarre, um sie mit zu dem kleinen Kahn zu nehmen, der am See lag. Ich hatte etwa die halbe Strecke zum Wasser zurückgelegt, als der Adler von einem nahen Baum herabstieß und eineinhalb Meter vor meinem Gesicht vorbeiflog. Es war unmöglich, ihn zu übersehen. Im selben Moment fiel die Kraft des Heiligen Geistes auf mich und ich begann zu weinen.

Der Adler landete auf einem großen Baum am Rand unseres Gartens und beobachtete mich aufmerksam, während ich meine Ausrüstung in meinen Kahn lud. Ich stieß vom Ufer ab, um unter der Führung des Heiligen Geistes zu angeln. Seine Gegenwart war spürbar und stark, ungefähr so wie an jenem Morgen in Botwood, als wir in der Kühle des Tages zusammen spazieren gingen. Der Heilige Geist führte mich an einen Platz auf dem See, an dem ein Strunk aus dem Wasser ragte und sprach zu mir: „Wirf deine Angel auf der rechten Seite des Bootes aus." Das war erstaunlich! Noch immer hatte ich den Adler im Auge. Er schien mich regelrecht anzustarren und jede meiner Bewegungen genau zu beobachten.

„Füttere dem Vogel einen Fisch"

Beim zweiten Angelauswurf fing ich einen wohlgeratenen Forellenbarsch. Meine Gedanken begannen zu rasen, während ich mich daran erinnerte, was ich dem Herrn vor nur einer Stunde gesagt hatte: „Jesus, wenn der Adler von dir ist, dann möchte ich dem Vogel einen Fisch zu fressen geben." Ich wendete den kleinen Kahn und schipperte zurück ans Ufer, das an meinen Garten hinter dem Haus angrenzte. Ich griff den Barsch und hob ihn in den Garten. Er sprang auf dem trockenen grünen Gras hin und her. Sofort machte sich der Adler bereit und schwebte in einem schwungvollen Bogen heran, um den sich windenden Barsch mit seinen kräftigen Krallen zu ergreifen. Ich staunte nur. Der Adler landete dann auf einem Baum nahe am Wasser, und ich beobachtete ihn, wie er den zappelnden Barsch verspeiste.

Ich hatte einem Freund, der Teil der prophetischen Bewegung in Kansas City gewesen war, erzählt, dass uns ein Adler im Garten Besuche abstattete. Er ist leidenschaftlich gerne draußen in der Natur und erzählte mir, es sei höchst unwahrscheinlich, dass sich ein Adler innerhalb der Stadtgrenzen aufhalte. Also bat er mich, ihn anzurufen, wenn der Adler das nächste Mal käme. Während ich in meinem Kahn saß und dem Adler beim Fressen des Barsches zusah, rief ich meinen Freund mit dem Handy an. Er erwiderte, dass er praktisch schon auf dem Weg sei, um die Angelegenheit mit dem Adler zu überprüfen. Unser Freund kam rechtzeitig an und sah den Adler mit seinen eigenen Augen. Er sah zu, wie er sein Mahl beendete und wieder wegflog. Danach befestigte ich den Kahn an der großen Eiche in unserem Garten und eilte in unser Haus in der Kensington Avenue 11200.

Wir unterhielten uns über mein Gebet an jenem Morgen und die Besuche des Adlers. Mein Freund sagte mir, er glaube, der Herr versuche mir dadurch etwas zu sagen. Er fragte nach den genauen Daten, ab wann der Adler angefangen hatte zu kommen. Es war der 19. und 20. April 2007. Dann sagte er mir, dass ich Apostelgeschichte 4,19-20 lesen solle. In dieser Schriftstelle steht Folgendes: „... *Ob es vor Gott recht ist, auf euch mehr zu hören als auf Gott, urteilt ihr! Denn es ist uns unmöglich, von dem, was wir gesehen und gehört haben, nicht zu reden.*" Nach jenem Tag war ich mir absolut sicher, dass der Herr mir etwas Wichtiges mitteilen wollte, und ich nahm mir im Herzen vor, zu beten und zu fasten, bis ich die Offenbarung empfangen hätte.

Ich hatte bereits drei Tage gefastet, als Jesus mich in einem Traum besuchte und mir auftrug, nach dem „Goldadler"[1] zu „googeln". Dieser Traum war wirklich eindrucksvoll und sehr real. Als ich aufwachte und auf die Uhr schaute, war es 4.20 Uhr (vgl. Apg 4,20). Ich stand auf und forschte von meinem Computer aus im Internet, was es mit dem Goldadler auf sich hatte. Es faszinierte mich, Fotos von anderen Goldadlern zu sehen. Dabei erkannte ich auch, dass unser Besucher ein heranwachsender Goldadler war. Dessen bin ich mir sicher, auch wenn ich kein Ornithologe bin. Die nächsten drei Wochen widmete ich mich dem intensiven Gebet, Fasten und Meditieren über die Schriftstelle in Apostelgeschichte 4,19-20. Ich las

[1] Alte dt. Bezeichnung hier in Anlehnung ans Englische („golden eagle") gewählt. Sonst ist der Vogel heute als „Steinadler" bekannt (Anm. d. Übers.).

diese Verse hunderte Male. Schließlich ließ der Herr einen Abschnitt herausstechen: *„Denn es ist uns unmöglich, von dem, was wir gesehen und gehört haben, nicht zu reden“* (Apg 4,20). Dann hatte ich die Erleuchtung.

Petrus und Johannes sprachen nicht nur über die Kreuzigung und die Wunder, die sie als Augenzeugen gesehen hatten, während sie mit Jesus umherzogen; sie sprachen auch über die Verklärung. Jesus hatte sie mit auf den Berg genommen, um ihnen die Augen zu öffnen, damit sie in die geistliche Dimension hineinsehen und hineinhören konnten. An jenem Tag wurde im Leben der Apostel die Gabe der Unterscheidung der Geister aktiviert. Sie sahen den verherrlichten Christus und vernahmen auch die hörbare Stimme des Vaters. Mir wurde klar, dass auch Jesus ein Seher war. Auf diese Weise konnte er ununterbrochen sehen und hören, was sein Vater gerade im Himmel tat (vgl. Joh 5,19). Ich empfing zudem die Offenbarung, dass der Herr will, dass sein Volk ebenfalls ein Volk von Sehern wird. Er möchte, dass wir über die Dinge sprechen, die wir im Bereich des Geistes sehen und hören. Er ist dabei, Menschen zu aktivieren, Seher zu sein.

Als ich den Herrn wegen der Geschehnisse intensiv suchte, gab er mir die Anweisung, die Geschichte von der letzten Ausgießung seines Geistes zu studieren. Ich wusste, dass er sich dabei auf den Toronto-Segen bezog, eine Erweckung, die im Jahr 1994 in Kanada begann und von hunderttausenden Menschen aufgesucht wurde. Viele von ihnen wurden zu Augenzeugen übernatürlicher Geschehnisse bzw. wurden errettet. Der Herr trug mir aber auch auf, die Geschichte der Propheten in Kansas City zu studieren. Ich sagte ihm, ich wüsste wirklich nicht, wie ich da vorgehen solle. Worauf er sagte: „Ich werde dir Hilfe schicken.“ Innerhalb von sechs Stunden wurde mir eine große Menge von historischer Literatur übergeben – wovon einiges veröffentlicht und einiges unveröffentlicht war – über all die Geschehnisse, die sich in Kansas City in den 1980er und 1990er Jahren zugetragen hatten.

Wir müssen aus unserer Geschichte lernen

Ein Freund, der ein persönlicher Assistent einer der Leiter der Gemeinde war, in der sich die Propheten von Kansas City trafen, gab mir Dutzende Aktenordner, unveröffentlichte Briefe und Notizen zum Studieren. Er erzählte mir, er habe das ganze Material schon über ein Jahrzehnt aufbewahrt und habe aus irgendeinem Grund den Eindruck, ich könne das Material vielleicht gebrauchen. Das erstaunte mich. Über mehrere Wochen hinweg studierte ich diese Literatur und – entsprechend der Führung des Herrn – noch viele andere Informationsquellen.

Von besonderem Interesse waren die Briefe, die nie veröffentlicht worden waren. Es waren aber auch Briefe dabei, in denen die Propheten aus Kansas City verurteilt wurden und die veröffentlicht und an hunderte Gemeinden gesandt worden waren. Mit der Zeit erkannte ich, dass es einen starken Zusammenhang zwischen dem Toronto-Segen, den Propheten in Kansas City und John Wimber und der Vineyard-Bewegung gab. Die Ausgießung in Toronto wurde am 20. Januar 1994 entfacht, als John Arnott Randy Clark eingeladen hatte, auf einer viertägigen Konferenz zu sprechen. Während dieser Versammlungen fiel die Kraft des Heiligen Geistes auf unerwartete Weise in der *Airport Vineyard* (Vineyard-Gemeinde am Flughafen).

Die Leiterschaft entschied sich, die Veranstaltung zu verlängern, und die Ausgießung in Toronto berührt bis zum heutigen Tag immer noch Menschenleben auf der ganzen Welt. Als sich jedoch die Kraft Gottes auf ungewöhnliche Weise manifestierte, führte dies damals zu einem Bruch innerhalb der Gemeinde. Ich war neugierig darauf zu erfahren, weshalb der Herr wollte, dass ich all diese Dinge studierte. Schließlich begann ich zu erkennen, dass sich so etwas wie ein roter Faden durch alle diese Ereignisse zog. Was wollte der Herr mich durch die Geschichte dieser jüngsten Erweckungen lehren?

Ich ließ wegen dieser Sache nicht locker, und schließlich sagte der Herr: „Diejenigen, die nicht um ihre Geschichte wissen, sind dazu verdammt, sie zu wiederholen." So wurde mir klar, dass diese Sache dem Herrn sehr am Herzen liegen musste. Ich fand die Geschichte einfach faszinierend, je mehr ich mich hineinvertiefte. Da ich zufällig einige Leute kannte, die zum inneren Kreis dieser jüngsten historischen Ereignisse gehörten, hatte ich das Vorrecht, ihnen viele Fragen zu stellen.

Je mehr ich diesen Zeitabschnitt der Kirchengeschichte aus der jüngsten Zeit untersuchte, desto mehr erkannte ich, wie bedeutsam er war. Trotzdem konnte ich nicht verstehen, warum der Herr mir fortwährend auf übernatürliche Weise all diese historischen Fakten offenbarte. Ich wurde langsam besorgt und fragte den Herrn fast täglich, was er mit all dem Wissen von mir wollte. Eines Morgens in meinem Gebetskämmerchen fragte ich ihn zum ungefähr tausendsten Mal danach. Plötzlich antwortete der Herr auf meine Frage mit klarer und vielleicht sogar hörbarer Stimme: „Die Geschichte steht im Begriff, sich zu wiederholen. Lass dich nicht vom Wirbelwind gefangen nehmen." Ich griff meine Notizen und schrieb diese Worte nieder.

Ich setzte meine Gebets- und Fastenzeit noch intensiver fort und entwickelte eine schwere Last für die Gemeinde. Ich erkannte: Wenn die Geschichte dabei ist, sich zu wiederholen, stehen wir an der Schwelle einer großen Ausgießung von Gottes Geist. Also freute ich mich. Trotzdem wusste ich ja auch, dass die letzte Ausgießung eine Kluft im Leib Christi erzeugt und die Gemeinde gespalten hatte. Ich war sehr besorgt und verwirrt über das, was ich gehört hatte. Diese Last in meinem Geist wurde immer größer, und ich entschloss mich, den Rat einiger gottesfürchtiger Leute einzuholen.

Ich nahm Kontakt zu einem anderen Freund auf, der einer der Hauptleiter in der Gemeinde in Kansas City gewesen war, als im Januar 1994 die Toronto-Erweckung ausbrach. Er hatte die Krise erlebt, die wegen der Propheten in Kansas City und der Erweckung in Toronto aufgekommen war. Er hatte sich dafür eingesetzt, dass die negativen Folgen geheilt wurden, die mit dem Konflikt verbunden waren, der sich immer weiter ausgebereitet und einen Bruch im Leib Christi erzeugt hatte. Da mein Freund sich persönlich geholfen hatte, mit der Situation umzugehen, glaubte ich, dass er mir einen guten Rat und Führung in dieser Situation geben konnte. Ich hatte die Hoffnung, dass er mir aufgrund seiner Erfahrung und Weisheit weitere Wegweisung und Offenbarung geben könnte bezüglich dessen, was ich vom Herrn gehört hatte.

Wir trafen uns bei Starbucks in der Stateline Avenue und ich erzählte meinem Freund, was mir auf dem Herzen lag und auch von meinem Eindruck, dass wir dicht vor einer großen Ausgießung des Geistes stünden. Jedoch erzählte ich ihm auch von meiner Besorgnis und dass ich glaubte, die Geschichte sei dabei, sich zu wiederholen. Er lauschte still meinen Worten. Als ich ihm den genauen Wortlaut von dem wiedergab, was ich gehört hatte – „Die Geschichte ist im Begriff, sich zu wiederholen. Lass dich nicht vom Wirbelwind gefangen nehmen" –, konnte ich nicht umhin zu bemerken, dass das Gesicht meines Freundes etwas blasser und seine Augen größer wurden. Er erzählte mir, dass, bevor die Auseinandersetzungen in Kansas City losgingen, die Leiterschaft bereits einige Warnungen bekommen hatte über das, was in Kürze geschehen würde. Menschen hätten Träume, Trancen und Visionen gehabt, die alle eine ähnliche Botschaft beinhalteten: „Seid vorsichtig; ein Wirbelwind wird kommen."

Bald darauf erkannte ich, dass der Goldadler in der Tat ein Zeichen und ein Wunder war. Der Goldadler stand für die Sehersalbung und die Freisetzung der Gabe der Unterscheidung der Geister. Die Tatsache, dass der Adler in Kansas City gelandet war, führte zu der Offenbarung, dass der Herr im Begriff war, in vielen Städten die prophetische Gabe der Sehersalbung in einer frischen und ursprünglichen Form freizusetzen. Im Jahr 2007 teilten wir diese prophetische Botschaft in vielen Nationen mit und ermutigten Menschen, ihre Herzen zu prüfen, um sich für diese gewaltigen Ausgießungen vorzubereiten. Während wir reisten, entdeckten Kathy und ich, dass Adler in viele Städte der Vereinigten Staaten und überall auf der Welt zurückkehrten.

Uns wurde ein Zeitungsartikel über ein Paar Goldadler gegeben, die ihr Nest in einer der größten Städte in den Niederlanden gebaut hatten. Die Gesundheit der Goldadler wurde wiederhergestellt und sie fingen an, weltweit in Großstädten aufzutauchen. Uns fielen viele Medienberichte über dieses Phänomen ins Auge. Die Wiederkehr von Adlern im Natürlichen ist ein Zeichen dessen, was der Herr im Bereich des Geistes tut. Die Sehersalbung ist im Begriff, in großem Maß in vielen Städten und Nationen überall auf der Erde freigesetzt und wiederhergestellt zu werden, indem der Heilige Geist die Gabe der Unterscheidung der Geister ausgießt. Ich werde im nächsten Kapitel noch mehr Einzelheiten mitteilen, wie ich diese Offenbarung empfangen habe.

Kapitel 19

Die Zeit der Goldadler

Ende Mai 2007 fuhr ich damit fort, den Herrn wegen der sich entfaltenden Ereignisse zu suchen. An einem sonnigen Morgen betete ich in meinem Gebetskämmerchen und bat den Herrn um Führung und Weisheit. Einen kurzen Augenblick sah ich Jesus im Geist. Er machte eine Bewegung, ich solle zu ihm kommen. Er winkte mir genauso zu wie damals im Jahr 2001. Ich sagte nur: „Ja, Herr." Sofort wurde ich durch Zeit und Raum katapultiert. Als ich dann „landete", war Jesus dort, um mich willkommen zu heißen. Der Herr umarmte mich zärtlich.

Der Herr gab zu verstehen, dass wir uns auf eine große Granitbank setzen sollten, die nah am Rand eines riesigen Abgrunds stand. Ich sah, dass wir uns auf einer extrem hohen und schönen Bergkette befanden. Diese prachtvollen Berge waren gewaltig und ihre hohen, schneebedeckten Gipfel ragten weit in den azurblauen Himmel nach oben. Die himmlischen Berge waren sogar noch weitaus höher als das Himalayagebirge auf der Erde. In der Tat war mir irgendwie bewusst, dass die Himalayaberge im Vergleich zu diesen himmlischen Riesen nur kleine Vorgebirge waren. Diese Berge waren absolut herrlich und atemberaubend anzusehen. Was für ein gewaltiger Segen es doch war, mit Jesus in dieser wunderbaren Umgebung zu sein (vgl. 2 Kor 4,18).

Der Herr wurde von einer mir vertrauten Gruppe von vier Engeln flankiert. Stattliche Goldadler kreisten ruhig in dem schönen klaren Himmel weit über unseren Köpfen. Es war beeindruckend, die Adler anzuschauen, wie sie anscheinend ohne jegliche Anstrengung dahinglitten, während ihre Schwingen zärtlich von den himmlischen Winden berührt wurden, die in dieser Höhe ganz sanft wehten. Ich war völlig fasziniert davon und bestaunte lange Zeit die Schönheit dieser Aussicht. Ich vergaß dabei sogar, wo ich mich eigentlich befand. Plötzlich kreischte einer der Goldadler und ich wurde wieder ins Bewusstsein zurückgeholt. Dann erinnerte ich mich daran, dass der Herr ja neben mir saß. Ich wandte mich ihm zu und sah, dass er mich freundlich anlächelte. Seine Schöpfung ist einfach prachtvoll!

Mit einer ausladenden Geste seiner linken Hand wies Jesus auf die Aussicht hin und sagte: „Es ist wahrhaftig wunderschön, nicht wahr?" Der Herr fuhr fort: „Ich habe dich hierher eingeladen, um dir etwas zu zeigen." Dann nahm Jesus seine rechte Hand und deutete auf einen der großen Berge uns gegenüber. Er war wohl Hunderte Kilometer von uns entfernt. Jesus fragte: „Siehst du das?" Ich strengte meine Augen an, doch das Einzige, was ich sehen konnte, war eine gewaltige Bergspitze in sehr weiter Entfernung. Ich geriet ein wenig in Verlegenheit, weil ich nicht sehen konnte, was Jesus mir enthüllen wollte.

Schau noch einmal

Der Herr sagte: „Schau noch einmal." Während ich den Berg dieses Mal betrachtete, war es, als wären meine Augen plötzlich fähig, schärfer zu sehen. Es war, als würde ich durch ein Teleskop schauen, und ich konnte den Berg deutlich sehen.

„Ich sehe, Herr."

Jesus sagte: „Schau noch einmal."

Als ich dies tat, wurde mein Sehvermögen nochmals um ein Vielfaches vergrößert und ich konnte die Felsspitzen sehr gut erkennen.

„Schau ein wenig höher", sagte er.

Da sah ich einen riesigen Adlerhorst. Genau in diesem Augenblick sah ich einen der wunderschönen Goldadler sanft auf dem Rand des Nestes landen. Ich konnte den Adler deutlich erkennen, aber von dieser Entfernung konnte ich keine Details ausmachen.

Jesus zeigte nochmals in die Richtung und sagte: „Schau noch einmal."

Noch einmal wurde mein Sehvermögen um ein Hundertfaches vergrößert. Nun war ich in der Lage, den Goldadler bis ins kleinste Detail zu erkennen. Ich konnte sogar das Funkeln in den strahlenden gelben Pupillen des Vogels sehen. Der Adler drehte seinen Kopf, und ich sah, dass er mich anschaute. Ich konnte dabei sogar erkennen, wie die Pupille dieser himmlischen Kreatur uns fokussierte. Dann kreischte der Adler, begab sich in die Luft und schwebte höher in den Himmel hinauf. Ich war sprachlos über die erstaunliche und unglaubliche Salbung zu sehen, die ich in diesem wunderbaren Moment hatte.

Das Nest des Adlers war gewaltig. Ich erinnerte mich an das, was ich über Goldadler erfahren hatte. Da Goldadler ihrem Partner ein Leben lang treu bleiben, kehren sie jährlich zum selben Nest zurück und fügen ihrem Zuhause immer wieder etwas hinzu. Als Folge davon werden einige Nestbauten von ihnen ziemlich groß. Dieses Nest schien riesig zu sein. Es hatte einen Durchmesser von 30 Metern oder mehr. Während ich darüber nachsann, versank ich in meinen Gedanken, bis Jesus meine Überlegungen unterbrach. „Schau noch einmal", sagte er.

Es schien, als ob mein Sehvermögen noch einmal sehr stark vergrößert wurde. Jetzt konnte ich das Nest des Goldadlers bis ins kleinste Detail erkennen. Ich sah Eier, nicht nur eins oder zwei oder ein paar; da lagen viele Hunderte von Goldadler-Eiern. Ich war von dieser Sicht nicht nur überrascht, sondern regelrecht gefesselt. Dann bemerkte ich, dass einige der Eier anfingen zu wackeln und sich leicht bewegten. Als ich das Nest noch weiter beobachtete, sah ich überraschenderweise, dass eines der Adlereier aufbrach, als ein kleiner Teil der Schale sich ablöste. Dann beobachtete ich, wie ein kleiner Schnabel aus dem Ei hervorkam. Bald darauf rollte das Ei auf die Seite und ich sah, wie ein Adlerküken sich den Weg aus der Schale erkämpfte und wackelig auf das Nest stakste. In diesem Augenblick kehrte einer der Goldadler zurück, um das Adlerjunge sanft mit seinem Schnabel zu beschnuppern und zu untersuchen.

Bald bemerkte ich, dass Dutzende von Eiern am Wackeln waren und sich bewegten. Innerhalb weniger Minuten beobachtete ich, wie mehrere Goldadlerküken sich mit ihrem Eizahn aus ihrem eiförmigen Gefängnis befreiten und schwächlich auf dem riesigen Nest herumhumpelten.

Dann sagte der Herr: „Horche."

Ich strengte meine Ohren an und konnte die Babyadlerjungen hören. Sie schienen zu zwitschern, aber ich konnte sie nicht ganz deutlich hören. Jesus forderte mich auf, noch einmal hinzuhören, und mein Hörvermögen wurde jetzt sehr verstärkt. Ich konnte hören, wie die Adlerküken zwitscherten: „Seher, Seher, Seher."

Versetzt durch Zeit und Raum

Sofort reiste ich im Geist zur Nacht in Mwanza im Jahr 2001 zurück, als Jesus mich besucht hatte. Ich konnte spüren, wie mein Geist durch Zeit und Raum beschleunigt wurde. Plötzlich durchlebte ich noch einmal die Vision, die ich im Tilapia-Hotel erlebt hatte. Ich befand mich also nun in einer Vision innerhalb einer Vision. Ich hörte auf übernatürliche Weise all die Dinge, die Jesus mir in jener Nacht über die Sehersalbung mitgeteilt hatte. Jesus hatte mich angewiesen, über die Sehersalbung in der Bibel nachzuforschen und in meinem Herzen über diesen Besuch nachzusinnen, bis er mir die Erlaubnis geben würde, darüber zu sprechen. Mein Körper lag abermals auf dem himmlischen Sandboden am gläsernen Kristallmeer.

Es fühlte sich für mich genauso an, als wäre ich wieder auf dem Fliesenfußboden in Afrika. Ich erlebte alles noch einmal. Ich sah Hunderte von Engeln, wie sie auf Jesus auf- und niederstiegen. Der Herr stand oberhalb von mir und sprach noch einmal zu mir über die Sehersalbung. Nach einer langen Zeit beförderte die Stimme des Herrn mich zurück durch Raum und Zeit. Einen Augenblick lang war ich mir nicht sicher, wo ich mich überhaupt befand, bis ich einen der großartigen Goldadler kreischen hörte. Im nächsten Moment erinnerte ich mich daran, dass ich mich mit Jesus auf der Granitbank in der Nähe des steilen Abgrunds befand, und nicht mehr auf dem himmlischen Strand am gläsernen Kristallmeer. Der Herr sah mich liebevoll an und sein wunderschönes Lächeln schenkte mir tiefen Trost und Frieden.

Die gesamte Begegnung und die übernatürliche Fähigkeit, so deutlich zu sehen und zu hören, die der Herr mir geschenkt hatte, waren einfach umwerfend. Ich war sprachlos, während ich noch einmal über all die Dinge, die ich gerade gesehen und gehört hatte, nachdachte. Nach einer ganzen Weile wusste ich, dass es an der Zeit war, mich neben Jesus zu stellen. Wir standen zusammen auf und der Herr schaute tief in meine Augen. Einen Augenblick lang war die Macht seiner Liebe überwältigend. Sie fühlte sich genauso an, wie damals, als ich das allererste Mal zu Jesus gebetet hatte. Es war die gleiche bedingungslose Liebe, die ich in Springdale in Kanada erlebt hatte, als Jesus am 25. November über mir stand. Ich war noch immer fassungslos und hatte Schwierigkeiten alles zu begreifen, was sich gerade zutrug (vgl. Apg 4,19-20).

Zeit zum Weitergeben

Jesus sprach zu mir: „Die Zeit ist gekommen, dass du nun anfängst, weitergeben, was ich dir über meine Seher gezeigt habe." Daraufhin sprach Jesus viele Dinge in mein Herz hinein. Als Jesus seine Worte beendet hatte, war ich erfüllt mit Offenbarung über die übernatürlichen Phänomene, die ich kurz vorher erlebt hatte. „Geh jetzt und schreibe die Dinge auf, die du gesehen und gehört hast. Erinnere dich daran, dass ich immer bei dir bin, wohin du auch gehst. Habe keine Furcht, die Dinge mitzuteilen, die ich dir gezeigt habe."

Der Herr legte seine Hände auf meine Schultern und schaute noch einmal tief in meine Augen. Er lächelte mich an und sagte: „Für heute, auf Wiedersehen." Noch einmal erlebte ich, wie ich durch Raum und Zeit befördert wurde und dann wieder in meinen Körper „eintrat". Ich befand mich wieder in meinem Gebetszimmer in Kansas City – und war schweißgebadet. Tränen flossen aus meinen Augen. Lange Zeit konnte ich mich nicht bewegen. Ich blieb in dem Ruhesessel in meinem Gebetsraum sitzen und sann nochmals über alles nach, was ich soeben gesehen und erlebt hatte. Nach einer Weile schrieb ich die Ereignisse in mein Tagebuch.

Ich habe eine göttliche Offenbarung darüber gehabt, dass sich souveräne und globale Ausgießungen von Gottes Geist in Richtung Erde bewegen. Sie werden ähnlich plötzlich hereinbrechen wie der Feuerball, der mich in Kanada überrascht hatte. Diese weltweiten Erweckungen werden auf völlig unerwartete Weise kommen und ganz plötzlich auftreten. Es wird keinerlei Möglichkeiten geben, das aufzuhalten, was der Herr im Begriff ist, auf der Welt zu tun. Der Herr ist kurz davor, unzählige Ausgießungen seines Heiligen Geistes freizusetzen.

Es wird viele Erweckungen an vielen Orten geben. Großstädte werden Ausgießungen von Gottes Barmherzigkeit, Liebe und souveräner Kraft erfahren. Diese Städte oder „Teiche der Barmherzigkeit" werden auf jedem Kontinent auf der Welt zu finden sein. Die Leiter dieser Erweckungen werden nicht immer berühmt sein; vielmehr werden viele unbekannt und bescheiden sein. Viele der Ausgießungen werden von Kindern und Jugendlichen entfacht werden, während sie beten und den Herrn mit tiefer Herzensbuße und Fasten suchen. Einige der größten Erweckungen werden in den Herzen Einzelner geschehen. Einzelne Personen werden durch ihre Gebete die Zukunft von Regionen und ganzen Nationen verändern, während sie eine persönliche Ausgießung der Liebe Gottes in ihrem Leben erfahren – und es lernen, mit den Engeln Gottes zusammenzuarbeiten.

Kapitel 20

Die Wiederherstellung der Gaben und die bevorstehenden weltweiten Erweckungen

Es ist wichtig, dass wir unsere jüngste Geschichte kennen, da die Geschichte im Begriff ist, sich zu wiederholen. Der Herr ist schon dabei, ein Werk der Wiederherstellung im Leib Christi zu beginnen (vgl. Apg 3,21). Wir haben erlebt, wie der Herr in den letzten etwa 100 Jahren die meisten Gaben wiederhergestellt hat. Hier nun ein ungefährer Zeitablauf, was diese Wiederherstellung angeht.

1906 wurden mit der sogenannten *Azusa-Street*-Erweckung die Gaben des Zungenredens und der Auslegung von Zungen wiederhergestellt.

1946 hatte William Branham als Antwort auf seine Gebete einen Besuch von einem Engel. Dieser Engelbesuch entfachte die Bewegung *Voice of Healing* (Stimme der Heilung), in deren Folge die Gaben der Wunder und Heilungen in der Gemeinde wiederhergestellt wurden. Diese Bewegung weckte auch die noch schlummernden Gaben des Wortes der Erkenntnis und des Wortes der Weisheit.

1947 wollte Gordon Lindsay William Branham in seinem Dienst helfen. Man kann nachlesen, dass William Branham äußerst kraftvoll in der Gabe der Prophetie, dem Wort der Weisheit, dem Wort der Erkenntnis und den Gaben der Wunder und Heilungen wirkte. Diese Gaben wurden als direkte Folge von zuverlässig dokumentierten Engelbesuchen aktiviert.

Leider verstrickte sich Branham in seinem späteren Dienst in falsche Lehren. Und dennoch wurden Hunderte anderer geistlicher Diener durch die Wiederherstellung dieser „Kraftgaben“ mittels der Salbung, die der Herr auf Branham gelegt hatte, beeinflusst. Diese Diener wurden aktiviert oder empfingen Gabenübertragungen und fingen an, mit großer Kraft und Autorität in den Geistesgaben zu wirken.

Die Bewegung *Voice of Healing* löste von 1946 an bis in die 1950er Jahre hinein eine Heilungserweckung in Amerika und darüber hinaus aus. Gordon Lindsay half später dabei, den Dienst unter anderem folgender Männer zu koordinieren: F. F. Bosworth, Kenneth E. Hagin, T. L. und Daisy Osborn, Jack Coe, Paul Cain, Ern Baxter, Jack Moore, A. A. Allen, Oral Roberts und Billy Paul Branham, um nur einige zu nennen. Tatsächlich gab es hunderte Männer, die in der Kraft des Heiligen Geistes dienten und in Verbindung mit der Bewegung *Voice of Healing* standen. Die meisten dienten aktiv und nachweisbar in allen diesen vier „Kraftgaben“.

In den 1950er Jahren hatte Kenneth E. Hagin eine Begegnung mit Jesus Christus. Der Herr trug Hagin auf: „Lehre mein Volk über Glauben.“ Durch den Dienst von Kenneth Hagin und einigen anderen wurde die Gabe des Glaubens in den 1950er und 1960er Jahren im Leib Christi wiederhergestellt. Sowohl Kenneth Hagin als auch Gordon Lindsay führten ihr Leben in Gnade und Würde zu Ende.

Ich empfehle Kenneth E. Hagins Buch *Ich glaube an Visionen*. Dieses Buch hat mein Denken verwandelt, als ich erstmals übernatürliche Begegnungen mit Jesus und seinen Engeln erlebte. Es ist eine großartige Quelle und gleichzeitig nicht „übergeistlich“. Hagins Lehren in diesem Buch sind sehr bodenständig, wenn es um übernatürliche Begegnungen und Besuche geht.

Ab dem Jahr 1948 wurde die Gabe der Prophetie im Leib Christi wiederhergestellt, was mit der *Latter-Rain*-Bewegung (Spätregen-Bewegung) seinen Ausgang nahm. Durch die späten 1970er bis in die 1980er Jahre hinein entwickelte sich die Gabe der Prophetie in der Pfingstbewegung, der Jesusbewegung und anderen noch weiter.

Ab 1982 wurde die *Vineyard*-Bewegung durch den Dienst von John Wimber in Kalifornien bekannt. Diese Bewegung brachte die Gabe der Prophetie in den meisten Teilen des Leibes Christi zur vollen Blüte.

In dieser Zeit wurden die Gabe der Prophetie und die Gabe der Heilungen wieder vereint. John Wimber half mit, diese beiden Gaben im Leib Christi auf eine völlig neue Ebene zu bringen. Die *Vineyard*-Bewegung hat diese Geistesgaben in die Nationen hinausgetragen. Einer der Aspekte der Lehren von John Wimber war, dass jeder vom Herrn in den Geistesgaben gebraucht werden kann.

Von 1980 bis ungefähr 1992 müssen auch die Propheten aus Kansas City dafür Anerkennung bekommen, dass sie dabei geholfen haben, die Gabe der Prophetie wiederherzustellen.

1994 trugen John Arnott und seine Frau Carol wesentlich dazu bei, die Ausgießung in Toronto (Kanada), bekannt als der Toronto-Segen, in die richtigen Bahnen zu lenken. John und Carol Arnott gebührt für ihre Demut und ihre Fähigkeit, der Leitung des Heiligen Geistes zu folgen, große Anerkennung. Dadurch, dass sie dem Heiligen Geist die Erlaubnis gegeben haben, sich inmitten der Ausgießung frei zu bewegen, haben die Arnotts ein nachhaltiges Modell geschaffen, wie man mit den bevorstehenden weltweiten Ausgießungen umgehen kann. Der Toronto-Segen hat weiterhin Auswirkungen auf die Nationen, indem ganz normale Menschen trainiert werden, in den Gaben der Prophetie, der Wunder und der Heilungen wirksam zu werden. Viele Menschen und Dienste wurden in der *Toronto Airport Christian Fellowship* vom Herrn mächtig berührt und haben immer noch einen unglaublichen Einfluss in anderen Nationen und Regionen dieser Welt. Neben vielen anderen haben Roland und Heidi Baker von „Iris Ministries“ beispielhaft vorgelebt, wie man eine Salbung „ergreifen“ und sie bis an die Enden der Erde tragen kann. Tausende werden durch ihren Dienst der Liebe und der Kraft in Ostafrika gerettet und berührt.

Heutzutage wird die Gabe der Unterscheidung der Geister in der Gemeinde freigesetzt und wiederhergestellt. Wir werden sehen, wie die Freisetzung dieser Geistesgabe in den kommenden Tagen zunehmen wird. Sie spielt in den vor uns liegenden weltweiten Ausgießungen eine sehr wichtige Rolle. Viele ganz normale Menschen werden durch diese Gabe übernatürlich bevollmächtigt werden und anfangen Engel zu sehen und mit ihnen zusammenzuarbeiten, um die Welt zur Ehre Gottes zu beeinflussen.

Seher

Der Herr wird überall auf der Welt Seher hervorkommen und aufstehen lassen. Es wird Tausende von Sehern aus jedem sozialen und wirtschaftlichen Spektrum geben. Diese Seher werden bevollmächtigt sein, in den Geist zu sehen und mit den Engeln Gottes zusammenzuarbeiten. Sie werden auch in einem Geist der Weisheit und der Offenbarung wirken. Durch die Salbung des Heiligen Geistes werden sie wissen, wie sie Nutzen aus der Erkenntnis und der Offenbarung ziehen können, die sie aus dem himmlischen Bereich empfangen. Dies werden ganz gewöhnliche Menschen sein. Männer, Frauen und Kinder werden dazu gesalbt werden, in der Gabe der Unterscheidung der Geister und der Sehersalbung wirksam zu werden.

Viele der Seher sind noch in Entwicklung, und viele sind unreif oder wachsen noch in ihre Gabe hinein. Aber der Herr hat bereits damit begonnen, Menschen hervorzubringen, die in der Sehersalbung Reife entwickeln. Sie wirken bereits in der Gabe der Unterscheidung der Geister. Viele arbeiten jetzt schon regelmäßig mit Engeln zusammen. Einige dieser Vorreiter werden als Lehrer wirksam sein (vgl. Eph 4,11). Sie werden junge Menschen trainieren, die gerade erst damit beginnen, in der Sehersalbung zu wirken. Der Herr wird auf der gesamten Welt weiterhin „Schulen des Geistes" oder „Adlernester" ins Leben rufen.

Diese Schulen werden Seher trainieren und zurüsten und ihnen helfen, in der Gabe und der Fähigkeit zu sehen zu wachsen und zu reifen. Sie werden ihre geistlichen Gaben in einer sicheren und ermutigenden Umgebung wachsen und reifen lassen können. Diese Trainingszentren werden in jeder Region aufgebaut werden. Pastor Bill Johnson hat mitgeholfen, solch einen Ort in Form der *Bethel School of Supernatural Ministry* (Schule für übernatürlichen Dienst) in Redding (Kalifornien) aufzubauen. Diese Schule ist ein großartiges Beispiel für solch eine Art von „Zurüstungszentrum".

Eine der Eigenschaften dieser Seher ist, dass sie eine unglaubliche Fähigkeit besitzen, in die geistliche Welt hineinzusehen und danach die Informationen, die sie dabei erhalten, praktisch anzuwenden. Diese Menschen haben auch eine unglaubliche Fähigkeit, sehr deutlich vom Herrn zu hören. Dies wird die Umsetzung von Lukas 11 und Matthäus 6 sein. Sie werden in der Lage sein, zu sehen und zu hören, was im himmlischen Bereich passiert, und das Vorrecht und die Autorität besitzen, es auf der Erde freizusetzen – so wie es Jesus uns vorgemacht hat.

Dies stellt ein Kreuz dar. Seher werden vertikal in den Himmel hinaufgehen und dann die Offenbarung, die sie dort hören und sehen, horizontal auf der Erde freisetzen. Einige Leute bezeichnen dies als „Fürbitte vom dritten Himmel her". Diese Art von Offenbarung ist auch eine Ausprägung des Wortes der Erkenntnis und Wortes der Weisheit. Sie erlaubt es ganz normalen Menschen, auf der Erde freizusetzen, was im Himmel „bedeutend und wahr" ist.

Eine Zeit, unsere Herzen zu prüfen und vorzubereiten

Es ist sehr wichtig, dass wir in dieser Stunde anfangen, unsere Herzen zu prüfen. Momentan befinden wir uns in einem Zeitabschnitt der Gnade, um unsere Fundamente und die verborgenen Motive unseres Herzens zu überprüfen. Zurzeit erschüttert der Herr sein Volk, um es für die bevorstehenden weltweiten Ausgießungen vorzubereiten. Alles, was wir aufgebaut haben, was aber nicht auf dem Felsen Jesu Christi gegründet wurde, wird erschüttert werden und einstürzen. Wir alle müssen uns die Zeit nehmen, unsere Fundamente und die versteckten Kammern unseres Herzens zu erforschen. Das Herz der Gemeinde ist momentan noch nicht vorbereitet, Ausgießungen solchen Ausmaßes zu empfangen. Es ist möglich, dass wir einige dieser Erweckungen verpatzen, wenn wir unsere Herzen nicht angemessen vorbereiten und reinigen. Wir alle müssen unseren Fleiß daransetzen, unsere Herzen in diesem Bereich zu hüten und zu prüfen (vgl. Ps 51,10-14; 1 Sam 16,7).

Zwei der immer wiederkehrenden Stolpersteine in allen Bewegungen und Erweckungen, die wir uns angesehen haben, waren, mit wenigen Ausnahmen, geistlicher Stolz und Götzendienst. Unser Augenmerk darf ausschließlich Jesus gelten, ihm allein. Unsere menschliche Natur ist gefallen. Die Geschichte zeigt, dass wir Menschen im Leib Christi erhoben haben und nicht Jesus Christus, das Haupt des Leibes. Wir neigen in der Gemeinde dazu, Menschen zu erheben und anzubeten. Das ist Götzenanbetung. Ein biblisches Beispiel dafür finden wir in 1. Samuel 8,5-6: *„Nun setze doch einen König über uns, damit er über uns Richter sei, wie es bei allen Nationen ist! ... Gib uns einen König, damit er Richter über uns sei! ...“*

Das Volk Gottes lehnte Gott als seinen König ab und wählte sich einen Menschen. Es ist leicht, einen Menschen mit unseren natürlichen Augen zu sehen, aber es bedarf der Übung, den Herrn zu „sehen“ und zu „hören“. Diese Dynamik trifft auch heutzutage noch auf Gottes Volk zu. Sie wohnt unserer gefallenen menschlichen Natur inne. Wir weisen Gott zurück und schauen auf Menschen. Genau das führt zu Götzenanbetung innerhalb der Gemeinde. Deshalb ist es auch unabdingbar, dass wir danach trachten, in das Ebenbild Christi umgewandelt zu werden.

Wenn wir anfangen, Lehrer, Pastoren oder Prediger zu großzumachen und sie auf ein Podest heben, kann dies zu einer Form von Götzendienst werden. Anstatt auf Gott, fangen wir an auf die Männer oder Frauen zu schauen, die Gott mit Kraft und Gaben gesalbt hat. Dies war ein entscheidendes Element, das zum Fall von fast jeder Erweckung und Ausgießung innerhalb der Geschichte geführt hat. Einzelne Menschen können zu Götzen in unserem Leben, unseren Herzen und unserem Denken werden. Wir glauben dann mehr dem, was der Prophet, der Pastor, der Lehrer oder der Evangelist sagt, als der Heiligen Schrift. Ihre Worte und Dienste ersetzen unsere Beziehung zum Herrn. Sowohl geistliche Diener als auch der Leib Christi können sich hier schuldig machen, mich eingeschlossen. Wir sollten uns daran erinnern, was die Bibel in Galater 5,20-21 sagt, nämlich *„dass die, die so etwas tun* [Götzendienst]*, das Reich Gottes nicht erben werden"*.

Als Folge dieses Götzendienstes beten wir nicht mehr selbst, um persönlich Führung vom Herrn zu bekommen, und werden stattdessen zu Sklaven von Menschenworten. Es ist einfacher, Menschen zu erlauben, Fürbitte für uns zu tun, um an unserer Stelle von Gott zu hören. Unbewusst fangen wir auf diese Weise an, einen Menschen und nicht mehr den Messias anzubeten. Dies ist ein grundlegender Schwachpunkt im „Prominenten-Evangelium" oder dem „Prominenten-Christentum", das heutzutage auf der Welt weit verbreitet ist. Wir vergöttern Persönlichkeiten, und Jesus wird nicht mehr verherrlicht. Viele geistliche Diener sind sich dieser Dynamik bewusst und schützen ihre Herzen davor. Es passiert sehr leicht, in diese satanische Falle zu tappen. Andere Diener lassen sich in ihrer Unwissenheit auf den Glanz, den Ruhm und die Vergötterung ein, die sie von verwundeten Menschen bekommen.

Es ist unumgänglich, dass jeder von uns eine innige und persönliche Beziehung zu Jesus entwickelt. Es ist gefährlich, von anderen Menschen abhängig zu werden und sie unser geistliches Leben bestimmen zu lassen, ganz egal, wie gesalbt, hervorragend oder berühmt sie auch sein mögen. Dies war ein Schlüsselelement beim Niedergang der *Voice-of-Healing*-Bewegung und bei vielen anderen historischen Bewegungen und Erweckungen. Die Wurzel dieser „Herzenshaltung" kann bis ins Jahr 313 n. Chr. zurückverfolgt werden, als Konstantin das Edikt von Mailand erließ, welches das Gesicht des Christentums und die Dynamik innerhalb der Kirche für alle Zeit verändert hat.

Während des ersten und zweiten Jahrhunderts war die Gemeinde bzw. Kirche nicht in der Weise organisiert, wie wir es heute erleben. Die meisten Christen versammelten sich in ihren Häusern oder draußen, weil es gar keine Kirchengebäude gab. Die an Christus Gläubigen trafen sich auf informelle Art und Weise und aßen normalerweise eine Mahlzeit zusammen. Oftmals haben sie sich um einen niedrigen Esstisch versammelt, oftmals auch in kleinen Gruppen, die wir heute vielleicht als „Zellgruppen" bezeichnen würden.

Es gab keinen „Pastor" in diesen Gruppen, wie wir sie heute kennen. Die Gruppen von Gläubigen verließen sich vielmehr darauf, dass der Heilige Geist den Ablauf der Versammlungen leitete. Jeder war sozusagen ein Pastor, je nachdem, was gerade anstand. Jeder Einzelne in einer Gruppe diente oder teilte etwas in seiner Salbung oder Gabe mit, ganz wie es der Heilige Geist führte. Älteste und Apostel standen zur Verfügung, um zu helfen, aber die Gemeinschaft basierte auf dem Konzept des „Priestertums aller Gläubigen". Es war ein Dienst aller Gläubigen.

Das Edikt von Mailand war für das Bauen von „Gebäuden" oder Kirchengebäuden verantwortlich. Davor trafen sich die Gläubigen in ihren Häusern. Kirchengebäude, Kanzeln und das Konzept eines Priesters (Pastors), der religiöse Versammlungen leitet, wurden nach dem Modell heidnischer Tempel, Religionen und Sekten jener Tage eingeführt. Die heidnischen Religionen hatten Hohepriester, die ihre Versammlungen leiteten. Vor 313 n. Chr. gab es weder Kirchengebäude noch Pastoren, wie wir sie heute kennen. Diese Veränderung hat die

Tür zur Götzenanbetung und Hexerei geöffnet und den Leib Christi damit infiltriert.[1]

Es ist unbedingt nötig, dass wir unsere erste Liebe an die erste Stelle setzen und es unserem Geist nicht erlauben, dass er lauwarm wird. Gott der Vater, Gott der Sohn und Gott der Heilige Geist müssen das absolute Zentrum unseres Glaubens bleiben. Unser Dienst muss immer auf dem Erbarmen und der Liebe unseres Erlösers beruhen. Wenn wir anfangen, die Gabe oder das Gefäß, das die Begabung in sich trägt, zu erheben, machen wir uns möglicherweise des Götzendienstes schuldig. Ich möchte dies sehr deutlich ansprechen. *Wir brauchen Pastoren.* Ich beabsichtige nicht, die Rolle des Pastors in der heutigen Kirche zu diskreditieren. Wir brauchen jede Dienstgabe, wie es in Epheser 4,11-12 dargestellt wird. Jesus hat uns Apostel, Propheten, Evangelisten, Pastoren und Lehrer gegeben. Wir brauchen sie alle dringend, aber wir müssen begreifen, dass es ihre Rolle ist, andere Menschen für das Werk des Dienstes zuzurüsten, damit der Leib in seiner ganzen Fülle aufgebaut werden kann. Es war niemals vorgesehen, dass Pastoren „alles machen" sollten. Es wäre von Nutzen für sie, wenn sie andere trainieren würden, dabei behilflich zu sein, sich um die Herde zu kümmern. Wir brauchen Pastoren, aber sie waren niemals dazu gedacht, alles zu überwachen oder sich um jedes kleinste Detail in jedem Bereich der Gemeinde zu kümmern. Die Gemeinde muss ein lebendiger Organismus sein mit einer symbiotischen, lebendigen Beziehung zwischen allen Teilen, welche zum Nutzen aller zusammenwirken.

In den auf uns zukommenden weltweiten Erweckungen wird der Herr anfangen, seine Kraft und Salbung durch Laien auszugießen. Einige der wirkmächtigsten und am meisten gesalbten Menschen auf diesem Planeten werden völlig unbekannt

---

[1] Vgl. Frank Viola und George Barna, *Heidnisches Christentum?* Kapitel 2: „Das Kirchengebäude"; GloryWorld-Medien, Bruchsal 2010 sowie
Sid Roth, *The Incomplete Church: Unifying God's Children* (Shippensburg, PA: Destiny Image Publishers, Inc., 2007), Kapitel 12: „Tradition".

sein. Gott wird seine Ehre nicht einfach mit einem Mann oder einer Frau teilen. Wenn wir damit anfangen, andere zu erheben, setzen wir Jesus vom Thron ab und machen uns der Götzenanbetung schuldig. Wir müssen unsere Herzen beschützen, wenn Gott nun anfängt, seine Kraft und Salbung in den vor uns liegenden weltweiten Erweckungen auszugießen. Der Herr teilt uns mit: *„Ich bin Jahwe … und meine Ehre gebe ich keinem anderen noch meinen Ruhm den Götterbildern"* (Jes 42,8). Der Herr könnte eine Blechdose oder einen Stab benutzen, um Wunder zu wirken, und er hat es in der Tat auch schon getan (vgl. 2 Mose 7,10; 15,25).

Christus: der Eckstein

Ich setze mich für keine „neue Lehrmeinung" oder Theologie ein. Jesus Christus muss der absolute Eckstein und die Grundlage unseres Glaubens an Gott bleiben. Dafür haben wir das völlig gewisse prophetische Wort, die Maßstäbe, die im biblischen Kanon niedergelegt sind und unserem Glauben eine Richtschnur sein sollen. Das Wort Gottes erklärt deutlich, dass Jesus Menschen Gaben geschenkt hat (vgl. Eph 4,8). Diese Gaben werden durch das wundervolle Wirken des kostbaren Heiligen Geistes freigesetzt und koordiniert. Der Herr wird weiterhin gewöhnliche Menschen mit seinem Geist salben und sie in den bevorstehenden weltweiten Erweckungen mit großer Effektivität und Erfolg in den Gaben des Geistes gebrauchen. Die Salbung des Heiligen Geistes ist entscheidend.

Die Bibel bestätigt eindeutig Gottes fortwährenden Plan, die Geistesgaben und Dienstgaben freizusetzen. Die nahe bevorstehende Freisetzung der Gabe der Unterscheidung der Geister und die daraus resultierende Zunahme des Engeldienstes werden niemals andere Geistesgaben oder die Salbung des Heiligen Geistes ersetzen. Die Wiederherstellung der Gabe der Unterscheidung der Geister wird die Wiedereinführung aller neun Geistesgaben auf dieser Erde vervollständigen (vgl. Apg 3,21; 1 Kor 12,1,4-12; Eph 4,11-16). Als Folge der

Wiederherstellung dieser Gabe werden viele Menschen lernen, wie sie Engel beauftragen können, wenn sie demütig im Einklang mit den Geistesgaben, der Salbung des Heiligen Geistes und dem fünffältigen Dienst zusammenarbeiten.

Wir haben in unseren Zeugnissen gesehen, dass der Dienst der Engel eng mit der Gabe der Prophetie, dem Wort der Erkenntnis, dem Wort der Weisheit, den Gaben der Wunder, den Gaben der Heilungen und ganz besonders mit der Gabe der Unterscheidung der Geister verbunden ist. Der Dienst der Engel ersetzt keinesfalls die Gaben des Heiligen Geistes, doch wird er manchmal mit den Gaben des Geistes harmonisch zusammenarbeiten. Dies wird dazu beitragen, dass wir bevollmächtigt werden, in den Geistesgaben des Herrn zu dienen, damit das Königreich Christi auf der Erde freigesetzt wird. Der Dienst der Engel wird helfen, die bevorstehenden weltweiten Heilungserweckungen herbeizuführen. Der Heilige Geist wird in Einklang mit dem Dienst der Engel wirken. Der Engeldienst wird einfach ein zusätzlicher Pfeil im Köcher Ihres Arsenals übernatürlicher Waffen für den Kampf sein (vgl. 2 Kor 10,4).

Dieselbe Art von Szenario wird sich in vielen Nationen in der nahen Zukunft wiederholen. Gott wird Engel einsetzen, um viele der bevorstehenden weltweiten Ausgießungen seines Geistes zu entfachen. Gottes Leute werden viel schneller auf göttliche Weise mit der Gabe der Unterscheidung der Geister gesalbt werden. Sie werden im Verständnis reifen, wie sie mit Engeln in Beziehung treten und mit ihnen zusammenarbeiten können, da diese ja ohnehin schon lebhaft um uns herum wirksam sind. Bereiten Sie Ihr Herz vor! Gottes weltweite Erweckungen sind im Kommen, und der Dienst der Engel wird ein wesentlicher Teil dieser gewaltigen Ausgießungen des Geistes des Herrn sein! Vielleicht ist Gott auch schon dabei, Engel einzusetzen, um in Ihrem Leben eine Erweckung zu entfachen! Wir wollen nun unsere gemeinsamen Reise abschließen, indem wir uns noch ein weiteres erstaunliches Zeugnis von einem ganz normalen Mann ansehen, der Engel sieht.

KAPITEL 21

Aktivierung und Gabenfreisetzung

Es gibt eine Reihe von Aspekten, welche viele unserer Zeugnisse aus der heutigen Zeit gemeinsam haben. Die Fähigkeit, in den Geist zu sehen, wurde aktiviert, wenn Menschen an einen Ort kamen, wo die Himmel geöffnet waren, oder wenn sie in die Nähe von jemandem kamen, der schon in dieser Gabe wirksam war. Genau das traf auch auf den Diener Elisas in 2. Könige 6 zu. Diese geistliche Wahrheit über das Sehen wird auf wunderbare Weise im Leben und Dienst von Elisa dargestellt. Er betete für seinen Diener und dieser sah die Engel, die sie in diesem Augenblick umgaben.

> *Und Elisa betete und sagte: HERR, öffne doch seine Augen, dass er sieht! Da öffnete der HERR die Augen des Dieners, und er sah. Und siehe, der Berg war voll von feurigen Pferden und Kriegswagen um Elisa herum*" (2 Kön 6,17).

Genauso wie die Engel überall um Elisa herum waren, gibt es Zeiten, in welchen die Engel des Herrn auch um Sie herum sind!

Es heißt: „Man kann die Salbung nicht von jemanden bekommen, der sie nicht hat." Elisa hatte sie. Elisa hatte die Fähigkeit, in den Bereich des Geistes zu sehen. Bei ihm war die Gabe der Unterscheidung der Geister aktiviert und sie wurde in seinem Leben wirksam. Doch Elisa hatte noch viel mehr als das. Es ist eine Sache, Engel zu sehen; es ist aber eine ganz andere, die Methoden und Wege zu verstehen, wie wir die Engel einsetzen können. Natürlich hatte Jesus diese Vollmacht,

Fähigkeit und Erkenntnis ebenfalls. Elisa und Jesus lebten beide unter einem offenen Himmel.

Wenn Gott Ihre Augen öffnet, um in die geistliche Welt hineinzusehen, erleben Sie lediglich ganz elementare Prinzipien des Königreiches. Der Herr erlaubt es aus einem bestimmten Grund, dass Ihre Augen geöffnet werden, um Engel zu sehen. Wenn wir anfangen, das zu verstehen, sind wir bereit, in Bezug auf die gewichtigeren Angelegenheiten des Königreiches Gottes Reife zu erlangen. Wir sind dann in einer Position, unsere geistlichen Sinne auszuüben (vgl. Hebr 5,14). Wir haben dann die Voraussetzungen, dass wir damit beginnen können, mit den Engeln in Beziehung zu treten und mit ihnen zusammenzuarbeiten, um Gottes Pläne auf der Erde und in unserem unmittelbaren Einflussbereich zu erfüllen.

Es ist wichtig, dass Sie Ihre Begabung trainieren, zu sehen und mit Engeln zusammenzuarbeiten. Sie sollten nach Gelegenheiten Ausschau halten, die Gaben und Salbungen zu benutzen, die Ihnen gegeben wurden. Bleiben sie nicht bei den ganz elementaren Dingen stehen; geben Sie sich nicht damit zufrieden, nur Engel zu sehen. Die Engel des Herrn sind bereit, mit Ihnen zusammenzuarbeiten. Engel reagieren mit Enthusiasmus und sind begeistert, wenn Sie sie erkennen. Aber sie geraten regelrecht in Ekstase, wenn Sie auch anfangen, ihnen Aufträge zu geben. Denken Sie daran, dass Jesus Ihnen alle Macht im Himmel und auf Erden gegeben hat. Das bedeutet, dass Sie die Vollmacht haben, mit Engeln zu arbeiten und sie loszuschicken. Erinnern Sie sich daran, dass Elisa eine Übertragung der Salbung von Elia empfing; Elisa empfing sogar einen zweifachen Anteil! Er nahm seinen zweifachen Anteil mit an den Fluss und schlug auf das Wasser. Auch Sie werden damit anfangen müssen, auf die Wasser Ihres Lebens „zu schlagen“. Sie werden die Gabe der Unterscheidung der Geister in Ihrem Leben wecken und sie sinnvoll einsetzen müssen.

Die Fähigkeit, Engel zu sehen, ist nicht etwas, was wir leichtfertig behandeln sollten. Wenn Sie anfangen, Engel zu sehen, und in der Gabe der Unterscheidung der Geister wirksam werden, wird Ihnen dies nicht ohne Grund ermöglicht. Letztendlich ist der Grund, Jesus Christus zu verherrlichen. Es ist unbedingt erforderlich, dass Sie lernen, in einer edlen und demütigen Gesinnung zu leben, wie Jesus es tat. Denken Sie daran, dass Jesus Ihr Vorbild ist.

Wir wollen nun unser Herz für das Gebet der Aktivierung und Freisetzung der Gabe vorbereiten. Denken Sie daran: „*... das Zeugnis Jesu ist der Geist der Weissagung*" (Offb 19,10). Jedes Zeugnis von einem Engelbesuch und einer Engelbegegnung in diesem Buch ist ein potenzielles prophetisches Wort, das Sie sich aneignen können. Dadurch dass Sie dieses Buch gelesen haben, haben Sie Ihr Herz und Ihren Geist schon die ganze Zeit über vorbereitet, um zu sehen.

Wir haben in vielen Städten und Nationen beobachtet, wie Menschen in der Fähigkeit, Engel zu sehen, aktiviert wurden, während wir über den Dienst der Engel gelehrt und berichtet haben. Manchmal ist für das Sehen von Engeln nicht mehr notwendig, als einfach daran zu glauben und darum zu bitten.

Gabenübertragung bei einem australischen Ureinwohner

2004 war ich in Melbourne auf einer großen Konferenz, die „Offene Himmel über Australien" hieß. Die Veranstaltung wurde vom 26. bis 28. Februar im *Melbourne Park Function Center* gehalten. Ich war Teil des Teams, das vorne im Saal für die Kranken betete. Am ersten Abend brachte eine Missionarin während der Gebetszeit mehrere australische Ureinwohner nach vorne, die alle ein Wunder brauchten. Ein Mann war auf einem Ohr taub. Ein anderer hieß Steve und kam aus dem australischen Outback (Hinterland).

Plötzlich bemerkte ich, dass der Heilungsengel hinter mich getreten war. Das ermutigte mich zutiefst, da ich sehen konnte, dass Steve völlig blind war. Mein Herz schlug also höher, da ich mir sicher war, dass der Herr Steves blinde Augen heilen wollte. Zuerst betete ich für den tauben Mann, und der Herr öffnete dessen taubes Ohr. Steve stand dicht daneben und ich konnte spüren, wie sein Glaube wuchs. Als ich für Steve betete, war die Salbung sehr schwer und ich war sicher, dass er geheilt werden würde. Als ich meine Hände auf seine Augen legte, kreischte er laut: „Ich kann sehen!" Sein Schrei kam für mich ganz unerwartet und so zog ich meine Hände von seinen Augen zurück. Er schrie noch einmal: „Ich kann den Engel sehen! Ich kann den Engel sehen; rechts hinter Ihnen steht ein großer Engel! Ich kann den Engel wirklich sehen!"

Obwohl Steve von Geburt an blind war, konnte er auch meine Umrisse sehen, solange ich im Natürlichen dicht neben ihm stand. Im Geist jedoch konnte er den Heilungsengel sehen! Jedes Mal, wenn ich meine Hände auf seine Augen legte, schrie er und erzählte mir mehr über die Erscheinung des Engels, der hinter mir stand. Das war verblüffend. Ich wusste ja, dass der Heilungsengel hinter mir stand, aber einen völlig blinden Menschen vor sich zu haben, der ihn beschreiben konnte, war wirklich etwas Besonderes.

In den folgenden 20 Minuten betete ich mehrere Male für Steve. Schließlich bat er mich einfach, ich solle meine Hände auf seinen Augen lassen, damit er den Engel weiterhin anschauen könne. Wenn ich meine Hände auf seinen Augen ruhen ließ, war er in der Lage, mir den Engel zu beschreiben. Wenn ich meine Hände wegnahm und Steve bat, sein natürliches Sehvermögen zu überprüfen, war es jedes Mal ein bisschen besser geworden. Aber Steve hatte mehr Interesse daran, den Engel zu sehen. Schließlich, am Ende des ersten Abends, konnte er im Geist ziemlich deutlich sehen.

Steve und ich wurden während jener drei Tage in Melbourne Freunde. Wir waren uns darin einig, dass wir uns so oft wie möglich treffen sollten. Ich betete viele Male für ihn. Fast jedes Mal, wenn ich meine Hände auf Steves Augen legte, kreischte und schrie er: „Ich kann den Engel wieder sehen!" Seine natürliche Sehfähigkeit schien sich verbessert zu haben, als wir sie überprüften, aber Steve war eigentlich glücklicher darüber, dass er den Heilungsengel sehen konnte. Es kam so weit, dass, wenn ich nur in seine Nähe kam, er aufschrie: „Kevin ist hier; ich kann Gottes Engel sehen!" Bis zum Ende des zweiten Tages konnte Steve noch deutlicher im Geist sehen. Die Gabe der Unterscheidung der Geister wurde in seinem Leben aktiviert. Denken Sie daran, manchmal kann die Fähigkeit, Gottes Engel zu sehen, einen Prozess beinhalten.

Dies führt uns zu einem sehr interessanten Punkt. Steve war im Natürlichen völlig blind. Die Heilung seiner natürlichen Augen hat sich nie manifestiert. Aber er war in der Lage, in den Geist hinein zu sehen. Aufgrund dieser Erfahrung kann ich beruhigt sagen, dass man zwar blind sein, aber dennoch sehen kann. Bevor ich Australien wieder verließ, betete ich über die unglaublichen Dinge, die ich erlebt hatte, als ich für Steves Augen betete. Ich war mir hundertprozentig sicher, als ich den Heilungsengel hinter mir spürte, dass der Herr Steve heilen würde. Ich war dann ziemlich enttäuscht, als er es nicht tat. Ehrlich gesagt, nach all dem, was ich in Malawi erlebt hatte, war ich überrascht, dass Steve nicht geheilt wurde. Am Samstagabend harrte ich auf den Herrn und sann über diese Dinge in meinem Herzen nach. Der Herr sprach dann sehr klar zu mir, und ich habe nie mehr vergessen, was der Heilige Geist zu mir sagte.

Der Herr sagte: „Steve ist ein prophetisches Bild meiner Gemeinde."

Ich fragte den Herrn: „Wie kann es sein, dass ein blinder Mann von den Ureinwohnern ein prophetisches Bild deiner Gemeinde ist?"

Der Heilige Geist führte mich zu Jesaja 6,9-10:

> *Geh hin und sprich zu diesem Volk: Hören, ja, hören sollt ihr und nicht verstehen! Sehen, ja, sehen sollt ihr und nicht erkennen! Mache das Herz dieses Volkes fett, mache seine Ohren schwerhörig, und verklebe seine Augen, damit es mit seinen Augen nicht sieht und mit seinen Ohren nicht hört und sein Herz nicht einsichtig wird und es nicht umkehrt und Heilung für sich findet!* (Jes 6,9-10).

Vielleicht ist Steve ein gleichnishaftes Bild für die Mehrheit von Gottes Volk. Im natürlichen Raum hören wir Klänge, doch wir können Gottes Stimme nicht sehr gut hören oder verstehen. Wir können mit unseren natürlichen Augen Dinge sehen, aber mit den Augen unseres Verständnisses können wir weder sehen noch wahrnehmen. Die meisten von uns sind nicht in der Lage, in der Weise in die geistliche Welt zu sehen, wie Gott es sich für uns wünscht. Vielleicht sind unsere Herzen abgestumpft und unsere Ohren schwerhörig. Doch Gott sehnt sich zutiefst danach, dass wir seine Stimme hören und in sein Königreich hineinschauen und geheilt werden. Der Herr sehnt sich danach, Sie und mich durch seinen Geist zu bevollmächtigen. Wir können sehen, berühren, schmecken und in diesem Leben in das Königreich Christi eintreten. Traurigerweise tun das aber viele von uns nicht. (Vgl. Lk 9,27; Joh 3,3; Ps 34,8; Joh 3,5.)

Aufgrund dieser Erfahrung glaube ich, dass der Herr für sein Volk betet, dass es – neben den Dingen des natürlichen Bereiches – die Dinge der geistlichen Welt sehen, hören und wahrnehmen kann. Ich erinnere mich noch immer an Steves breites Lächeln, welches sein Gesicht überzog, wenn ich seine Augen berührte. Er rief: „Ich kann die Engel sehen; ich kann Gottes Engel sehen", und Tränen liefen seine Wangen hinab. Als ich Steve zum letzten Mal sah, sagte er mir, es mache ihm nichts aus, immer noch blind zu sein, weil er ja nun die Engel sehen könne, die seine Freunde seien." Als er das gesagt hatte, drehte er sich um und schlenderte mit seinem Gehstock in der Hand von dannen und tastete sich mit den Füßen den Boden entlang.

Noch am selben Abend führte ich ein weiteres Gespräch mit Gott: „Herr, warum hast du Steve nicht wie all die anderen Blinden in Afrika und den blinden Fürbitter in Las Vegas geheilt?" Inzwischen hatte ich eine emotionale Bindung zu Steve aufgebaut und wollte wirklich, dass er geheilt wurde. Ich konnte nicht begreifen, warum sich seine Augen nicht öffneten. Die Tatsache, dass er nicht geheilt worden war, verwirrte mich.

Der Engel war dort, die Salbung war da und fast jedes Mal, wenn diese beiden Bedingungen erfüllt waren, waren die Blinden geheilt worden.

Schließlich sagte der Herr: „Mein Sohn, Steve hat sein Wunder empfangen. Er *kann* sehen." Diese Aussage brachte mich zum Weinen. Ich habe oft über Steve und sein ungewöhnliches Wunder nachgedacht, und jedes Mal, wenn ich dies tue, zeigt sich ein breites Lächeln auf meinem Gesicht und Freude erfüllt mein Herz. Irgendwo in Australien gibt es einen blinden Ureinwohner, der ganz deutlich sehen kann! Jesus sagt uns in Offenbarung 3,18:

> *Ich rate dir, von mir Gold zu kaufen, das im Feuer geläutert ist, damit du reich wirst, und weiße Kleider, damit du dich bekleidest und die Schande deiner Blöße nicht offenbar wird; und salbe deine Augen mit Augensalbe, damit du sehen kannst!* (Offb 3,18 SLT).

Steves Zeugnis belegt, dass jeder die Gabe der Unterscheidung der Geister empfangen und Engel sehen kann. Die Übertragung oder Aktivierung steht nicht nur ausgewählten Leuten zur Verfügung. Jeder kann die Gabe empfangen, in den Bereich des Geistes hineinzusehen, selbst jene, die blind sind. Der Bereich oder die Dimension der Engel ist für jeden zugänglich, der will. Wenn Sie sich die Zeit genommen haben, dieses Buch in einer Haltung des Gebets durchzulesen, dann sind auch Sie vorbereitet und ausgerüstet dafür, eine Aktivierung Ihres Geistes zu erhalten. Sie sind bereit, eine Freisetzung der Gabe zu erfahren, in die geistliche Welt hineinschauen und Engel sehen zu können. Sie sind in der Lage, dass die Gabe der Unterscheidung der Geister in Ihrem Leben aktiviert und „die Augen Ihres Herzens" geöffnet werden können, um zu sehen.

Nehmen Sie sich einige Minuten Zeit, um dem Heiligen Geist zu erlauben, Ihrem Herzen zu dienen, bevor Sie anfangen zu beten. Bitten Sie den Herrn, Ihnen alle Bereiche zu zeigen, die Sie ihm vielleicht noch übergeben müssen. Wenn der Herr Sie wegen irgendeiner Sache überführt, halten Sie inne und warten Sie so lange auf ihn, wie es nötig ist, um diesen Punkt im Gebet und in der Gemeinschaft mit dem Heiligen Geist zu klären.

Vielleicht kennen Sie Jesus als Ihren persönlichen Retter noch nicht. Dann können Sie den Herrn bitten, gerade jetzt in Ihr Herz zu kommen. Bitten Sie Jesus, Ihnen Ihre Sünden zu vergeben und der Herr Ihres Lebens zu werden. (Lesen Sie Römer 10,9-10; beten Sie die Verse dort laut über Ihrem Leben und Sie werden von Neuem geboren – Sie werden errettet bzw. von oben, vom Himmel her geboren werden).

Warten Sie nun ganz ruhig. Sobald Sie dann bereit sind, setzen Sie den ersten Schlüssel, um die Gabe der Unterscheidung der Geister in Ihrem Leben zu aktivieren, in die Praxis um: *Bitten.*

Aktivierungsgebet

(Beten Sie dies laut.)

Lieber Vater,
ich bitte dich jetzt in dem mächtigen Namen von Jesus Christus.
Herr, ich bete, öffne meine Augen, damit ich sehen kann.
Vater, dein Königreich komme.
Dein Wille geschehe hier auf Erden und in meinem Leben wie auch im Himmel.
Herr, gib mir den Geist der Weisheit und der Offenbarung in der Erkenntnis Jesu Christi.
Herr, ich bitte dich, meine Augen zu öffnen, damit sie sehen.
Herr Jesus, öffne heute die Augen meines Herzens.
Öffne meine Augen, Herr, und lass mich sehen,
dass die, die für mich sind, zahlreicher sind als die, die gegen mich sind.

Vater, ich bitte dich im Namen Jesu,
dass du meine Augen öffnest, damit sie sehen.
Herr, lass mich dein Königreich sehen.
Herr, lass mich alles verstehen, was du für mich vorbereitet hast.
Oh Gott, öffne meine Augen, um deine Engel zu sehen, die mich umgeben.
Herr, aktiviere den Geist der Weisheit und der Offenbarung in meinem Geist und in meinem Herzen.
Herr, lass deine Offenbarung kommen;
lass deinen Willen geschehen.
Herr, ich bitte dich, dass du meine Herzensaugen öffnest,
um in die Dimension der Engel hineinzusehen, die mich umgibt.
Komm, Heiliger Geist.
Ich bitte dich, mich zu führen und zu lehren.
Heiliger Geist, ich bitte dich, dass du dich in den Augen meines Herzens offenbarst.
Herr, reiß den Schleier auf, nimm die Schuppen von meinen Augen, und lass mich sehen.
Lass mich in den Geist hineinsehen und lass mich frei sein.
Beschütze und bewahre mich, indem du mich mit dem kostbaren Blut von Jesus Christus bedeckst.
Herr, öffne meine Augen und salbe mich, damit ich sehen kann.
Amen.

Nehmen Sie sich jetzt etwas Zeit, um auf den Herrn zu harren, und erlauben Sie dem Heiligen Geist, Sie zu lehren. Lassen Sie sich vom Herrn leiten und öffnen Sie sich für das, was die Augen Ihres Verständnisses zu sehen beginnen!

Nachwort

Der Herr ist dabei, die Freisetzung des Dienstes der Engel auf unserem Planeten zu beschleunigen. Viele werden die Gabe erhalten, Engel zu sehen, während die Wiederherstellung der Gabe der Unterscheidung der Geister zur vollen Blüte kommt. Der Herr hat es so angeordnet, dass diese Gabe in dieser Zeit in großem Ausmaß wiederhergestellt wird. Auf dem Kalender des Herrn sind wir in einen *Kairos*-Moment eingetreten. Gottes Kinder werden sich der Wege bewusst werden, wie sie mit den allezeit gegenwärtigen Engelsheerscharen Jesu zusammenarbeiten können.

Wenn wir jetzt in diesen Zeitabschnitt eintreten, werden viele von uns regelmäßig Begegnungen mit Engeln erleben. Es ist wichtig, dass wir verstehen, wie wir mit Gottes Botschaftern in Beziehung treten und zusammenarbeiten können. Es ist nötig, dass wir in Übereinstimmung mit den Engeln und der göttlichen Offenbarung, die sie uns mitteilen, wenn sie die Erde besuchen oder wenn wir sie im Himmel besuchen dürfen, handeln. Gottes Engel sind unsere Mitdiener von Jesus Christus, also sollten wir die Engel Jesu willkommen heißen.

Das Buch, welches Sie in Ihren Händen halten, ist durch das Eingreifen und den Dienst von Engeln entstanden. Am 25. Februar 2009 erlebte ich einen Besuch von einem Engel in unserem dienstlichen Büro in *Moravian Falls*. Dies waren auf den Tag acht Jahre, nachdem ich von Neuem geboren worden bin. Während einer Gebetszeit rief mich Jesus zu sich und wies mir einen dritten Engel zu. Der Herr teilte mir den Namen dieses Engels mit, und dass der Engel dazu beauftragt sei, mir beim Schreiben zu helfen. Dieser Schreiberengel kann durchaus ein Bewohner dieser geografischen Region sein. Die nächsten 18 Tage schrieb ich fast ohne Unterbrechung und mit sehr wenig Schlaf, oftmals die ganze Nacht hindurch. Vieles von dem Material, das Sie in diesem Buch gelesen haben, wurde in jener Zeitspanne geschrieben, während der Schreiberengel hinter mir stand und in mein linkes Ohr flüsterte.

Die bevorstehenden weltweiten Heilungserweckungen werden alles übersteigen, was die Menschheit bis dato erlebt hat. Ganze Nationen werden über Nacht zu Jesus umkehren. Viele dieser Erweckungen werden durch den Dienst von Engeln entfacht werden, ähnlich der Erweckung in Argentinien im Jahr 1949. Im Juni jenes Jahres arbeitete ein Missionar namens Edward Miller in der Stadt Mendoza und wurde vom Herrn geführt, mit einer kleinen Gruppe von Menschen für Erweckung zu fasten und zu beten. Ihre Gebete wurden mit dem Besuch eines Engels beantwortet, der eine beispiellose Ausgießung von Gottes Geist in Gang setzte.

Zwei Jahre später, im Jahr 1951, wurde ein junger Mann in City Bell in Argentinien von einem Engel besucht, woraufhin er ernsthaft Buße für seine Sünden tat. Als dieser Engel erschien, kam die Kraft und die Überführung des Heiligen Geistes herab und die Kraft Gottes fegte durch die gesamte Region. Der Engel prophezeite der kleinen Gruppe, dass Gott den Plan habe, bald Erweckung in Argentinien freizusetzen. Diese Engelbesuche entzündeten eine landesweite Erweckung in Argentinien. Später, im Jahr 1954, wurde Tommy Hicks in diese Nation eingeladen, um dort zu dienen. Tommy Hicks wurde vom Herrn geleitet, sich mit dem Präsidenten Juan Perón zu treffen und um Erlaubnis zu bitten, große Heilungsveranstaltungen im ganzen Land durchzuführen. Perón litt an einer ernsten Hautkrankheit und wurde geheilt, als Tommy Hicks für ihn betete.

Dieses Wunder hatte zur Folge, dass Tommy Hicks vonseiten der Regierung Peróns große Gunst hatte und ihm erlaubt wurde, die evangelistischen Großeinsätze durchzuführen. Man stellte ihm ein Stadion zur Verfügung, das 60.000 Menschen fasste. Heilungen und Wunder nahmen in diesen ausgedehnten Veranstaltungen überhand und es sollen über eine Million Menschen an ihnen teilgenommen haben. Zehntausende wurden errettet. Dies trug zur Transformation Argentiniens bei.

Diese vielen übernatürlichen Ereignisse wurden alle durch die anfänglichen Besuche der Engel entfacht. Ich empfehle sehr, das

Buch *Secrets of the Argentine Revival* (Geheimnisse der argentinischen Erweckung) von R. Edward Miller zu lesen. Es ist eine großartige Quelle für weitere Klarheit im Blick auf den Einfluss von Engeln auf ganze Nationen. Dieses Szenario wird sich in der nahen Zukunft in vielen Nationen wiederholen.

Wir stehen im Begriff, Augenzeugen davon zu werden, wie der Herr diese Art von „Erweckungsengeln" überall auf der Erde freisetzt (vgl. Offb 14,6). Wir werden sehen, wie der Herr in jeder Nation, jedem Stamm, jeder Sprache und jeder Volksgruppe Engel als Auslöser von Erweckung freisetzt. Diese Engel werden dann mit uns zusammenarbeiten, um die bevorstehenden weltweiten Ausgießungen einzuleiten. Es wird dem gleichen, was in Argentinien geschehen ist, da Gott einfache Menschen gebrauchen wird, um nationale Erweckungen zu entzünden.

Diese Erweckungen werden bemerkenswert sein, weil eine außergewöhnliche Zahl unterschiedlichster Heilungen, Zeichen und Wunder auftreten werden, von denen die Welt durch digitale und elektronische Medien Zeuge werden wird. Ein weiterer Aspekt dieser weltweiten Erweckungen wird die Heilung von unheilbaren Krankheiten wie zum Beispiel AIDS/HIV sein. Heilungsengel werden auch bei diesen speziellen Arten von Wundern involviert sein. Erweckungsengel werden mit vielen von uns zusammenarbeiten, um diese Art von Wunder freizusetzen. Der Herr wird auch Kinder salben, spezielle Wunder zu wirken.

Die Heilung von AIDS wird auf dem afrikanischen Kontinent besonders ausgeprägt sein, während Gott unter den Kindern mächtige Evangelisten aufstehen lässt, die in Partnerschaft mit dem Heiligen Geist und Gottes Engeln gewaltige Wunder und Erweckungen in ganzen Volksgruppen, Stämmen und Nationen freisetzen werden. Asien und China werden wichtige Gebiete sein, in denen ganz normale Menschen sich mit Engeln zusammentun, um Gottes Kraft freizusetzen und Ausgießungen von Gottes Geist einzuleiten. Gott wird viele Frauen und Kinder gebrauchen, um Ausgießungen in China zu entfachen. Frauen und Kinder werden in dieser Weise auch in Afghanistan und im Nahen Osten gebraucht werden, um ähnliche Erweckungen hervorzubringen.

Millionen von Menschen werden durch diese kommenden Ausgießungen des Geistes Gottes ins Königreich gebracht werden. Einer der derzeitigen Leiter der argentinischen Erweckung sagte, dass einer der Gründe, warum Argentinien so viel mehr Bekehrungen, Wunder und Heilungen erlebe, darin bestehe, dass sie den Dienst der Engel willkommen heißen. Sie glauben daran, dass sie mit dem Engelheer des Herrn zusammenarbeiten können.

Viele in den Kirchen der westlichen Welt sind nicht bereit, ihre Furcht vor dem Unbekannten zu überwinden und sich für die Möglichkeit, mit Engeln zusammenzuarbeiten, zu öffnen. Diese bevorstehenden weltweiten Erweckungen werden von ganz normalen Menschen eingeleitet werden, welche die Menschenfurcht und die Angst vor dem Unbekannten überwinden werden, um in der Gabe der Unterscheidung der Geister und der Sehersalbung zu wirken. Sie werden die ihnen innewohnende Fähigkeit, mit Engeln zusammenzuarbeiten, annehmen und einsetzen. Es ist entscheidend, dass wir unsere Herzen zu öffnen beginnen, und den Dienst der Engel aufgrund seiner Bedeutung für die bevorstehenden weltweiten Ausgießungen in dieser Zeit willkommen heißen.

Stadien überall auf der Erde werden gefüllt sein, weil die Kraft Gottes dort gegenwärtig sein wird, um zu heilen. Manchmal wird es keine einzelnen Programmpunkte geben, sondern die Erweckungsversammlungen werden ohne Unterbrechung weiterlaufen. Die Versammlungen werden ohne Pause 24 Stunden am Tag weitergehen, und das mehrere Wochen lang. Wunder und Errettungen werden pausenlos weiter geschehen, weil es überhaupt keine Rolle mehr spielt, wer auf der Bühne steht und die Wunder freisetzt.

Der Herr wird auch weiterhin viele Moslems in ihren Träumen besuchen und ihnen, als Folge der Besuche von Engeln, göttliche Träume einpflanzen. Deshalb werden innerhalb der muslimischen Nationen viele christliche Evangelisten aufstehen.

Es wird Tausende unbekannter Wunderwirker geben, die in mit dem Heiligen Geist und zeitweise auch mit Gottes Engeln zusammenarbeiten, um Gottes übernatürliches Wirken in diesen Versammlungen freizusetzen. Menschen werden sich nicht mehr darum kümmern, wer spricht, weil sie wissen, dass Jesus da ist. Einige der mächtigsten und gesalbtesten Menschen auf dem Planeten werden völlig unbekannt sein.

Jesus wird erhoben werden und alle Ehre, Herrlichkeit und Anbetung bekommen. Die Augen der Leute werden nicht länger auf Menschen fixiert sein, sondern auf Jesus Christus, den Gott der Menschen. Andere Erweckungen und Ausgießungen kleineren Ausmaßes werden vor den Augen der Welt verborgen sein. Auch diese lokalen Ausgießungen sind in Gottes Plan sehr wichtig und werden einen zwar anonymen, aber gewaltigen Einfluss auf die Weltereignisse haben.

Viele im Leib Christi werden momentan geläutert, gereinigt und vorbereitet. Wir müssen uns dem Läuterungsprozess des Herrn unterstellen, um Gottes Freunde zu werden. Wir müssen es dem Heiligen Geist erlauben, unseren Sinn zu erneuern und unsere Herzen und Gedanken in die Gesinnung und das Bild Jesu umzuwandeln. Wenn wir dem Herrn erlauben, unseren Sinn und unser Denken zu erneuern, können wir damit beginnen, die Dimension des Himmels über unserem Leben zu öffnen. Dies wird uns wiederum freien Zugang zu dem Bereich schenken, in dem die Engel tanzen, anbeten und dienen. (Im zweiten Buch dieser Trilogie werden wir untersuchen, wie Jesus selbst Sie und mich bevollmächtigt hat, die Himmel über unseren Leben zu öffnen.)

Während unser Sinn erneuert und neu auf die Dinge, die oben sind, ausgerichtet wird, werden wir erleben, dass Menschen immer schneller auf göttliche Weise mit der Gabe der Unterscheidung der Geister gesalbt werden. Sie werden darin wachsen, reifen und immer besser verstehen, wie sie mit den Engeln zusammen dienen können, mit dieser Dimension, die ja ohnehin schon überall um uns herum aktiv ist. Viele dieser Laien werden anfangen, in den „Kraftgaben" des Heiligen Geistes zu wirken, um Heilungen, Zeichen und Wunder freizusetzen. Sie werden dabei Jesus Christus alle Ehre geben. Gott ist dabei, eine souveräne Heilung in unseren Herzen zu bewirken, indem er uns reinigt und für seine Gegenwart vorbereitet. Viele ruft er heute in diesen Läuterungsprozess hinein. Ich bete, dass Sie dem Herrn erlauben, Ihr Herz vorzubereiten, um diese gewaltigen Ausgießungen der Gegenwart des Herrn und seiner bedingungslosen Liebe zu empfangen!

Webseite des Autors: www.kingofgloryministries.org

Die weiteren Bände der Reihe:

Kevin Basconi, Mit den Engeln tanzen (Band 2)

Wie der Heilige Geist und ein offener Himmel das Wirken von Engeln fördern; 240 S.; Paperback

Im zweiten Buch seiner Trilogie *Mit den Engeln tanzen* erläutert Kevin Basconi die Zusammenhänge zwischen dem Wirken des Heiligen Geistes, einem offenen Himmel und dem Dienst der Engel. Anhand seiner vielen dramatischen Beispiele aus dem echten Leben zeigt uns der Autor, wie auch wir einen offenen Himmel erleben können.

Das Buch schließt mit einer soliden biblischen Darstellung der Rolle jedes einzelnen Gläubigen als einem königlichen Priester nach der Ordnung Melchisedeks, dem auf der Erde Autorität gegeben ist.

Kevin Basconi, Mit den Engeln tanzen (Band 3)

Einblicke in den Himmel und das Wirken der Engel dort; 240 S.; Paperback

In diesem dritten Buch der Reihe beschreibt Kevin Basconi, was er erlebte, als Jesus ihn über längere Zeit fast täglich in die Himmelswelten holte, und welche Auswirkungen das auf sein Leben hatte.

In dutzenden Begegnungen mit dem Herrn und seinen Engeln besuchte er dort u. a. das Haus des Vaters, die Bibliothek, den Tresor der Mäntel, das Körper-Ersatzteillager, die gepflegten Gärten des Herrn, die Quelle des lebendigen Wassers und den Weinberg des Vaters.

Die Folge war, dass er den „Duft des Himmels" auf die Erde brachte und sein Leben in den Lebensstil des Reichs der Himmel versetzt wurde. Jesus verwandelte auf übernatürlich rasante Weise sein Leben und seinen Charakter. Er führte ihn von Krankheit zu Gesundheit, von Armut zu Wohlstand und von Hoffnungslosigkeit zu Glück.

Sobald wir dem Heiligen Geist gestatten, einen heiligen Hunger in uns zu wecken, kann er auch unser Leben auf solch übernatürliche Weise verwandeln und revolutionieren. Der Himmel steht jedem offen, und die Berichte in diesem Buch können zu einem prophetischen Wort für unser Leben werden.

Weitere Produkte von GloryWorld-Medien

„Himmlische Bücher für die Erde"

David Herzog, Invasion der Herrlichkeit

Leben unter einem offenen Himmel

232 S.; Paperback; Vorwort von Mahesh Chavda.

Gott möchte, dass wir unter einem offenen Himmel leben und seine Herrlichkeit in einem noch viel höheren Maß erleben. Der Autor erklärt, was in der Herrlichkeit alles möglich ist, und lässt uns an seinen Erfahrungen in den Bereichen kreative Wunder, Herbeiführung von Erweckung, Überwinden physikalischer Grenzen, Versetztwerden an andere Orte, Träume, Visionen und Offenbarungen usw. teilhaben. Der anschließende, praktische Teil „40 Tage Invasion der Herrlichkeit" hilft uns, die Aussagen des Buches selbst zu erleben.

Gary Oates, Öffne mir die Augen, Herr

Wie wir mit Gott und seinen Engeln zusammenarbeiten können

120 Seiten; Paperback

Das Leben des heutigen „Normalchristen" ist nur wenig vom Übernatürlichen geprägt. Bei Gary Oates war das nicht anders, bis er durch einen großen geistlichen Hunger einige einschneidende Erlebnisse mit Gott hatte. Er wurde auf dramatische Weise im Geist in die Gegenwart Gottes versetzt und es wurden ihm die Augen für den Dienst der Engel geöffnet.

Dieses Buch geht nicht nur auf diese Erlebnisse ein, sondern ist eine praktische Anleitung dafür, wie wir in eine solche Vertrautheit mit Gott hineinfinden können, dass auch unsere geistlichen Sinne für diese himmlischen Dimensionen geöffnet werden.

Jonathan Welton, Die Schule der Seher

Eine praktische Anleitung, wie man ins Unsichtbare hineinsehen kann; 224 S.; Pb.; Vorwort von Randy Clark

Viele Christen haben angefangen, übernatürliche Phänomene zu erleben: Träume, (offene) Visionen, Engel oder Dämonen. Aber es mangelt ihnen an solider biblischer Lehre und sie sind zu dem geworden, was man als *Seherwaisen* bezeichnet: Sie suchen verzweifelt nach jemandem, der sie trainiert, ermutigt und freisetzt.

Das Ziel von Jonathan Welton war deshalb, ein praktisches Handbuch herauszubringen, das den Leib Christi mit den Informationen ausrüstet, die notwendig sind, um in der Dimension des Prophetischen bzw. des Sehers zu wachsen und im Leben im Übernatürlichen Reife zu erlangen.

Judith MacNutt, Wesen und Wirken der Engel

Biblische Grundlagen und wahre Begebenheiten; 200 S.; Pb.

Zu allen Zeiten haben Engel für das Volk Gottes eine bedeutende Rolle gespielt, unter anderem als Gottes Botschafter, Beschützer, Heiler oder Ermutiger.

Dieses Buch untersucht, was die Bibel über (gute und gefallene) Engel zu sagen hat, und kombiniert dies mit Erfahrungen der Autorin und anderen, die zeigen, dass Engel real sind und mit unserem Leben in Kontakt kommen. Es ist ein leicht verständliches, umfassendes und ermutigendes Handbuch zum Thema.

Judy Franklin / Beni Johnson, Den Himmel erleben

Wie wir in Gottes Dimension eintreten können

Vorwort von Bill Johnson; 200 S., Pb.

Judy Franklin, die Sekretärin von Bill Johnson, versteht es meisterhaft, die christliche Gemeinde zu ihrem ursprünglichen Auftrag, im Geist zu leben, zurückzuführen. Ihr Buch liest sich wie eine Schatzkarte, die einen vom Chaos dieser Welt zu übernatürlichen Erfahrungen führt.

Aufgrund ihrer Kindheitserlebnisse hatte Judy Franklin lange Zeit gedacht, sie sei dumm und könne nicht geliebt werden. In diesem Buch berichtet sie, wie Gott sie in die himmlische Welt sehen ließ und ihr persönlich begegnete, sodass sie diese Erfahrungen überwinden konnte.

Die praktischen Tipps und Anleitungen helfen Ihnen, den Vater sehr persönlich kennenzulernen. Die Autorin berichtet, wie sie Hindernisse zu dieser Erfahrung überwand, und bezeugt dadurch Gottes Kraft zu heilen und seine liebevolle Freundlichkeit und Güte gegenüber allen, die sich danach sehnen, ihn zu kennen und eine tiefere Vertrautheit mit Christus zu erleben.

Barry & Lori Byrne, Liebe in der Ehe

Eine tiefere geistliche, emotionale und körperliche Einheit erleben; Vorwort von Bill Johnson; 334 S., Klappenbroschur

Gott möchte, dass die Ehe ein Ort echter Liebe und Vertrautheit ist. Dafür brauchen wir die Hilfe des Heiligen Geistes. Mit ihm können wir die Ursachen unserer Konflikte erkennen und überwinden. Unsere Ehe kann Heilung und Wiederherstellung erfahren, egal, wie der momentane Zustand ist.

Mit klarer biblischer Lehre und vielen praktischen Hilfen packen die Autoren die wichtigsten heißen Eisen an. Viele ermutigende Erfahrungsberichte verdeutlichen die dramatische Heilung und Intimität, die mit Gottes Hilfe möglich ist.

Beni Johnson, Der glückliche Fürbitter

Mit Gott die Welt bewegen, ohne die Freude zu verlieren

Vorwort von Bill Johnson; 180 S., Paperback

Beni Johnson (die Frau von Bill Johnson) nimmt uns mit auf ihre Reise von einer schüchternen Person zu einer kühnen, aber glücklichen Fürbitterin. Gott offenbarte ihr einen Weg, wie sie aus seiner Gegenwart und seiner Liebe heraus in Einklang mit seinem Herzen effektiv beten kann.

Dieser Weg steht jedem Menschen offen. Fürbitte muss nicht dazu führen, dass uns die Anliegen und Probleme, für die wir eine Last haben, unter Druck bringen oder emotional beeinträchtigen. Den Himmel auf die Erde zu holen, kann sogar regelrecht Spaß machen. Unmögliches wird plötzlich möglich – ob es dabei um „kleine" Dinge in unserem persönlichen Umfeld geht oder um die Veränderung des geistlichen Klimas über unseren Städten und Nationen.

Danny Silk, Erziehung mit Liebe und Vision

Herzensbeziehungen eingehen statt Machtkämpfe austragen

Vorwort von Bill Johnson; 170 S., Pb.

Danny Silk fordert uns in unserem bisherigen Denken über Liebe, Disziplin und Respekt, ja in unserer generellen Vorstellung von Kindererziehung heraus. Er stellt eine Denk- und Lebensweise vor, die eine Leichtigkeit und Frieden in unsere familiären und sonstigen Beziehungen bringt.

Unser Herz spielt dabei die zentrale Rolle. Das Herz der Eltern und das Herz der Kinder. Wenn beide Seiten verstehen, wie sich ihr jeweiliges Verhalten auf das Herz des anderen auswirkt, werden die Herzen geschützt und Beziehungen können gedeihen.

Paul Manwaring, Die Herrlichkeit Gottes

Was sie ist und wie unser Leben davon geprägt sein kann

260 S.; Paperback; Vorwort von Bill Johnson.

Gott hat eine Leidenschaft: Er möchte, dass wir seine Herrlichkeit kennen, und zwar schon hier auf Erden!

Paul Manwaring, der Leiter des apostolischen Netzwerk der Bethel Church, beschreibt seinen Weg in dieses Verlangen Gottes hinein. Er verfolgt die Spuren der Offenbarung von Gottes Herrlichkeit durch die Bibel hindurch und lädt uns ein, Moses Wunsch an Gott zu folgen: „Zeige mir deine Herrlichkeit."

„Dies könnte das ermutigendste Buch sein, das Sie je lesen werden" (Bill Johnson).

Bill Johnson / Randy Clark, Berufen zu heilen I

Grundlagen und Praxis des Gebets für Kranke, 240 S., Pb.

Jeder Christ kann von Gott gebraucht werden, um anderen Heilung zukommen zu lassen. Das ist das Anliegen der beiden Autoren. Dazu berichten Sie, wie Gott sie in den Heilungsdienst hineinführte, und legen anschließend klare biblische Grundlagen für das Heilungsgebet.

Im umfangreichsten Teil gehen sie auf verschiedene Aspekte ein, die für eine Heilung förderlich sind, erläutern, wie seelische und körperliche Krankheiten zusammenhängen und stellen dann ein in der Praxis bewährtes Modell für das Gebet um Heilung vor, das für alle Christen leicht anwendbar ist.

Frank Viola / George Barna
Heidnisches Christentum?

Über die Hintergründe mancher unserer vermeintlich biblischen Gemeindetraditionen; 336 S., Pb.

Punkt für Punkt nehmen uns die Autoren an die Hand und zeigen auf, wie die einfache, dynamische Glaubenspraxis der ersten Christen durch die Öffnung für außerbiblische Praktiken und Philosophien abhandenkam und welche dramatischen Folgen die jeweiligen Einflüsse hatten.

Zu den untersuchten Themen gehören u. a. Gottesdienstpraxis, Klerus und kirchliche Strukturen, Kirchengebäude, die Rolle des Pastors, Tauf- und Abendmahlspraxis, Umgang mit Finanzen und die christliche Ausbildung.

Cal Pierce, Eine Vision für Heilungsräume

Wenn Heilung durch Gebet so normal wird wie ein Arztbesuch

120 S.; Paperback

Welche Antworten hat die christliche Gemeinde auf die zunehmenden „unheilbaren" Krankheiten? 80 Jahre, nachdem John G. Lake damit begonnen hatte, in Spokane sogenannte *healing rooms* („Heilungsräume") einzurichten, wurde Cal Pierce aus der Bethel Church von Gott geführt, diese Räume wiederzueröffnen. Tausende haben dort inzwischen eine heilende Begegnung mit Gott erlebt. Er erzählt die packende Geschichte, wie es dazu kam, und vermittelt gleichzeitig die Vision für solche Heilungsräume weltweit.

Bestellen Sie im Buchhandel oder direkt beim Verlag:

GloryWorld-Medien | Beit-Sahour-Str. 4 | D-46509 Xanten
Fon: 02801-9854003 | Fax: 02801-9854004 | info@gloryworld.de

Aktuelles, Leseproben, Downloads & Shop: **www.gloryworld.de**